EUSTACE MULLINS

LA MALDICIÓN DE CANAÁN

Una demonología de la historia

ⒸMNIAVERITAS®

EUSTACE CLARENCE MULLINS
(1923-2010)

LA MALDICIÓN DE CANAÁN

THE CURSE OF CANAAN
A DEMONOLOGY OF HISTORY
1987

Traducido del americano por Omnia Veritas Ltd.

© Omnia Veritas Ltd - 2022

Publicado por
OMNIA VERITAS LTD

OMNIA VERITAS.

www.omnia-veritas.com

SOBRE EL AUTOR

En cuarenta años de investigación dedicada, Eustace Mullins ha recibido una considerable cantidad de devoluciones. Fue mantenido bajo la vigilancia diaria de agentes del FBI durante treinta y dos años; nunca se presentaron cargos en su contra. Es la única persona que ha sido despedida del personal de la Biblioteca del Congreso por razones políticas. Es el único escritor que ha tenido un libro quemado en Europa desde 1945.

Después de servir treinta y ocho meses en la Fuerza Aérea del Ejército de los Estados Unidos durante la Segunda Guerra Mundial, Eustace Mullins se educó en la Universidad de Washington y Lee, la Universidad Estatal de Ohio, la Universidad de Dakota del Norte y la Universidad de Nueva York. Posteriormente estudió arte en la Escuela de Bellas Artes, San Miguel de Allende, México, y en el Instituto de Arte Contemporáneo, Washington, D.C.

Mientras estudiaba en Washington, se le pidió que fuera al Hospital de Santa Isabel para hablar con el preso político más famoso del país, Ezra Pound. La figura literaria más destacada del siglo XX, Pound había visto a tres de sus alumnos recibir el Premio Nobel, mientras que se le negó debido a sus declaraciones como patriota nativo americano. Eustace Mullins no sólo se convirtió en su protegido más activo, sino que es la única persona que mantiene vivo el nombre de Ezra Pound hoy en día, gracias al trabajo del Instituto de Civilización Ezra Pound, fundado poco después de la muerte del poeta en Venecia.

Con este trabajo, Eustace Mullins espera poner fin a un apagón de tres mil años detrás del cual los enemigos de la humanidad han operado con impunidad en la ejecución de su programa satánico. Es muy tarde en la historia de nuestra civilización. Este libro está escrito únicamente con el objetivo de renovar nuestra cultura antigua, y de llevarla a nuevas alturas.

PREFACIO

Después de cuarenta años de paciente estudio de las crisis que enfrenta la humanidad, llegué a una conclusión muy simple: ¡todas las conspiraciones son satánicas! En retrospectiva, esta conclusión no debería sorprender a nadie. Admito que fue una sorpresa para mí. Nunca había previsto que mis décadas de trabajo me llevarían a una solución tan amplia e indiscutible. Esta respuesta me había eludido a través de los años, no porque estuviera en el camino equivocado, sino porque aún no había consultado la fuente última de conocimiento - la Biblia. Para rastrear las maquinaciones de la conspiración materialista, me había limitado deliberadamente a fuentes materialistas: material de referencia sobre la banca, la política, la economía y las biografías de aquellos que estaban más profundamente involucrados en estos asuntos.

Cuando por fin decidí buscar algunas referencias en la Biblia, una tarea que fue simplificada en gran medida por una serie de excelentes Concordancias, como las de Nelson y Strong, me sentí abrumado por su inmediatez, por su franqueza y por la aplicabilidad de sus palabras a los acontecimientos actuales. A medida que pasaron los meses y continué con esta investigación, no me sentí abrumado por un sentido de déjà vu, sino por una convicción abrumadora de que muy poco había cambiado en los últimos tres mil años. Mi primera revelación fue que "Dios no tiene secretos para el hombre". Es Satanás quien debe limitar su trabajo a conspiraciones sigilosas, al engaño y a promesas que nunca serán cumplidas. Y el gran dragón fue derribado, la serpiente antigua, que es llamada el diablo y Satanás, el engañador de todo el mundo" (Apc. 12, 9).

Es por esta razón que los políticos, por necesidad, deben convertirse en seguidores de Satanás en la rebelión contra Dios. Los políticos deben engañar al pueblo para obtener poder sobre él, así como Satanás debe engañar al mundo entero si quiere continuar su rebelión contra Dios. Satanás te lleva a la cima de la montaña y te ofrece todos los reinos de la tierra (Martin Luther

King proclamó: "He estado en la cima de la montaña", pero nunca reveló lo que había sucedido allí); el político te ofrece comida gratis, alojamiento gratis, atención médica gratis - todo se convertirá en "¡gratis al fin!" El político se ofrece a defenderte de tus enemigos, para poder entregarte al último enemigo, Satanás.

Dios no te hace ofertas en competencia con Satanás y sus políticos. ¿Qué podría ofrecerte Dios cuando ya te ha dado el mundo entero? ¿Qué más podría hacer que enviar a Su Único Hijo Begotton para preservar este mundo para ti cuando fue amenazado por Satanás? ¿Y por qué querría Dios velar su amor por ti detrás de misterios arcanos, conspiraciones ocultas y prácticas obscenas?

Una vez que mi regreso a la Biblia me dio las respuestas para las que había estado buscando tantos años, me di cuenta de que había llegado a la culminación de la obra de esta vida. Había buscado con impaciencia los hechos sobre cada una de las muchas conspiraciones, y ahora era capaz de definir su entrelazamiento en el mundo único "Conspiración de Conspiraciones". Había trazado los nombres y actividades de los principales actores del drama satánico en que se ha convertido este mundo, un mundo que describí en 1968 en *Mi vida en Cristo* como "El imperio de Satanás". Esta fue una simplificación excesiva, aunque yo no era consciente de ello en ese momento. Yo había escrito este libro bajo una gran tensión; mi padre había muerto como resultado del acoso de los agentes federales. Su objetivo era forzarme a renunciar a este trabajo.

Otros miembros de mi familia continuaron sufriendo hostigamiento diario debido a la campaña federal contra mí. No había sido vencido por la desesperación, pero me pareció, en ese período de mi vida, que Satanás había logrado una victoria temporal sobre este mundo, no una victoria permanente, sino una ganancia que él podía defender y que podría consolidar en los años venideros.

Los siguientes cuarenta años me trajeron muchas revelaciones sorprendentes de las fuerzas detrás de escena que habían planeado y perpetrado los asesinatos masivos de la humanidad.

Finalmente, como dijo un escritor, "descubrí las fuerzas de la guerra".

También pude encontrar las fuentes de la ideología satánica que se ha empleado constantemente para engañar a la humanidad, y para engañarles a que se conviertan en herramientas involuntarias de los programas satánicos, una ideología que encontramos hoy en día en diversas formas, como el comunismo, el fabianismo, el humanismo secular y otros disfraces.

22 de febrero de 1987

CAPÍTULO 1

LA GUERRA CONTRA SHEM

Sacrificaron a los demonios, que no eran dioses.

Deuteronomio 32:17

En las iglesias de América, los cristianos adoran a un Dios algo paternal; al patriarca barbudo que Miguel Ángel representaba en el techo de la Capilla Sixtina, una figura autoritaria que es también el Padre de nuestro Maestro, y nuestro Salvador, Jesucristo. Dios es venerado como el Creador original de nuestro universo, y como el guía moral supremo. En este escenario, la humanidad es un grupo un tanto inocuo, colocado en un ambiente pastoral, generalmente obediente a las leyes de Dios, y sujeto a castigo cuando ocurre la desobediencia. La observancia religiosa basada en este concepto es adecuada hasta que esta escena arcádica sea perturbada por desventuras o calamidades. También plantea la cuestión del mal innato o ineludible. Satanás, el ángel caído, y rebelde contra Dios (Satanás, una palabra hebrea que significa 'adversario') aparece en la Biblia. Hay referencias frecuentes a la amonestación de Dios, y a menudo, al castigo, de los malhechores, tanto individualmente como en grandes grupos. También en este caso, la persistente aparición del mal a lo largo de la historia de la humanidad se trata a medida que se produce, pero es difícil determinar sus fuentes o sus causas. Por lo tanto, la humanidad ha existido bajo una desventaja considerable, incapaz de reconocer o entender el mal antes de ser herido por él.

En efecto, el gran movimiento de la historia moderna ha consistido en disfrazar la presencia del mal en la tierra, en restarle importancia, en convencer a la humanidad de que el mal debe ser "tolerado", "tratado con mayor comprensión" o negociado, pero bajo ninguna circunstancia debe ser objeto de una oposición forzada. Este es el punto principal de lo que se ha llegado a conocer como el liberalismo de hoy, más popularmente conocido como humanismo secular. El atractivo popular, y aparentemente sensato, del humanismo es que la humanidad siempre debe colocar los intereses humanos en primer lugar. El problema es que este mismo humanismo puede ser rastreado en una línea ininterrumpida hasta la Bíblica "Maldición de Canaán". El humanismo es el resultado lógico de la demonología de la historia.

Los acontecimientos de hoy en día sólo se pueden entender si podemos rastrear sus implicaciones en línea directa desde los primeros registros de la antigüedad. Estos registros se refieren al hombre preadánico, una criatura híbrida cuyos orígenes se describen en libros antiguos. El Libro de Enoc (el cual es parte de un Libro anterior de Noé, escrito alrededor del año 161 a.c.), dice que Samjaza (Satanás), el líder de una banda de doscientos ángeles, descendió al Monte Carmelo. Habían codiciado las hijas de hombres de lejos, y ahora las tomaban por esposas. Estos ángeles caídos, conocidos como la Orden de los Vigilantes, enseñaban magia a sus esposas. La cuestión de estas uniones era una raza de gigantes, conocida como Nephilim.

La Biblia no menciona a los Nephilim específicamente por su nombre, y la Concordancia de Strong no los enumera. Sin embargo, Nelson's Concordance tiene varios listados bajo Nephilim. Los versículos de la Biblia a los que se refiere son Génesis 6:4, "Había gigantes en la tierra en aquellos días." La Versión Estándar Revisada da el nombre de los Nephilim, el mismo versículo que dice: "Los Nephilim estaban en la tierra en aquellos días." Estos gigantes más tarde fueron conocidos como "los hijos de Anac". En Números 13:33 leemos: "Y allí vimos a los gigantes, a los hijos de Anac, que venían de los gigantes." Estos gigantes constituían una poderosa amenaza para otros pueblos. En Deuteronomio 9:2 está el reclamo: "¿Quién podrá estar delante de los hijos de Anac? Sin embargo, finalmente fueron asesinados o expulsados." No quedaba ninguno de los anaceos en la tierra de los hijos de Israel. (Josué 11:22)

Estos primeros gigantes serían considerados como mutaciones por los científicos modernos. Debido a su peculiar parentesco, tenían hábitos y deseos que horrorizaban a sus vecinos. Su líder, Satanás (el adversario de Dios), también conocido como Satona, fue elarrepentido que entró y sedujo a Eva, produciendo al primer asesino, Caín.[1] Los nefilim no sólo eran una amenaza para los demás, sino que su odio incontrolable y su violencia a veces los llevaban a atacar y matarse unos a otros. Luego se comieron a sus víctimas, introduciendo el canibalismo en el mundo. Según algunos relatos, Dios los masacró, mientras que el Arcángel Miguel encarceló a los ángeles caídos, la Orden de los Vigilantes, en profundos abismos en la tierra.

Desafortunadamente para la humanidad, este no era el fin del asunto. Satanás, a través de sus hijos, los nefilim, y también a través de Caín, había establecido una presencia demoníaca en la tierra. Su rebelión contra el mundo de Dios resulta en continuo sufrimiento y aflicción en la tierra durante los siglos venideros. La historia de la humanidad desde su rebelión es la historia de la lucha entre el pueblo de Dios y el Culto de Satanás. Con esta comprensión, ahora es posible rastrear los acontecimientos históricos que revelan los archivos reales de los dos adversarios.

El Libro del Zohar enfatiza la leyenda talmúdica que los demonios se originaron en el congreso sexual entre humanos y poderes demoníacos. Esto ofrece una explicación razonable de por qué todas las ceremonias ocultas enfatizan tres cosas: las drogas, los encantamientos (que expresan odio a Dios) y las prácticas sexuales extrañas.

El estudio de la demonología en la historia revela respuestas a aspectos de otra manera inexplicables de la historia del hombre. La tortura y el asesinato de niños, los ritos obscenos y los

---

[1] Según la mitología.

asesinatos masivos de inocentes en las guerras mundiales, así como otras catástrofes, son fenómenos que tienen poca o ninguna relación con la rutina diaria de la humanidad de labrar la tierra, formar familias y mantener las normas de la civilización. Por el contrario, este tipo de calamidades son ataques directos a la existencia normal de la humanidad. Además, son expresiones de la rebelión contra Dios, como ataques a su pueblo.

Debido a sus poderes extraordinarios, los demonios siempre han atraído a un cierto número de seguidores en la tierra. Las organizaciones "secretas", que insisten en ocultar sus ritos y sus programas a todos los "forasteros", deben hacerlo para evitar la exposición y el castigo inevitable. Mientras vagaban por el desierto, las tribus judías adoraban a demonios y monstruos. Reverenciaban a sus míticos monstruos, Leviatán, Behemot, y ayudaban a Raheb, que bien podría haber sido superviviente de la tribu de los gigantes, los Nephilim. También hicieron sacrificios al demonio del desierto, Azazel.

Su mitología desarrolló una cierta jerarquía de demonios. Un Demonarch, que presumiblemente era Satanás, gobernó sobre todos los demonios de la tierra. También era conocido como el Príncipe del Mal, Belial (el Be'aliah hebreo, que significa Yahvé es Baal). El siguiente en la jerarquía de los demonios fue Asmodeo, Rey de los Demonios, y su esposa, Lilith, la principal demoníaca de los judíos. Lilith es bien conocida hoy en día como la diosa patrona de las lesbianas. Su nombre sobrevive en muchas organizaciones actuales, como las Hijas de Lilith. Esta elección de una mecenas sugiere que siempre ha habido una cierta cantidad de impulsos demoníacos en las prácticas homosexuales. Esta motivación encajaría con los ritos básicos del ocultismo, como el desafío a Dios, y el desarrollo de "estilos de vida inusuales". La inevitable retribución por estas prácticas ha aparecido ahora entre nosotros en forma de la extendida plaga del SIDA.

Lilith es típica de los demonios que fueron creados por las relaciones sexuales entre las hijas del hombre y los Observadores. Aparecieron por primera vez durante los seis días de la creación como espíritus desencarnados, y más tarde tomaron forma física. El Libro del Zohar dice: "Toda contaminación del semen da a luz a demonios". La Enciclopedia Judaica se refiere a la impureza de la serpiente que tuvo relaciones sexuales con Eva. La Cábala afirma que Lilith tuvo relaciones sexuales con Adán y produjo demonios como parte del diseño cósmico, en el cual la derecha y la izquierda son las corrientes opuestas de poderes puros e impuros, llenando el mundo y dividiéndolo entre el Santo y la serpiente Samael. (Zohar Bereshit 73b., 53 y ss.)

El diccionario Webster dice de Lilith: "Heb. Significado de la noche". 1. Folklore judío, una demonio vampiro femenino. 2. Folklore judío, primera esposa de Adán antes de la creación de Eva. Muchas leyendas identifican a Lilith como la primera esposa de Adán. Estos mitos afirman que Dios formó a Lilith del barro y la suciedad. Pronto se peleó con Adam. Debido a su orgullo desmesurado, se negó a dejar que él se acostara encima de ella. Es por esta razón que fue adoptada como patrona de las lesbianas. Dejó a Adán y huyó a las orillas del Mar Rojo, donde se decía que se entregaba a sus fantasías sexuales con demonios, viviendo entre las bestias salvajes y las hienas. Su presencia dio lugar a muchas leyendas aterradoras; se convirtió en la jefa de las demoníacas judías y se decía que se aprovechaba de los niños recién nacidos, chupándoles la vida. También se la conocía por chupar la sangre de hombres que dormían solos y se la conoce como "la bruja de la noche" (Isaías 34:14 - Y las bestias salvajes se encontrarán con hienas, el sátiro clamará a su prójimo; sí, la bruja de la noche se posará allí, y encontrará un lugar de descanso para sí misma). Excepto por este versículo, su nombre fue eliminado de toda la Escritura debido a su mala reputación.

Otras leyendas afirmaban que Lilith y las demonias que la acompañaban gobernaban durante las cuatro estaciones, como Lilith-Naameh, Mentral, Agrath y Nahaloth. Se decía que se reunían en la cima de una montaña cerca de las montañas de las tinieblas, y allí celebraban el Sábado de las Brujas, cuando tenían relaciones con Samael, el Príncipe de los Demonios.

Fue porque Dios había tenido un resultado tan desafortunado con Lilith, después de crearla de barro y suciedad, que decidió ir a la costilla de Adán para su próxima creación, Eva. Posteriormente fue conocida como "haw wah", "Madre de todos los vivos" y también como "Madre Serpiente" por su posterior asociación con Satanás. El Príncipe de las Tinieblas tenía varios disfraces, pero cuando encarnó el deseo sexual, como lo hizo con Eva, siempre apareció como una serpiente.

Debido a que el mal ya estaba establecido en la tierra, a través de la presencia de los demonios y sus seguidores, era necesario que Dios castigara a la humanidad. Al infligir este castigo, resolvió ser justo. Para esto, era necesario que Él seleccionara a aquellos que estaban sin mancha, y a quienes se les permitiría sobrevivir al castigo. Su método de selección era sencillo. Eligió a los que no habían sido contaminados. Su elección fue Noé y su familia. Noé se describe en Génesis 6:9, "Noé era perfecto en sus generaciones." La palabra generaciones aquí es una traducción imperfecta de la palabra hebrea "to-led-aw", que significa ascendencia. Una traducción anterior y más apropiada es ''Noé era un hombre justo, y perfecto, sin mancha en sus generaciones. Era la elección de Dios porque él y su familia eran los últimos adanitas de sangre pura que quedaban en el mundo. (La Versión Estándar Revisada tiene un error aún mayor en su redacción, 'Noé fue irreprochable en sus generaciones', ya que no dice de qué se le habría culpado.)

El lugar del Diluvio, que era el castigo prescrito por Dios para la humanidad, no estaba en el área del Cercano Oriente, como se supone comúnmente. Los arqueólogos han estado desconcertados durante años de que no pudieran encontrar evidencia de una inundación de este tipo en esta área. De hecho, debido a que Caín había sido desterrado al "este del Edén", Noé y su familia vivían en la cuenca del Tarim, ubicada en la provincia de Sinkiang Superior. Esta cuenca fue alimentada por el río Tarim, y aquí se produjo el diluvio.

Habiendo sido advertido por Dios de la inminente catástrofe, Noé logró construir el Arca, una de las mayores hazañas de ingeniería de todos los tiempos. Con un peso de 36.750 toneladas, fue construido íntegramente en madera. Tenía 450 pies de largo, 75 pies de ancho y 45 pies de profundidad. En este Arca, Dios ordenó a Noé que tomara de cada cosa viviente de toda carne. Debido al espacio limitado en el Arca, no podía haber posibilidad de reproducción adicional de estas especies durante su tiempo a bordo, y Dios ordenó que no se produjera ninguna relación sexual. Este mandamiento fue violado por un habitante del Arca, Ham, el segundo hijo de Noé. Ham tuvo relaciones sexuales con una mujer preadminita del Arca, una persona de piel oscura. Su descendencia era un hijo negro llamado Cush, que se convirtió en el símbolo de Etiopía.

Noé estaba consternado cuando supo que su hijo había violado el mandamiento de Dios, porque sabía que la retribución vendría. Después de que el diluvio había amainado, y la vida en la tierra volvió a su rutina habitual, Noé continuó siendo perseguido por sus temores. Los sucesos posteriores han tenido consecuencias nefastas para toda la humanidad. En la Biblia, aparece como una especie de acertijo, ya que los personajes son identificados y mal identificados en versículos secuenciales. Ni la secuencia exacta de los eventos, ni su explicación, ni la identificación de los principales pueden seguirse tal como aparecen en el Génesis, posiblemente debido a traducciones erróneas o ediciones a lo largo de los siglos.

Aunque la vida en la tierra había reanudado su felicidad anterior al diluvio, Noé seguía angustiado por la transgresión de Jamón. Tan enojado estaba que bebió demasiado vino, y yacía expuesto en su embriaguez. Como se narra en Génesis 9:24-27, el hijo de Jamón, Canaán, vio a su abuelo expuesto, aunque en un momento dado se le conoce como "el hijo menor de Noé", en lugar de la designación correcta como su nieto. Los otros hijos de Noé, Sem y Jafet, viendo a su padre expuesto, se apresuraron a cubrirlo con un manto. Sin embargo, cuando despertó, Noé se enfureció mucho por lo que había ocurrido, y pronunció una maldición sobre Canaán: "Maldito sea Canaán; esclavo de esclavos será para sus hermanos (Sem y Jafet)". Aquí también hay un acertijo, pues Sem y Jafet eran los tíos de Canaán, no sus hermanos. El "acertijo" es probablemente intencional, porque tiene la intención de evocar un estudio especial de estos versículos para llegar a una comprensión de estos mensajes tan importantes, advertencias para todas las generaciones futuras.

Se han ofrecido varias explicaciones para la tremenda ira de Noé hacia Canaán y su Maldición de Canaán. Uno de ellos, que ahora se ha descartado en gran medida, es que Jamón pudo haberse acostado con la esposa de Noé, o que había hecho un intento de hacerlo. Nunca se ha establecido una base para esta conjetura. Otra explicación es que Noé maldijo a Canaán porque todavía estaba molesto por la violación por parte de Jamón del mandamiento de Dios a los habitantes del Arca, de que se abstuvieran de tener relaciones sexuales mientras estaban a bordo. Debido a que Jamón se había acostado con la mujer preadamita en el arca, Noé finalmente expresó su ira en la Maldición de Canaán. Esto tampoco suena cierto; los hombres del Antiguo Testamento fueron muy directos en sus tratos; si Noé estuviera enojado con Jamón, habría maldecido a Jamón, no a Canaán. Ninguna de estas explicaciones ofrece una razón válida para la vehemencia de la maldición de Noé, una maldición que ha asolado a la humanidad durante tres mil años. La única explicación racional para la maldición es la ira de Noé por el hecho de que Canaán había hecho algo que indignó a su abuelo. Mirarlo mientras estaba expuesto no habría causado tal reacción. Los eruditos finalmente concluyeron que Canaán había hecho algo tan degradante que Noé tuvo que pronunciar una maldición sobre él. ¿Qué habría sido esto? La Biblia, tal como está traducida actualmente, no nos da una pista. Estos eruditos decidieron que Canaán, al ser mestizo, y por lo tanto no estar atado por el rígido código moral de los adanitas, probablemente había cometido un acto homosexual contra su abuelo. Siendo de pura cepa, Noé se habría enfurecido en exceso por tal acto, y habría reaccionado como lo hizo.

La Maldición de Canaán fue extendida a la tierra que fue nombrada en su honor, la Tierra de Canaán. Los mismos cananeos, la gente de esta tierra, se convirtieron en la mayor maldición sobre la humanidad, y así permanecen hoy. No sólo originaron las prácticas de adoración al demonio, ritos ocultos, sacrificio de niños y canibalismo, sino que a medida que se fueron al extranjero, llevaron estas prácticas obscenas a todas las tierras en las que entraron. No sólo trajeron su culto demoníaco a Egipto, sino que, conocidos por su nombre posterior, los fenicios, como fueron llamados después del 1200 a.C., se convirtieron en los demonizadores de la civilización a través de sucesivas épocas, siendo conocidos en la historia medieval como los venecianos, que destruyeron la gran civilización cristiana bizantina, y más tarde como "la nobleza negra", que se infiltró en las naciones de Europa y gradualmente asumió el poder a través del engaño, la revolución y el prestidigitador financiero.

La reputación de Canaán se encuentra en muchos registros antiguos, aunque su sucia historia ha sido cuidadosamente eliminada de aún más archivos y bibliotecas históricas. En 1225 a.c., el faraón Merneptah, quien, debido a sus victorias en la región cananea, era conocido como "Binder de Gezer", levantó una estela para conmemorar sus éxitos. Entre las inscripciones que se colocaron en él figuraba la siguiente: "Saqueado es el Canaán, con todo mal; Todas las tierras están unidas y pacificadas."

Esta inscripción no significaba que Merneptah hubiera usado todos los males para saquear a los cananeos; significaba que en su estadía allí se había encontrado con todos los males practicados por esta famosa tribu.

Ham tuvo cuatro hijos: Cush, que fundó la tierra de Etiopía; Mizraim, que fundó Egipto; Put, que fundó Libia; y Canaán, que fundó la tierra de los cananeos, el área ahora en disputa como el Estado de Israel. En la Aggidah. Se dice que Cush es de piel negra como castigo por haber tenido relaciones sexuales en el Arca. "Tres copularon en el Arca, y todos fueron castigados: el perro, el cuervo y el jamón. El perro estaba condenado a ser atado, el cuervo espera que su semilla llegue a la boca de su pareja, y Ham estaba herido en la piel. Nota 9, San. 108b. es decir, de él descendió Cush, el negro, que es de piel negra."

En la literatura talmúdica, Cushi siempre significa una persona negra o la raza negra. Cushite es sinónimo de negro. (Yar Mo'ed Katan 16b).

La Biblia, tal como está traducida actualmente, no hace referencia al color de 'ush'. La referencia a sus descendientes, los Cushitas, aparece sólo en Números y en el Libro de Samuel Dos. Números 12:1 revela que 'Miriam y Aarón hablaron contra Moisés a causa de la mujer cusita con la que se había casado, pues se había casado con una mujer cusita.' Aquí tampoco se explica por qué Miriam y Aarón se volvieron contra Moisés, pero el asunto es obviamente de cierta importancia, porque el mismo versículo enfatiza por repetición que se había casado con una mujer cusita. La explicación la encontramos en el Talmud, que nos dice que "Cushite" significa siempre negro. El versículo en Números debe leer, y originalmente puede haber leído,"Miriam y Aarón hablaron en contra de Moisés a causa de la mujer negra o cusita con la que se había casado. Segundo Samuel contiene siete referencias a Cushitas, pero tampoco se dan descripciones.

El profesor Sayee, el destacado erudito egipcio, y autoridad en el antiguo Oriente Próximo y Medio, explica que Canaán significa "bajo" y Elam "alto". Los cananeos eran los que habitaban en los lugares bajos; los elamitas ocupaban las tierras altas. El coronel Garnier, en su gran obra *La adoración de los muertos*, cita la observación de Estrabón de que "los Cushitas habitan las regiones costeras de toda Asia y África". Nunca fueron lo suficientemente agresivos como para luchar o permanecer en terrenos elevados, y se vieron obligados a permanecer en las zonas bajas y pantanosas, expuestos a los elementos, zonas por las que otros pueblos no se atreverían a luchar.

Garnier continúa, p. 78 de *La adoración de los muertos*: "También hemos visto que Osiris era negro, o de la raza cusita, y esto era característico de los egipcios. Herodoto habla de los egipcios generalmente como negros y de pelo lanudo. Había dos razas en Egipto, los Mizraimitas, que fueron los primeros en colonizar el país, y los egipcios negros, que recibieron su nombre de Egipto, el hijo de Belo, es decir, Cush. No cabe duda, por lo tanto, de que Egiotus, el padre de los egipcios negros, e hijo de Belo, es el mismo que el Osiris negro." En la página 92 Garnier nos informa: "La inmigración aria y el brahmanismo fueron posteriores a la de una raza cusita más o menos hostil a ellos y a su religión. Encontramos tradiciones arias que hablan de sí mismas como blancas y de los Dasyns como negras, es decir, cusitas. Garnier cita una descripción de los Cushitas como sigue: Los llaman demonios y adoradores del diablo, y desdichados lascivos que hacen un dios del Sisna, del Lingam y del Phallus."

Garnier continúa (p. 131) observando que "Buda debe identificarse con aquellos dioses cuyo origen humano era Cushite, de Cush, el gran profeta y maestro del antiguo paganismo, el padre de la raza negra o etíope. Buda, aunque es el dios principal de la raza amarilla, está constantemente representado, como negro con pelo lanoso y rasgos negros, las narices planas y los labios gruesos de muchas de las antiguas estatuas que se encuentran en el Hindustán, ya que éstas son claramente las características bien conocidas del genuino negro africano; el origen humano de Buda fue Cush."

Los actos posteriores de Ham no hicieron nada para limpiar su reputación. Él robó las vestiduras que Dios había hecho para Adán y Eva antes de expulsarlos del Huerto del Edén. Cush heredó estas prendas de Ham y se las pasó a su hijo, Nimrod. Debido a estas prendas, Nimrod se hizo conocido como "el poderoso cazador". Se le consideraba invencible mientras usara estas vestiduras, que están registradas en Génesis 3:21. Los animales y los hombres se acobardaron ante el ataque de Nimrod debido a estas prendas, que le confirieron grandes poderes (Enciclopedia Judaica). Nimrod, que nació el 25 de diciembre, el Sábado Santo de Babilonia, fue el fundador de Babilonia y de la ciudad de Nínive.

En la historia de la humanidad, Nimrod es inigualable por su simbolismo del mal y las prácticas satánicas. Se le atribuye la fundación de la masonería y la construcción de la legendaria Torre de Babel, en desafío a la voluntad de Dios. En la literatura talmúdica, se le conoce como "el que hizo que todo el pueblo se rebelara contra Dios". Pes. 94b. La leyenda del Midrash cuenta que cuando Nimrod fue informado del nacimiento de Abraham, ordenó matar a todos los niños varones, para asegurarse de eliminarlo. Abraham estaba escondido en una cueva, pero más tarde fue descubierto por Nimrod, quien le ordenó que adorara el fuego. Abraham se negó y fue arrojado al fuego.

El símbolo legendario de Nimrod es "X". El uso de este símbolo siempre denota brujería. Cuando "X" se usa como una forma abreviada que significa Navidad, en realidad significa"celebrar la fiesta de Nimrod". Una doble X, que siempre ha significado traicionar o traicionar, en su significado fundamental indica la traición de uno a las manos de Satanás. Cuando las corporaciones estadounidenses utilizan la "X" en su logotipo, como "Exxon", la histórica firma Rockefeller de

Standard Oil of New Jersey, no cabe duda de este significado oculto.

La importancia de Nimrod en cualquier estudio de lo oculto no puede ser sobre-enfatizada. Debido a los poderes que le dieron los vestidos de Adán y Eva, Nimrod se convirtió en el primer hombre en gobernar el mundo entero. Se entregó a ese poder lanzando excesos y horrores que nunca han sido igualados. Desde los tiempos de Nimrod, Babilonia ha sido el símbolo de la depravación y la lujuria.

Nimrod también introdujo la práctica del genocidio en el mundo. Su abuelo, Ham, después de haberse asociado con otras razas y haber traído al mundo a niños de raza mixta, fue persuadido por su consorte, el malvado Naamah, a practicar el asesinato ritual y el canibalismo. Ella le informó a Ham que matando y comiendo gente de piel clara, sus descendientes podrían recuperar sus cualidades superiores.

A lo largo de los siglos siguientes, los descendientes de piel clara de Sem, el hijo mayor de Noé, han sido ritualmente asesinados por los descendientes más oscuros de Ham y Nimrod, en la campaña de persecución racial y religiosa más persistente del mundo.

Nimrod no sólo mató y se comió a los descendientes de piel clara de Sem, sino que en su furia y odio a menudo los quemó vivos. El tipo de sacrificio humano que implica el comer de las víctimas humanas masacradas derivó su nombre de los nombres combinados de su tío, Canaán, y el dios demonio Baal, los dos nombres se combinaron para formar la palabra 'caníbal'. Nimrod también era conocido en la historia antigua con los nombres de Marduk, Bel y Merodach. Debido a su importancia en su historia, Babilonia fue conocida como la Tierra de Nimrod. Nimrod también es citado en las más antiguas constituciones masónicas como el fundador de la masonería.

Se dice que la caída de Nimrod se produjo cuando comenzó a construir la Torre de Babel, un zigurat, o torre del templo, que fue planeada para elevarse a los cielos. Debido a esta ofensa contra Dios, Sem, el hijo mayor de Noé, dictó sentencia contra Nimrod y lo ejecutó.

Josefo dice que el nieto negro de Ham, Nimrod, fue decapitado por Sem. Otros relatos añaden que Sem cortó el cuerpo de Nimrod en pedazos y envió los pedazos a los templos paganos de Babilonia, como advertencia a los sacerdotes de que sus orgías sexuales y sacrificios de niños resultarían en un juicio similar de ejecución. En vez de abandonar sus horribles ceremonias a causa de esta advertencia, los sacerdotes literalmente pasaron a la clandestinidad. Ya no "sus altares fumaban con sangre humana", como Kitto, la gran autoridad palestina, los describió. Los sacerdotes llevaron las piezas de Nimrod como reliquias a sus lugares secretos de encuentro, que estaban escondidos en "arboledas" y "santuarios". Este fue el origen de los cultos secretos de Misterio, cuyas orgías ya no se podían realizar en los templos públicos. Debido al poder de Sem, los sacerdotes a partir de ese momento llevaron a cabo sus orgías prohibidas fuera de la luz del día, en sus escondites secretos. Sus reuniones estaban limitadas por ritos secretos, que nadie fuera de su orden podía conocer, bajo pena de muerte. Este fue el origen de los gnósticos, los conocedores, que conocían los secretos. Puede ser por esta razón que Nimrod llegó a ser conocido como el fundador de la masonería, porque sus ritos fundamentales fueron establecidos e invocados después de ser asesinado, para poder continuar con su obra de maldad.

La historia de la humanidad durante los últimos tres mil años ha sido la historia de la lucha entre los descendientes de piel clara de Sem y los descendientes de piel más oscura de su hermano, Ham, pero no encontrarás esta lucha definida en ningún trabajo histórico. Los registros del genocidio contra el pueblo de Sem son evidentes a lo largo de los archivos de la historia, pero no existe una escuela o universidad cuyo profesorado informe a sus estudiantes de este simple hecho. Esto en sí mismo explica mucho de lo que se suele descartar como ser 'más allá de toda explicación'. La razón de este extraño desarrollo es que los descendientes de Jamón tradicionalmente han usurpado el proceso educativo, a través de su anterior usurpación del sacerdocio para llevar a cabo su obra satánica. Desde entonces han controlado el sistema educativo, convirtiéndolo en sus propios y malvados propósitos. Es aún más interesante que ni una sola escuela de teología en el mundo tome nota de este hecho central de la historia, un hilo rojo que corre continuamente a través del registro de los acontecimientos.

En la lengua griega, Sem aparece como Ehu; en la mitología egipcia, es Shu, el hijo de Ra, el Dios Sol. Fue a través del supuesto descenso de Sem que Luis, Rey de Francia, se llamó a sí mismo el "Rey Sol". Sin embargo, un punto mucho más importante, y que de nuevo ha sido oscurecido u ocultado por los sacerdotes que controlaron el sistema educativo durante los últimos tres mil años, es el hecho de que fue Sem quien fundó y construyó la gran civilización de Egipto.

Los gobernantes de Egipto fueron llamados Faraones, de la palabra hebrea pira, que significa 'pelo largo'. Los egipcios nativos eran de pelo corto. No sólo era Sem de pelo largo, sino también rubio. En sus registros, los sacerdotes llaman a Sem "Shufu" o "Khufu", que significa pelo largo. Siendo un gran guerrero, Sem fácilmente guió a su pueblo en la conquista de los egipcios nativos. Inmediatamente se dispuso a conmemorar su reinado construyendo la Gran Pirámide en Gizeh. Babilonia fue entonces vencida por el hijo de Sem, Elam; un descendiente posterior, Ciro de Persia, un elamita, completó la conquista final de Babilonia y construyó el gran imperio persa. Fue para significar sus grandes éxitos militares que Sem adoptó como su símbolo al león, que sigue siendo el símbolo de los gobernantes de hoy en día. La Gran Pirámide se llamó más tarde Khiut, el Horizonte, en el que Khufu había sido tragado, ya que el horizonte occidental se tragaba el sol cada tarde.

Después de extensas investigaciones arqueológicas, el Astrónomo Real de Escocia concluyó que la evidencia era irrefutable de que la Gran Pirámide de Gizeh había sido construida por Shem. Encontró el nombre Shufu dentro de la pirámide, pintado de rojo, que significaba el cabello rubio de Sem. También dentro de la pirámide hay una inscripción colocada allí después de la muerte de su descendiente, Amenhotep IV, "Él detuvo las prácticas bárbaras de los sacerdotes que habían sido introducidas por Naamah y sus seguidores de Babilonia, incluyendo a Nimrod." Los sacerdotes asesinaron a Amenhotep IV, para que pudieran reanudar sus orgías de lujuria y sacrificios de niños. Habían admitido a

Herodoto que la Gran Pirámide había sido construida por "un pastor errante", una extraña observación, ya que los pastores no suelen crearse a sí mismos monumentos tan grandiosos. Sin embargo, este fue uno de los términos de burla por los cuales siempre se refirieron a Sem después de su muerte. Otras inscripciones de los sacerdotes a lo largo de los siglos de la historia egipcia denigran a Sem como "cerdo", "enano" y otros términos que significan su odio hacia él, posiblemente porque él mató a su mentor, Nimrod. En las mismas zonas, otras inscripciones ensalzan al degenerado Jamón, que había sido corrompido por su consorte, el malvado Naamah, e introducido en las prácticas del sacrificio humano y el canibalismo.

La civilización egipcia alcanzó su apogeo durante el reinado de Sem. La Esfinge es ahora admitida como un retrato de él. Después de su muerte, los sacerdotes no sólo reanudaron sus malas prácticas, sino que se embarcaron en una exitosa campaña para ocultar su nombre de la historia, una campaña que ha tenido mucho éxito durante los siguientes tres mil años. También lanzaron terribles acciones punitivas contra los descendientes de Shem, a menudo asesinándolos o quemándolos vivos. Los sacerdotes no sólo falsificaron los registros de Sem, sino que también lograron eliminar la mayor parte de la historia posterior de sus descendientes de piel clara, los Shemitas o, como a veces se les llama, los Semitas.

El erudito árabe Murtadi señaló que Num y Khufu (Shufu), los constructores de las Pirámides, vivían con Noé. (Catálogo del Museo Británico, 1909). A Sem también se le llamó Menes, del hebreo Meni, u hombre, que aparece en el Libro Egipcio de los Muertos, refiriéndose a Urano y a sus tres hijos, una referencia obvia a Noé. El jamón más tarde se conoció como el dios egipcio Amón.

Herodoto escribe que el primer rey de Egipto, que reinó hasta 2320 a.c. Eusebio dice que de él descendieron trescientos soberanos sucesivos, los Reyes Finos, que habían sucedido a los semidioses. El historiador Murtado se refirió a Sem como Menes. Como el hijo más capaz de Noé, Sem ejemplifica las cualidades sobre las que se han construido todas las civilizaciones subsiguientes; el valor, el deseo de construir y la voluntad de someter a aquellos que han adoptado una forma de vida inferior. Él es el Adanita que creó las civilizaciones tal como las conocemos. Por otro lado, los descendientes de Jamón, los cananeos, ejemplifican el impulso satánico de destruir la civilización y la rebelión contra Dios. J. Hewlitt señala que adanita significaba un "pensador", y que mena o hombre produjo a Menes, el hombre pensante. Esto sobrevive hoy en día en la sociedad intelectual, Mensa. La distinción se hizo para distinguir el linaje de Adán de los hombres preadministradores o no pensantes. (Razas dominantes del hombre prehistórico, v. 2 p. 364). La Enciclopedia Judía dice que Sem se convirtió en rey de Jerusalén como representante de YHWH, para poder continuar la batalla contra el pueblo esclavo, los cananeos.

En Génesis, encontramos este versículo: "¡Bendito sea el Señor, el Dios de Sem!" Génesis 9:26. Sem tuvo cinco hijos:

Elam, de donde vino el Imperio Persa; Assur, de donde vino el Imperio Asirio; Arpachshad, Lud, y Aram. Era tan grande la reverencia por el nombre de Sem en el mundo antiguo que su nombre en muchos registros se convirtió en sinónimo de YHWH. Yahvé, o, en una versión posterior, Jehová, deriva directamente del verbo hebreo Hava (h), que significa "Yo soy". Históricamente, esto fue leído como el Khufu más antiguo, o HWFW, en lugar de YHWH, y por lo tanto se refiere a Kufu, o Shem, el constructor de la Gran Pirámide. Fue debido a las persecuciones de los pueblos de piel clara por parte de los sacerdotes que Khufu, que fonéticamente es casi idéntico a la Hava hebrea (h), se convirtió en YHWH, el Dios del Éxodo de Egipto. La Enciclopedia Británica anota de 'Jehová', "La pronunciación 'I' es un error que resulta entre los cristianos combinando las consonantes YHWH con las vocales de 'adhonay' Señor, (Adonis) que fue sustituido por los judíos por el nombre sagrado YHWH, comúnmente llamado el tetragrammaton, o cuatro consonantes. El nombre 'Jehová' aparece por primera vez en el manuscrito del Pogio de Martín en el siglo XIV. Así pues, el nombre de Jehová, que se usa comúnmente en nuestras iglesias, tiene sólo quinientos años de antigüedad.

Para entender por qué el nombre de Sem fue sistemáticamente vilipendiado y oculto a lo largo de los registros de la historia, debemos volver al registro de su sobrino Canaán, su malvado y completamente degenerado. Canaán era tan malvado que su última voluntad y testamento a sus hijos era una fórmula para el vicio. Decía: "Amaos los unos a los otros (es decir, sólo a esta tribu), amad el robo, amad la lascivia, odiad a vuestros amos y no digáis la verdad". Este notable documento, la Voluntad de Canaán, se encuentra en un solo lugar en toda la literatura teológica del mundo, el Talmud babilónico, donde se presenta de esta manera: "Cinco cosas le encargó Canaán a sus hijos: que se amaran los unos a los otros, que se robaran el amor, que amaran la lascivia, que odiaran a sus amos, y que no dijeran la verdad." Pes. 113b.

La Voluntad de Canaán ha sido la prescripción de los cananeos para todas sus operaciones durante los siguientes tres mil años. Mientras tanto, el pueblo de Sem, sin saber nada de este documento, intentó en vano "convertir" a los cananeos y apartarlos de sus malos caminos. Si los descendientes de Sem hubieran sido advertidos de los preceptos impartidos por este documento, la historia de los últimos tres mil años podría haber sido muy diferente. La Voluntad de Canaán sigue siendo hoy las instrucciones de operación de los herederos cananeos, quienes actualmente controlan el Orden Mundial. Al mismo tiempo, permanece desconocida para los pueblos a los que los cananeos siguen robando, esclavizando y masacrando. La Voluntad de Canaán contiene las instrucciones necesarias para resistir los resultados de la Maldición de Canaán, que los condena a la esclavitud. Las instrucciones para "odiar a tus amos", es decir, Sem y Jafet y sus descendientes, son una orden para cometer genocidio contra el pueblo de Sem. Por esta razón, todos los ritos cananeos subsiguientes se basan en estas exhortaciones a luchar y cometer actos de violencia contra el pueblo de Sem. No sólo es la base de todas las revoluciones y "movimientos de liberación" desde entonces, sino también una incitación básica para cometer genocidio y llevar a cabo guerras raciales. Debido al apagón histórico de tres mil años, el pueblo de Sem nunca ha comprendido su peligro, y con frecuencia ha sido objeto de masacres porque su bondad esencial les impedía creer en la vileza de los cananeos. La Voluntad de Canaán siempre ha estado oculta de ellos porque es el programa básico de conspiración y ritos secretos que permiten a los cananeos causar su odio sobre los descendientes de Sem.

Mucha de la continua hostilidad entre estas dos fuerzas se menciona en la Biblia, pero nunca en la forma básica que se ha declarado aquí por primera vez. En su libro *El Misterio de las Edades*, Herbert Armstrong comenta: "Los cananeos, que eran racialmente oscuros, se habían asentado en la tierra; Dios ordena a los israelitas que los echaran" (p. 172). Armstrong cita el número 33 como base para su referencia.

Durante los siglos de opresión y asesinato en masa, Dios no se ha apartado de su pueblo. Por el contrario, con frecuencia los ha exhortado a atacar y a librarse del peligro de los cananeos. En los primeros años de esta lucha, todavía era posible para Sus hijos escuchar y obedecer. La visión de Abdías se cuenta en Abdías 20: "Y el poder de este ejército de los hijos de Israel poseerá el de los cananeos, hasta Sarepta; y este poder de Israel, que está en Sefarad, poseerá las ciudades del sur." Significativamente, la Versión Estándar Revisada omite completamente la mención de los cananeos.

La batalla continuó durante siglos. En Josué 17:13, leemos: "Pero cuando los hijos de Israel se hicieron fuertes, pusieron a los cananeos en tributo, pero no los echaron."

Dios expresó Su voluntad en los términos más fuertes a Sus hijos en Número 33:52-56: "Echaréis a todos los habitantes de la tierra[Canaán] delante de vosotros... Y desposeeréis a los moradores de la tierra, y habitaréis en ella; porque yo os he dado la tierra para que la poseáis... Pero si no echáis fuera a los moradores de la tierra que estáis delante de vosotros, entonces los que dejáis que permanezcan, de ellos serán pinchazos en vuestros ojos, y espinas en vuestros costados, y os irritarán en la tierra en que habitáis... Y acontecerá que haré con vosotros lo que pensé hacer con ellos."

Los hijos de Israel, es decir, los descendientes de Sem, obedecieron a Dios e hicieron la guerra contra los cananeos, pero en generaciones posteriores, perdieron la señal de esta meta, permitiendo que los cananeos vivieran con ellos. Durante este período de la historia, hubo grandes victorias contra su enemigo histórico, como se cuenta en Jueces 1:17: "Y Judá fue con Simeón, su hermano, y mataron a los cananeos que habitaban en Sefat, y lo destruyeron por completo."

Esta victoria se produjo porque los hijos de Israel estaban angustiados, y buscaron la guía del Señor. Jueces 1:1-5: Y después de la muerte de Josué, los hijos de Israel preguntaron a Jehová, diciendo: ¿Quién subirá primero por nosotros contra los cananeos para pelear contra ellos? Y el Señor dijo: "Judá subirá; he aquí que yo he entregado la tierra en sus manos. Y Judá dijo a su hermano Simeón: 'Sube conmigo a mi suerte, para que peleemos contra los cananeos'... Y subió Judá; y Jehová entregó a los cananeos y a los ferezeos en sus manos... y mataron a los cananeos y a los ferezeos."

Más tarde, los vencedores volvieron a caer en las malas prácticas de aquellos a quienes habían conquistado, y nuevamente fueron castigados por el Señor. Jueces 4:1-2: "Los hijos de Israel habitaban entre los cananeos. Y los hijos de Israel volvieron a hacer lo malo ante los ojos de Jehová, y Jehová los vendió en manos de Jabín, rey de los cananeos." Un versículo posterior en Jueces señala que los israelitas prevalecieron contra Jabín y lo destruyeron a él y a los cananeos.

Éxodo 15:15 dice: "Entonces los duques de Edom se asombrarán; los poderosos hijos de Moab, temblorosos, se apoderarán de ellos; todos los moradores de Canaán se derretirán."

La Concordancia de Nelson enumera más de ochenta y cinco versículos bíblicos que se refieren a los cananeos. La mayoría de las referencias son desfavorables, e invariablemente revelan la determinación de Dios de castigar a su pueblo por sus fechorías. Ezequiel 16:1-3: "Otra vez vinieron a mí las palabras del Señor: 'Hijo del hombre, da a conocer a Jerusalén sus abominaciones...' Tu origen y tu nacimiento son de la tierra de Canaán." Considerando la frecuencia de las referencias a los cananeos en la Biblia, es sorprendente que los líderes religiosos raramente hagan mención de ellos. De hecho, muchos de los líderes religiosos más ricos hoy en día están activamente ligados a los cananeos, permitiéndoles obtener millones de dólares en contribuciones de cristianos crédulos.

Ciertamente las prácticas bárbaras de los cananeos nunca fueron secretas, ni tampoco desconocidas en la antigüedad, como lo demuestra el número de referencias disponibles. Salmos 106:37-38: Sacrificaron a sus hijos e hijas al demonio; derramaron sangre inocente, la sangre de sus hijos e hijas, a quienes sacrificaron a los ídolos de Canaán. Debido a este registro bien documentado de sus prácticas diabólicas, Dios dio numerosas órdenes de que otras tribus no se casaran con este pueblo. Isaac le pasó una de estas órdenes a Jacob. Génesis 28:1: "Isaac llamó a Jacob y lo bendijo, y le ordenó: 'No te casarás con una de las mujeres cananeas'." Hemos notado previamente que Miriam y Jacob se volvieron en contra de Moisés por casarse con un Cusita, o negro. Los hombres de antaño eran conscientes de la necesidad de proteger su patrimonio genético, y eran igualmente conscientes de que podría desaparecer en una sola generación, si se producían los matrimonios equivocados.

La prohibición de mezclarse con los cananeos adoradores de demonios seguía siendo uno de los mandamientos más fuertes de Dios. Dios dijo: "Así seremos separados, yo y todo tu pueblo, de todo el pueblo que está sobre la faz de la tierra" (Éxodo 3:16).

Dios caracterizó así a los cananeos: "Y los convertiré en terror y en maldad para todos los reinos de la tierra[refiriéndose a la diáspora], como oprobio y proverbio, burla y maldición sobre todos los lugares donde los esparciré" (Jeremías 24:9).

Así vemos a los cananeos, recién nombrados fenicios, dispersándose a lo largo de todas las rutas comerciales y avenidas de comercio por toda la tierra. Como Dios profetizó, ellos esparcen corrupción, terror y devastación dondequiera que Él los esparció. Más tarde, conocidos como los venecianos, dominaron las avenidas de comercio; cuando se establecieron en el interior, se especializaron como comerciantes y, más tarde, como banqueros, por fin formaron un grupo que ahora se conoce vagamente como "la nobleza negra", que tiene un poder aparentemente irresistible en la actualidad.

Además, Dios advirtió a su pueblo en contra de los cananeos dispersos. Deuteronomio 7:2-5: "... los herirás, y los destruirás por completo; no harás ningún pacto con ellos[como la Sociedad de las Naciones o las Naciones Unidas-Ed.] ni les mostrarás misericordia. No te casarás con ellos; no darás a tu hija a su hijo, ni a su hija a tu hijo. Porque ellos apartarán a tu hijo de seguirme, para servir a dioses ajenos; así se encenderá contra ti la ira del Señor, y te destruirán de repente. Pero así trataréis con ellos; destruiréis sus altares, y derribaréis sus imágenes, y cortaréis sus arboledas, y quemaréis sus ídolos con fuego."

Esta era una orden directa para destruir las arboledas y los santuarios de los cultos de Misterio que adoraban a los demonios, ahora conocidos como masonería. La prohibición contra las "imágenes esculpidas" ha sido malinterpretada por muchos cristianos bien intencionados. Dios no prohibió las imágenes esculpidas - Él prohibió las imágenes obscenas de los cultos de

Baal y Ashtoreth, que fueron hechos para crear excitación sexual como parte de sus ritos obscenos. La batalla contra la obscenidad continúa hoy en día, aunque a menudo parece que los cristianos estadounidenses la están perdiendo.

Al hacer estas demandas (no eran peticiones), Dios no estaba ofreciendo un programa para un picnic escolar; estaba preparando el único programa que permitiría a su pueblo sobrevivir en esta tierra. De otra manera, Él advirtió: "Y en Asdod habitará una raza mestiza" (Zacarías 9:6).

Si su pueblo no cumplía sus instrucciones, Dios describió específicamente lo que sucedería, y al hacerlo, describió con precisión el mundo de hoy.

"Mas si no oyeres la voz de Jehová tu Dios, para guardar y poner por obra todos sus mandamientos y sus estatutos que yo te mando hoy, vendrán sobre ti todas estas maldiciones y te alcanzarán... El extranjero que está dentro de tus puertas [los cananeos o sus descendientes] se levantará sobre ti muy alto, y tú descenderás muy bajo. Él te prestará, y tú no le prestarás; él será la cabeza y tú serás la cola" (Deuteronomio 28: 15, 43-44).

Ciertamente esta es la situación que existe en los Estados Unidos hoy en día. Los venecianos controlan el Sistema de la Reserva Federal; ellos nos prestan a nosotros, pero nosotros no les prestamos a ellos; ellos son la cabeza y nosotros somos la cola.

Habiéndose convertido en la maldición de Satanás sobre la humanidad, los cananeos ahora se esparcieron por la tierra como una plaga maligna. Génesis 10:18: "Las familias de los cananeos se extendieron." Esta diáspora trajo problemas a todas las naciones en las que aterrizó este pueblo. Ezequiel 16:3, 45, y 46 enumera las tribus raciales de los cananeos, denunciándolas individualmente, "tu padre amorreo, su madre hitita, su hermana mayor Samaria, su hermana menor Sodoma. Jesús, el ministro de compasión, cuando le pidieron que curara a un cananeo, los denunció como perros. Mateo 15:22: "Y he aquí, una mujer cananea de aquella región salió y clamó: 'Ten misericordia de mí, oh Señor, hijo de David; mi hija está severamente poseída por un demonio.' Pero no le respondió ni una palabra. Y él respondió: 'No es justo tomar el pan de los hijos y tirarlo a los perros'. Por niños, se refería a los hijos de Israel, y que los cananeos eran perros. Ella insistió y él finalmente curó a su hija."

Los partidos políticos cananeos eran los fariseos, saduceos, zelotes, eslavos, asisinos, herodianos y escribas. Un grupo posterior, los edomitas, descendieron de Esaú y más tarde se casaron con los turcos, produciendo una mezcla turco-edomita que más tarde se conoció como los khazars, los actuales ocupantes de Israel, según el gran erudito judío Arthur Koestler.

Los cananeos fueron divididos en amorreos, hititas, moabitas, madianitas, filisteos, amonitas, edomitas, sidonios, sefarvíos, perizitas y tribus afiliadas, todos los cuales son denunciados rutinariamente en la Biblia. Génesis 3:17: "Los perezosos son enemigos de Dios; los amonitas adoraban a Moloch Chemos y estaban poseídos por demonios." Los ashoditas adoraban al pez y al dios Dagón; eran ladrones y odiaban a Dios (según consta en el Museo Británico - Ed.). Los egipcios eran conocidos como adoradores de la magia negra, lo que resultó en el rechazo de Dios a Agar. Los amorreos fueron maldecidos por Dios (Esdras 9:1). El hitita se definió como el significado de destruir o aterrorizar; el perezoso vino a defender la lucha y el desorden; los sefarvaim (más tarde sefaradíes) eran revolucionarios; el jebusita significa pisotear bajo sus pies.

En su obra monumental, *La historia de los judíos*, escribe Joseph Kastein, p. 19, "Los cultos cananeos estaban estrechamente relacionados con el suelo y expresivos de las fuerzas de la naturaleza, particularmente la fuerza de la fertilización... Esta fuerza o divinidad, se llamaba Baal... Cada vez que surgían preguntas sobre su existencia como nación, conocían a un solo Dios, y reconocían sólo una idea: la teocracia."

Así pues, Kastein admite que los cananeos eran cultos de fertilidad, pero no explica que la adoración de Baal como dios de la fertilidad, con los ritos obscenos de su reina, Astoret, era tan abominable en el mundo antiguo que siempre que Baal se usaba en este contexto, al referirse a los nombres propios, el sufijo de

Baal era "bosheth" o vergonzoso; de ahí los nombres de Isboseth, Mephibosheth, etc.

La naturaleza destructiva de los cananeos sobre otras naciones en las que se asentaron no está en ninguna parte más fuertemente demostrada que en Egipto, la primera tierra en ser corrompida por sus prácticas bárbaras. Originalmente, "Baal" significaba simplemente Señor en la lengua cananea. La obscenidad de los ritos pronto desarrolló una imagen popular de Baal que tenía tres cabezas, la cabeza de un gato, la cabeza de un hombre y la cabeza de un sapo. Su esposa, Astarté, también conocida como Astarté e Ishtar, era la diosa principal de los cananeos. Ella también representaba el principio reproductivo en la naturaleza, y en caso de que alguien lo pasara por alto, todos sus ritos eran de observancia sexual. En Babilonia, los templos de Baal y Astoret solían estar juntos. Principalmente, servían como casas de prostitución, en las que las sacerdotisas eran prostitutas, y los sacerdotes varones eran sodomitas que estaban disponibles para los adoradores que eran de esa persuasión. La adoración de los dioses cananeos consistía en orgías, y todos sus templos eran conocidos como centros de vicio. También originaron ceremonias vudú, que se convirtieron en los ritos de observancia en Etiopía a través del etíope Jethro, el tutor de Moisés. Estos mismos ritos ahora cautivan a los turistas en el Caribe.

No pasó mucho tiempo antes de que las simples ceremonias del vicio comenzaran a invadir a los adoradores de Baal. Buscaban un mayor entusiasmo en los ritos de sacrificio humano y canibalismo, en los que se destacaban la tortura y el asesinato de niños pequeños. Para consolidar su poder sobre el pueblo, los sacerdotes de los cananeos afirmaban que todos los primogénitos eran debidos a sus dioses demonios, y que eran entregados para el sacrificio. Esta práctica lasciva y bárbara fue notada en Isaías 57:3-5: "Pero vosotros, hijos de la hechicera, descendientes del adúltero y de la ramera, acercaos aquí. ¿De quién estás haciendo deporte? ¿Contra quién hacéis una boca ancha, y sacáis la lengua? ¿No sois hijos de la transgresión, simiente de falsedad? ¿Incendiándote con ídolos bajo cada árbol verde, matando a los niños en los valles bajo la hendidura de las rocas?"

LA MALDICIÓN DE CANAÁN

Así pues, Isaías no sólo se enfrentó a las expresiones obscenas de los orgiotas enloquecidos por la sangre, sus muecas salácitas, sino también a la costumbre ya bien establecida de practicar sus horribles ritos en "arboledas" y "santuarios", en los que podían asesinar a niños sin ser vistos y castigados por los descendientes de Sem.

El rey Salomón quedó bajo la influencia de los asesinos de niños, y reconstruyó un altar a Milcom (Moloc, del hebreo melekh, que significa rey). I Reyes 11:5-8. Moloc, o Moloch, fue honrado por sus adoradores con la construcción de un gran fuego en su altar. Los padres fueron obligados por los sacerdotes a arrojar a sus hijos al fuego. En las excavaciones de Gezer (el faraón Merneptah se había llamado a sí mismo el Aglutinante de Gezer después de haber puesto fin a los obscenos ritos de los cananeos de Gezer) Macalister, bajo los auspicios del Fondo de Exploración de Palestina, de 1904 a 1909, encontrado en el estrato cananeo alrededor del año 1500 a.C..., las ruinas de un "Lugar Alto", un templo de Ashtoreth, que contenía diez columnas de piedra cruda, de cinco a once pies de altura, ante las cuales se ofrecían sacrificios humanos. Bajo los escombros de este "Lugar Alto", Macalister encontró un gran número de frascos que contenían los restos de niños que habían sido sacrificados a Baal. Otra práctica horrible era lo que llamaban "sacrificio de fundación". Cuando se iba a construir una casa, se sacrificaba a un niño y su cuerpo se metía en la pared, para traer buena suerte al resto de la familia. Muchos de ellos fueron encontrados en Gezer. También se han encontrado en Megiddo, Jericó y otros lugares. (Manual bíblico de Halley)

Halley's también señala que en este "Lugar Alto", Macalister encontró grandes montones de imágenes y placas de Ashtoreth con órganos sexuales rudamente exagerados, diseñados para estimular los actos sexuales. Las imágenes de Ashtoreth que se encuentran en muchas áreas de la influencia cananea enfatizan los sensuales sensuales sensuales, los ojos muy acentuados y la desnudez. La naturaleza demoníaca de esta adoración sexual se remonta directamente a la relación de Ham con la bruja Naamah en el Arca. El Cnel. Garnier, en su *Adoración de los Muertos*, escribe, "Naamah fue celebrada por su belleza, talento, energía, lujuria y crueldad, y era de origen Nephilim (ángel caído)."

La Enciclopedia Judaica describe la demonología cananea con Lilith, la vampiresa; Reseph, el dios de la plaga; Dever, el dios de la peste; y el dios del inframundo, Mot, de mavet, la palabra hebrea para muerte.

A pesar de su prominencia como influencias destructivas en el mundo antiguo, los cananeos y su dios demonio Baal rara vez aparecen en las obras autorizadas sobre el antiguo Cercano Oriente. La gran historia de Egipto de Gastón Maspero, *El amanecer de la civilización*, publicada en 1894, y reeditada en 1968, no menciona ni a Baal ni a Canaán. H. R. Hall's *Ancient History of the Near East* no menciona a Shem o Canaan en el índice. Baal tiene una sola mención. Cuánto de esto se debe a la falsificación y destrucción deliberada de los registros históricos por parte del sacerdocio egipcio no se puede determinar, pero los resultados son obvios. Otro factor que contribuye es la repentina desaparición de los nombres "Canaán" y "Cananeos" de todos los registros históricos después del año 1200 a.c. ¿Cómo ocurrió esto? Fue muy sencillo. Simplemente cambiaron su nombre.

La *Enciclopedia* Chambers señala que "Después del 1200 a.c. el nombre de los cananeos desapareció de la historia. Cambiaron su nombre a Fenicio. Así, la gente más notoria y odiada de la tierra recibió un nuevo aliento de vida." Los bárbaros cananeos habían desaparecido. Los fenicios más civilizados, aparentemente comerciantes inofensivos, ocuparon su lugar. Habiendo obtenido un monopolio sobre el tinte púrpura, que era muy apreciado en todo el mundo antiguo, los cananeos anunciaron su control sobre este producto llamándose a sí mismos fenicios, de phoenicia (phoenikiea), la palabra griega que significa púrpura. Desde el principio de su historia, los cananeos fenicios siempre consiguieron el monopolio de algún producto esencial. Más tarde tuvieron el monopolio del estaño durante algunos siglos, hasta que los griegos descubrieron el estaño en Cornualles en el año 233 a.C. Se dice que José de Arimatea, el tío de Jesús, era dueño de grandes minas de estaño en Cornualles.

El cambio de nombre no significaba que los cananeos habían abandonado su adoración de Baal y Astoret. Se volvieron más prudentes en su adoración a Baal, y en las colonias que establecieron a lo largo del Mediterráneo, construyeron sus templos a la hembra de la especie, Astoret. En la ciudad egipcia de Memphis, el Templo fenicio de Ashotoreth fue el edificio religioso más grande. Ella era conocida allí como la esposa del dios supremo, El, y sus setenta deidades. En sus rituales, Ashtoreth era a veces adorado como el demonio masculino, Astaroth, que sobrevivió en ritos europeos como Astara u Ostara. De esta forma, se convirtió en el dios patrón del movimiento nazi en Alemania.

El puesto más occidental de los fenicios era Cádiz, una colonia fenicia que deriva su nombre del gadir semita, o fortaleza. Su colonia más importante, que pronto se convirtió en rival de la propia Roma, fue Cartago, que establecieron alrededor del año 900 a.c. El nombre deriva del hebreo, Kart-hadshat, o nueva ciudad. Los fenicios a menudo nombraban sus ciudades con el prefijo de "nuevo". Durante el siglo V, los cartagineses lucharon contra los griegos y sobrevivieron, pero en el 264 a.c. Roma atacó con toda su fuerza. Siguió una serie de guerras, llamadas las Guerras Púnicas, porque los cartagineses se llamaban a sí mismos los púnicos. San Agustín notó que los púnicos entre ellos se referían a su pueblo como los "Chanani" o cananeos, pero este nombre era como un código secreto; nunca lo usaban para tratar con otras personas.

Ya sea por razones puramente comerciales, o porque temían un poder militar a caballo de sus avenidas de comercio en el Mediterráneo, los romanos decidieron destruir completamente Cartago. Tuvieron éxito en esta resolución de manera tan absoluta que los arqueólogos de hoy en día no están seguros de dónde se encontraba Cartago. De 264 a 201 a.c., Roma libró tres guerras púnicas contra Cartago, que culminaron con la derrota de su líder, Aníbal, por los ejércitos romanos bajo el mando de Escipión el Africano. Los romanos mataron o esclavizaron a todos los cartagineses y arrasaron la ciudad. Completaron su tarea sembrando la tierra con sal, para que nada volviera a florecer allí. Nunca lo hizo nada.

Esta derrota, aunque fue un gran revés, no destruyó las operaciones mundiales de los cananeos, pero sí inculcó en ellos un odio feroz hacia todas las cosas romanas, que desde entonces ha sido caracterizado por la escuela cananea de propaganda como "fascismo", de las varillas romanas, o fasces, que fueron llevadas por el magistrado para simbolizar su determinación de mantener el orden. El posterior asalto masónico a la Iglesia Católica fue dictado en gran parte por el hecho de que tenía su cuartel general en la ciudad de su enemigo más antiguo, Roma, y por lo tanto el papado se convirtió para los fenicios en la encarnación moderna de la fuerza que había destruido su cuartel general más importante. Pocos estadounidenses se dan cuenta de que cuando la Nueva Escuela de Investigación de Nueva York denuncia el "fascismo", junto con los columnistas del New York Times y el New York Post, se limitan a hacer eco de su antigua ira por la destrucción de Cartago. Una vez más, nuestros historiadores sólo tienen un objetivo: oscurecer el pasado y evitar que nos demos cuenta de la naturaleza de las fuerzas que actúan.

No fueron sólo los cananeos los que se extendieron por toda la tierra. Los descendientes de Sem también se multiplicaron y viajaron para encontrar mayores oportunidades para sus familias. Se trasladaron de país en país, fundando grandes reinos y dinastías, que han sobrevivido hasta nuestros días. Hay mucha gente que puede estar de acuerdo en que los reyes y líderes de las naciones occidentales descienden de la tribu de Judá, pero no reconocen un hecho importante, que se omite por completo en la versión King James de la Biblia, que había tres ramas de la tribu de Judá. Los que agrupan a todos los descendientes de la tribu de Judá no se dan cuenta de que había una rama manchada. Estaban las familias de Pharez y Zarah, los hijos puros de Judá de Tamar, y había un tercer renuevo, los descendientes de Judá de una madre cananea, Shuah, a quienes posteriormente se conoció como 'los malditos shelanitas'. Tamar era la hija de Aram, el hijo menor de Sem. Shuah llamó bastardos a los hijos de Tamar porque habían nacido fuera del matrimonio, mientras que los gemelos decían ser los herederos legítimos de Judá porque eran de sangre pura, la cepa adanita. De los shelanitas descendían treinta y una tribus malditas de los cananeos de Judea y Samaria, incluyendo a los sefarvaitas, un nombre que los cananeos habían adoptado con propósitos engañosos.

En el nacimiento de Pharez y Zarah, la partera, viendo que había gemelos en el vientre, se dio cuenta de que sería necesario marcar al primogénito, que tendría primogenitura. Rápidamente envolvió un hilo rojo alrededor de la muñeca de Zarah, pero fue Pharez quien salió primero de la "brecha". El Mesías descendía de Pharez, y se decía que había sido enviado por Dios para sanar "la brecha" que había existido desde el nacimiento de Pharez y Zarah.

Tamar, madre de Pharez y Zarah, tenía un descendiente llamado Tamar Tephi, conocido en la leyenda irlandesa como "la hija del faraón". Se casó con Eochaidh, rey de Irlanda, conocido como el Príncipe del Hilo Escarlata. Así, las dos líneas de Pharez y Zarah fueron reunidas de nuevo.

El Hilo Escarlata se convirtió posteriormente en una parte integral de la historia británica. Un hilo rojo se teje simbólicamente en cada cuerda que utiliza la Marina Real; y cada monarca británico le ha entregado documentos oficiales que están envueltos con un cordón rojo. El término también sobrevive en 'burocracia', es decir, el cordón rojo oficial que debe ser desenrollado antes de que se tramite cualquier asunto de Estado. También está la alfombra roja que la tradición exigía que se desenrollara antes de que entrara la realeza.

Antes de dar a Tamar en matrimonio, Heremon, el padre de Tamar, exigió que se renunciara a la adoración de serpientes y a los ritos de Bel, que entonces se practicaban en Irlanda. Las serpientes desaparecieron entonces de Irlanda, y hoy en día no hay serpientes venenosas. Una leyenda posterior dice que San Patricio expulsó a las serpientes de Irlanda. Ambas leyendas llaman la atención sobre las prácticas demoníacas de los cananeos, así como su descenso de la serpiente; su destierro estableció a Irlanda como una tierra de la verdadera religión de YHWH, o los descendientes de Sem. La desaparición de las serpientes también significó que los poderes malignos de los cananeos habían desaparecido de Irlanda.

Tanto España como Irlanda muestran su conexión directa con los descendientes de Sem en sus nombres. España ocupa la Península Ibérica, desde la Península Ibérica o Hebrea; Irlanda es conocida como Hibernia, la tierra de los hebreos, al igual que las Islas Hébridas. En su Historia de Irlanda, Roger Chauvire dice que Irlanda es la última parte de la Atlántida que queda por encima de la superficie del mar. En su Historia de Irlanda, A. M. Sullivan escribe sobre el legendario origen de la actual raza irlandesa.

La colonia Milesian llegó a Irlanda desde España, pero no eran españoles. Eran un pueblo oriental que había permanecido en ese país en su camino hacia el oeste, buscando, ayudan, una isla prometida a la posteridad de su antepasado Gadelius. Gadelio era hijo de Niul, que era el hijo menor del Rey de Escitia. Cuando era niño, Gadelius había sido mordido por una serpiente venenosa. Estaba a punto de morir cuando su padre persuadió a Moisés para que usara su vara para curarlo. Desde ese día, los millianos llevaron hacia el oeste su estandarte, que estaba blasonado con una serpiente muerta y la vara de Moisés, hasta que encontraron una isla que no tenía serpientes venenosas.

Los hijos de Milesius, descendientes de Gadelius, que navegaron de España a Irlanda, fueron Heber the Fair, Amergin, Colpa, Heber the Brown, Ir y Heremon. Sus descendientes gobernaron Irlanda durante mil años, la dinastía fue establecida por Niall (Niul), que gobernó en Tara de 310 a 405. Sullivan lo describe como "un espléndido héroe de sangre gaélica, alto, rubio y de ojos azules, un gran guerrero de mente noble, amable en la sala y feroz en la batalla; de él descendieron los reyes de Irlanda, los Neills."

Estos conquistadores de Irlanda, los Milesians, derivaron su nombre de Milesius, el soldado (de las millas latinas, de las que obtenemos la palabra milicia). Gadelius, el fundador de la línea, derivó su nombre del hebreo 'gadil', que significa llegar a ser grande, o en plural los exaltados, los buscadores de fortuna, o los afortunados. Debido a su gran orgullo y sus habilidades naturales, los irlandeses más tarde fueron referidos como si fueran de la "Tierra de los Reyes". De casi cualquier irlandés, se podría decir con jactancia: "Claro, y es descendiente de reyes".

Desde los primeros registros, los irlandeses y los británicos se muestran como enemigos históricos. Apuleio escribió en 296 d.c. sobre las dos razas, la británica y la ibérica. "Eumenius siempre escribió que Hibernia era el enemigo de Briton. Las Notas de César sobre las Guerras Galas, 58-50 a.c., escribieron sobre "Hibernia, al oeste de Gran Bretaña."

El mundo estaba ahora barrido por dos mareas diametralmente opuestas de la historia. Por un lado estaban los descendientes altamente creativos y productivos de Sem, que desde entonces han sido conocidos como semitas, y por el otro lado estaban los "cananeos malditos", que históricamente fueron los antisemitas, los enemigos de los descendientes altos, rubios y de ojos azules de Sem. Debido a que los semitas siempre fueron conocidos como grandes guerreros, derrotaron a los cananeos en cada encuentro militar, y en muchos casos obedecieron el mandato de Dios de expulsarlos y destruirlos por completo. Pero los antisemitas parecían tener un gran poder de permanencia; cuando fueron expulsados de un país, aparecieron en otro para continuar con su mismo tipo de corrupción y traición. Mientras los semitas establecían un gran imperio tras otro, los asirios de Assur construían el imperio asirio, Ciro el Grande construía el imperio persa, y el propio Shem creaba la gran civilización egipcia, los antisemitas desarrollaban sus propios talentos. Estos incluían un talento para el comercio y el comercio, para viajar, para sentirse como en casa en cualquier país, y entre cualquier raza de personas. En general, establecieron sus colonias comerciales a lo largo de las costas, ya que carecían del valor para aventurarse en los grandes espacios naturales de Europa, donde los semitas siempre se sentían como en casa. Los cananeos siempre permanecieron fieles a los preceptos de la Voluntad de Canaán; eran fieles los unos a los otros, sin importar las circunstancias; eran constantes en su amor al robo, su amor a la lascivia y su odio a los amos, es decir, a cualquiera que tratara de interferir con su corrupto estilo de vida. Y siempre se negaron a decir la verdad. Al permanecer fieles a estos preceptos inalterados, los antisemitas tenían a su disposición armas vitales para su guerra contra el pueblo de Sem. Los Shemitas, por otro lado, al ser ferozmente individualistas, nunca dudaron en enfrentar a sus imperios entre sí, o incluso a su familia contra la familia, y su orgullo desmesurado siempre tuvo prioridad sobre cualquier imperativo racial o histórico.

Durante la Edad Media, el pueblo de Sem encontró sus características típicas mejor expresadas en organizaciones como los Caballeros Teutónicos, un grupo de guerreros que fue invencible durante cientos de años. Al mismo tiempo, los antisemitas estaban expandiendo sus rutas comerciales y acumulando sus ganancias del comercio (hasta el día de hoy, la aristocracia británica profesa desprecio por cualquiera que manche sus manos con el comercio, un antiguo prejuicio contra los cananeos); con estas ganancias, eventualmente se convirtieron en banqueros para el mundo. En la búsqueda de este objetivo, encontraron una gran oportunidad durante las Cruzadas. Las Cruzadas no sólo abrieron rutas comerciales en todo el mundo conocido, sino que también abrieron nuevas vías de corrupción que permitieron a los cananeos acumular mayores ganancias. Cuando los caballeros cristianos partieron hacia las Cruzadas, dedicándose al servicio de Cristo, los cananeos, que prudentemente se quedaron en casa, ahora perfeccionaron varios planes para robarles a los caballeros su dinero y sus propiedades mientras estaban fuera. En "La caballería antigua y las cruzadas", encontramos que algunos de los cruzados "encontraron refugio y protección a manos de los caballeros teutónicos, que se dedicaban a buscar los fraudes perpetrados por los rapaces monjes y clérigos, que habían falsificado títulos de propiedad e hipotecas sobre tierras y propiedades de los cruzados ausentes o que habían caído en defensa de la cruz en Tierra Santa... tiempo para la reflexión y el estudio de las causas de las Cruzadas en el país y en el extranjero, cuando, aparte de la escoria de Europa que se asentó sobre sus heces, las mejores personas habían sido borradas casi por completo de la faz del continente. La rapacidad de los papas y del clero hasta los monjes más bajos era espantosa para aquellos guerreros de la Cruz que se sacrificaban a sí mismos, que habían regresado y se habían encontrado con completos extraños en los lugares y casas de sus parientes, y se descubrió que los fraudes, las falsificaciones de títulos de propiedad y las confiscaciones bajo pretextos de herejía habían despojado a sus parientes, y que los pocos que habían sobrevivido eran mendigos en la carretera y en los caminos, perdiéndose como vagabundos en la orilla del camino."

Los Caballeros de la Orden Teutónica construyeron la ciudad de Riga en Letonia en 1201; conquistaron Estonia en 1220; conquistaron Prusia en 1293, estableciendo allí una tradición militar que terminó sólo después de la Segunda Guerra Mundial. Aunque fueron disueltos en 1809, los Caballeros Teutónicos siguieron siendo la inspiración del establecimiento militar alemán, que guió a Alemania a través de dos guerras mundiales. Fue el propio Hitler quien escribió "finis" a sus orgullosas tradiciones, cuando concluyó el Pacto Molotov-Ribbentrop en 1939. Este pacto no sólo cedió las naciones de Estonia, Letonia y Lituania, las antiguas fortalezas de la Orden Teutónica, a los comunistas o cananeos, sino que posteriormente, todas las grandes propiedades de los últimos herederos de la tradición prusiana, los últimos supervivientes de la Orden Teutónica, cayeron en manos de las hordas soviéticas.

Para entonces, el lector debe estar completamente confundido. Los "semitas" son realmente los "antisemitas" o cananeos, los herederos de la Maldición de Canaán, cuyos actos corruptos son dictados por la Voluntad de Canaán; los verdaderos semitas son los guerreros rubios que construyeron una gran civilización tras otra; entonces, ¿cómo reconocemos estas diversas fuerzas en el mundo de hoy? "Por sus obras los conoceréis." Aquellos que se dedican a conspiraciones asesinas, aquellos cuya única lealtad es a organizaciones internacionales secretas, aquellos que promueven el uso de drogas, prácticas sexuales extrañas, y emprendimientos criminales, en resumen, aquellos que continúan la rebelión contra Dios, estos son los cananeos, los antisemitas. Los que permanecen fieles a Cristo son los semitas. A pesar de las grandes calamidades y la extensión de poderosas fuerzas históricas, las reservas genéticas del pueblo original de Sem, así como las de los cananeos, siguen siendo bastante consistentes. ¿Cómo reconocemos un grupo del otro? No deberías tener ningún problema en mirar a tu alrededor y decidir quiénes son los verdaderos descendientes de Sem, a menudo de pelo rubio, de piel clara, predominantemente de ojos azules, sanos, creativos, productivos, orgullosos, desdeñosos de dedicarse a cualquier actividad deshonesta, y siempre ferozmente individualistas, estas son las personas que permanecen fieles a la tradición del pueblo de Sem. Los cananeos, por otro lado, son generalmente más cortos, más oscuros, más furtivos, y casi siempre participan en algún tipo de actividad criminal, generalmente con aprobación o licencia especial del gobierno. Roget equipara la licencia con "la anarquía, el interregno, el gobierno de la turba, la ley de la turba, la ley del linchamiento, el nihilismo, el reinado de la violencia", en otras palabras, los actos de los cananeos; sin embargo, hoy en día, en los Estados Unidos, hemos impuesto a los ciudadanos los requisitos para obtener una licencia para hacer cualquiera de las cosas para las que los hombres libres no tendrían licencia de hacer; conducir o poseer un automóvil, dedicarse a una profesión y a muchas otras intrusiones en la individualidad de la gente de Shem. La "Licencia", que no aparece en la Constitución escrita por y para el pueblo de Sem, significa establecer requisitos que sólo los cananeos pueden cumplir, o licencia que sólo los clubes secretos de los cananeos otorgarán a los suyos; no es necesario que se apliquen otros. Esta es la cohesión que requiere la Voluntad de Canaán en todo lo que hacen, socialista y comunista, el individuo sumergido en la masa, y comprometido con las prácticas conspirativas sociales y empresariales. También están frecuentemente involucrados en algún tipo de actividad sexual extracurricular que se remonta directamente a las orgías de Baal, al sacrificio humano y a los ritos sexuales obscenos. Al mismo tiempo, estos "antisemitas" harán todo lo posible por ocultar su verdadera identidad y sus lealtades reales. En sus comunidades, a menudo se les considera líderes en actividades que se anuncian como "compasivas" y "cuidadosas"; a menudo se les encuentra en oficinas gubernamentales, en los medios de comunicación y en las instituciones educativas. En estas áreas, promueven despiadadamente los intereses de su propia especie, a la vez que presentan una sólida falange de oposición a cualquiera de los descendientes individualistas de Sem que ingresan a estas profesiones. El gran activo de los cananeos es que la gente de Sem no tiene idea de lo que está sucediendo; rara vez encuentran el éxito en una profesión a pesar de sus grandes talentos naturales y su apetito por el trabajo duro. A lo largo de sus carreras, son oprimidos por la comprensión de que la "suerte" nunca parece favorecerlos, mientras que otros encuentran el ascenso casi automático, si son miembros de sus rivales, los cananeos. Ahora el tiempo se acaba. La historia no permitirá a la gente de Sem siglos adicionales, o incluso décadas, que recobren el sentido y se den cuenta de lo que está sucediendo. Así como han sido víctimas de masacres y genocidios durante siglos, el pueblo de Sem se enfrenta ahora a la determinación de los cananeos de exterminarlos total y definitivamente, un objetivo que esperan alcanzar para finales de este milenio.

CAPÍTULO 2

LA TRANSGRESIÓN DE CAÍN

"No como Caín, que era del maligno, y mató a su hermano. ¿Y por qué lo mató? Porque sus obras eran malas, y las de su hermano justas" (1 Juan 3:12).

La transgresión de Caín, el primer asesino, es de notable importancia para rastrear el desarrollo de las organizaciones ocultas en la historia. La palabra hebrea para Caín es Kajin, de Koon, para cantar, y de la cual derivamos los términos de la jerga para personas de raza mixta, Kajuns y mapaches. De Caín descendía Tubal Caín, cuyo nombre se utiliza como contraseña secreta de la masonería. Tubal Caín era hijo de Lamec, y hermano de Noé, pero nació de un matrimonio bígamo. Tubal Caín se convirtió en herrero, y más tarde se hizo famoso como el padre de la brujería y la hechicería. Su padre, Lamec, era hijo de Matusalén, del linaje de Caín.

Podríamos suponer que los dos hijos de Adán, Caín y Abel, teniendo todo el mundo delante de ellos, tendrían pocos motivos para la discordia, pero Caín, siendo del maligno, buscó una disputa con su hermano. La Biblia cuenta que ellos hicieron ofrendas a Dios, y que Dios aceptó la ofrenda de Abel, pero rechazó la ofrenda de Caín porque era indigno, es decir, era de la serpiente. Caín, vencido por la ira y los celos, mató a Abel. El midrash da una versión un poco más extendida, que Caín persuadió a Abel de que debían dividir el mundo entre ellos. Caín se quedaría con toda la tierra, y Abel con todos los bienes muebles.

Entonces Caín informó a Abel que estaba de pie en su tierra, y que debía retirarse. Abel respondió que Caín llevaba ropa de pieles de animales, que pertenecían a Abel. Lucharon, y Caín mató a Abel. Entonces Dios desterró a Caín al este del Edén, en la tierra de Nod. Se casó con una mujer de estirpe preadministrada, y así agravó su culpa. Génesis 4:17 dice: "Caín sabía que tenía relaciones con su mujer." Que la mujer de Caín era de carne prohibida o extraña se confirma más tarde, en Judas 11, al referirse a los hombres de Sodoma y Gomorra, "¡Ay de ellos! porque han seguido el camino de Caín", es decir, buscando carne extraña. Los preadamitas eran referidos por la palabra hebrea Najás, al silbido, como un negro que significa serpiente. La palabra árabe Chanas viene de esta palabra hebrea, así como Khanoos, o Simio, y la palabra árabe para diablo, Khanas. Así, la mezcla de las razas y la aparición del diablo en la historia se unen en las fechorías de Caín. Caín también tiene fama de haber celebrado la primera Misa Negra, o Misa Satánica, en la tierra.

El nombre de Caín sobrevive hoy en día en la francmasonería en dos formas, que son parte integral de los principios más cruciales de esta asociación. En primer lugar, el asesinato, la amenaza de asesinato, y la constante recreación del asesinato son básicos para los rituales masónicos más importantes, como Stephen King señaló en su libro, *La Hermandad*, poco antes de su muerte prematura. Así pues, estos rituales establecen un vínculo directo con el primer asesino, Caín. La importancia de la leyenda de Caín para la masonería también se revela por el hecho de que Caín mató a su hermano. En la masonería, si se te pide que actúes en contra de tu propio hermano en nombre de un compañero, debes hacerlo bajo pena de muerte. Ha habido muchos casos en los que un hombre que estaba llevando a cabo una demanda contra un masón se sorprendió al ver que su propio hermano, que sería masón, llegara a la corte y cometiera perjurio en su contra para ayudar a su hermano masón. Esta costumbre también sobrevive en otras organizaciones (que pueden estar relacionadas con la francmasonería). En La Cosa Nostra, los líderes a menudo piden a un miembro que asesine a un pariente cercano a quien se le ha impuesto la pena de muerte, como prueba final de su lealtad.

El nombre de Caín también sobrevive en un segundo elemento importante de la masonería. La contraseña secreta de la masonería es "Tubal Cain" (Heckethorn, *Sociedades secretas*, p. 26). Tubal Caín, descendiente de Caín, era hijo de Lamec, padre de Noé, el cual tenía dos mujeres, Ada y Zila. Zillah tenía Tubal Caín; él era el forjador de todos los instrumentos de bronce y hierro. 'La hermana de Tubal Caín era Naamah' (Génesis 4:22). Las fiestas de Naamah con su pariente de sangre, Ham, resultaron en la Maldición de Canaán; también se la registra como la persona que trajo al mundo el sacrificio humano y el canibalismo. Tubal Caín, nieto de Matusalén de Lamec, era de la línea de Caín, de ahí su nombre. Es conocido como el padre de la brujería y la brujería, de ahí su importancia para la masonería y el uso de su nombre como contraseña.

El descendiente de Ham por el Negro Cush, Nimrod, hijo de Cush, se convirtió en el gobernante más demoníaco del mundo y en el primer gobernante del mundo. Usó su poder para complacer orgías sexuales y sacrificios de niños, hasta que Sem lo decapitó por sus ofensas contra Dios. Sem cortó su cuerpo en pedazos y envió estas sangrientas reliquias a los sacerdotes como una advertencia para que cesaran y desistieran de sus viles prácticas de adoración demoníaca. En cambio, los sacerdotes escondieron las piezas, venerándolas como objetos de culto, ocultándolas en sus "arboledas" y "Santuarios" como los primeros "Misterios". El secreto de las reliquias, o Misterio, fue dado a conocer a los iniciados sólo después de un largo período de adoctrinamiento, cuando se podía confiar en que no traicionarían a los adoradores de Baal. Este fue el verdadero origen de los Misterios, de los cuales, como Albert Pike anota en *Moral y dogma*, se originan todos los ritos masónicos.

Las prácticas satánicas en todo el mundo pueden ser rastreadas en una línea ininterrumpida directamente hasta el gnosticismo, desde la gnosis o el conocimiento. La Gnosis se refiere a conocer los secretos de los Misterios, es decir, el lugar donde se esconden las reliquias, las piezas del cuerpo de Nimrod. La "G" que aparece prominentemente en los símbolos masónicos indica no sólo sus orígenes en el gnosticismo, sino también en la "Generación", es decir, en los ritos de fertilidad del culto sexual de Baal y Ashtoreth. Esta "G" también aparece en el logotipo de la cadena Gannett, un grupo que se está tragando rápidamente los periódicos y las estaciones de televisión de todo Estados Unidos, así como la publicación del periódico *USA Today*, que pierde más de 100 millones de dólares al año. Esto se considera un pequeño precio a pagar por controlar las mentes de los estadounidenses.

El destino de Nimrod también sobrevive en el mito como Osiris y su hermana Isis. Osiris, otro nombre para el dios cananeo Baal y su consorte Astoret o Isis, cuyos ritos trajeron los cananeos a Egipto, eran adorados como dioses de la fertilidad. La leyenda egipcia dice que el hermano de Osiris, Set (o Shem), lo diseccionó en catorce pedazos. Isis recogió los pedazos, pero faltaba la parte más importante, el falo; la leyenda dice que un cangrejo se lo había comido. Isis hizo un falo sustituto de madera, y así restauró a su hermano.

Debido a su origen en los templos de Baal, que estaban dedicados a la prostitución masculina y femenina, la masonería ha sido la fuerza invisible detrás de la campaña para convertir a los Estados Unidos en una nación bisexual. Su director filosófico, Albert Pike, lo deja claro en su autoritativo libro, *Moral y dogma*, p. 849: "Invertir las letras del nombre inefable, y dividirlo, se hace bisexual". Esto es Kabalismo puro, y nos remite directamente al culto de Baal y de Astoret. Pike aclara el punto en la página 741, "La masonería es una búsqueda de la luz. Esa búsqueda nos lleva directamente, como ven, a la Kabala. Todas las religiones verdaderamente dogmáticas han salido de la Cábala y vuelven a ella; todo lo grande en los sueños religiosos de los Illuminati, Jacob Boehm, Swedenborg, Saint-Martin y otros, es tomado prestado de la Cábala; todas las asociaciones masónicas le deben sus secretos y símbolos."

Esta es la revelación más definitiva de los verdaderos orígenes y propósitos de la masonería. Originaria de la Kabbala, cumple sus propósitos tortuosos a través de la organización aún más secreta de los Illuminati, el círculo interior que controla a los seis millones de masones del mundo.

Desde sus inicios, los "Misterios" fueron siempre bisexuales; más bien, buscaron satisfacer cualquier pasión en su dedicación al placer, lo que significó la búsqueda constante de nuevas y quizás más excitantes sensaciones. Nuestros psicólogos modernos explican estas diversiones como "el estilo de vida alternativo". El símbolo de los ritos obscenos es el Delta, o triángulo (la gran colección de pornografía de la Biblioteca del Congreso se llama la colección Delta; cada tarjeta del catálogo que incluye un libro en esta colección tiene el triángulo simbólico en la esquina superior izquierda). El Delta representa los círculos trinos de la eternidad, el Yod hebreo. El doble delta, o símbolo de seis puntas del judaísmo, representa el triángulo masculino supremo sobre el triángulo femenino de abajo, y penetrando en ella. El triángulo invertido en el Rito de la Masonería de Kadosch representa a Lucifer como el Gran Patriarca y Gran Emperador. Este triángulo comprende la Trinidad Indivisible a la que el Kadosch presta su juramento de obediencia ciega. El Delta es también el símbolo del Capítulo de la Real Archamasonería. Este triángulo representa la Masonería Indivisible.

El Delta, o tríada, ahora se presenta como el nuevo símbolo de cientos de organizaciones empresariales estadounidenses, tal vez como un aviso a los elegidos de que este negocio es ahora parte del Imperio Masónico. El presente escritor tiene muchas páginas que los investigadores han reunido mostrando el predominio de este símbolo en los negocios estadounidenses. Las Tríadas son también el nombre de las antiguas pandillas chinas del hampa, para quienes el asesinato es un método habitual de hacer negocios.

En todo el mundo, la tríada se ha convertido en el símbolo de las conspiraciones comerciales internacionales. Cuando Kashoggi, el traficante de municiones cuyos negocios de armas resultaron en los escándalos de Irán en los años 80, formó una rama americana de sus operaciones, la llamó Triad America. También simbólicamente, ahora ha entrado en bancarrota, después de inveigling muchos estadounidenses en acuerdos multimillonarios de dólares en muchas áreas.

El Capitán William Morgan, quien fue asesinado por haber escrito sobre los rituales masónicos, y por lo tanto dio origen al

Partido Anti-masónico en América durante el siglo XIX, señaló en su libro histórico, *Freemasonry Exposed*, que cuando se le preguntó a un compañero albañil artesano en interrogatorio (el interrogatorio se ha convertido desde entonces en una técnica principal de los abogados en su manipulación de un proyecto de ley de procedimiento conocido como 'Descubrimiento') lo que era su trabajo, él contestó que trabajaba en la construcción del Templo del Rey Salomón. "¿Qué representa la Logia del Maestro? El Sanctum Sanctorum, o santo de los santos, el Templo del Rey Salomón."

La *Enciclopedia de la Francmasonería* de Albert Mackey aparece en Orient, "El lugar donde se encuentra una logia a veces se llama su "Oriente", pero más propiamente su "Oriente". La sede de una Gran Logia también ha sido llamada a veces su "Gran Oriente", pero aquí el "Gran Oriente" sería, quizás, mejor. El término"Gran Oriente" ha sido utilizado para designar algunos de los Cuerpos Supremos en el Continente de Europa, y también en Sudamérica, como el Gran Oriente de Francia, el Gran Oriente de Brasil, el Gran Oriente de Portugal, y el Gran Oriente de Nueva Granada, etc. El título siempre hace referencia a Oriente como el lugar de honor en la masonería."

La reverencia por el Este a través de la masonería del Gran Oriente es revelada por sus actividades en la civilización occidental. Han trabajado constantemente para imponer el despotismo oriental a los ciudadanos de las Repúblicas Occidentales a través del aparato gubernamental totalitario. El despotismo oriental ha llegado a ser especialmente predominante en todos nuestros procedimientos legales, el "tribunal" donde el déspota gobierna, la reverencia simbólica, o el estar de pie, cuando el déspota entra en la habitación, y la negativa del déspota a tolerar cualquier cuestionamiento de su decisión por parte de un ciudadano, que sólo puede acercarse al juez a través de un sacerdocio ungido, la profesión legal. Algunos estadounidenses deciden con optimismo acudir a los tribunales en representación propia, lo que el pueblo de Shem estipuló específicamente en su Constitución de los Estados Unidos, pero los jueces suelen hacer caso omiso de esos "abogados pro se". En estados como Virginia, donde el poder masónico gobierna las cortes, se sabe que los jueces se jactan de que ningún abogado pro se obtendrá una decisión favorable en su corte. Un no-Mason que entra hoy en una corte americana se está poniendo a merced de un déspota oriental, de ahí las acciones tiránicas de los jueces al sentenciar a penas de prisión indeterminadas a cualquiera que les desagrade, o cuya propiedad sea codiciada por un masón.

Este tipo de despotismo oriental se remonta a Zoroastro en Persia, a Ishtar y Tammuz en Babilonia, a los Misterios Griego-Tracios en Eleusis, los Misterios de Deméter, Perséfone y Dionisio; a Cibeles y Altis en Frigia; a Afrodita y Adonis en Siria; a Isis y Osiris en Egipto; y a Mithra en Persia.

Estos cultos de misterio se combinaron formalmente en gran parte del texto del Talmud babilónico, un libro de preceptos religiosos que se había formulado después de la caída de Jerusalén en el año 586 a.c. Nabucodonosor llevó a este pueblo a Babilonia como cautivos desde el año 586 hasta el año 537 a.c., después de lo cual Ciro de Persia capturó Babilonia y autorizó el regreso a Jerusalén. Durante el cautiverio de Babilonia, hubo una mezcla libre de las varias tribus cananeas; los edomitas se casaron entre sí con la rama cananea de los judaítas y de Ceres. Edom significa rojo; desde el Cautiverio, rojo ha significado la revolución y la masacre cananea de los inocentes. Los Rothschilds, cuando apoyaron la formación de los Illuminati, cambiaron su nombre de Bauer a Roth (rojo) niño (escudo). Esta mezcla de varias cepas causó una gran confusión entre la descendencia en cuanto a lo que deberían ser sus costumbres hereditarias. Para resolver esta dificultad, los cautivos comenzaron a compilar un gran libro de enseñanzas religiosas. Talmud significa "enseñar" en hebreo. Para el siglo II d.C., el Talmud había sido completado como ley oral, la Mishná, o parte más antigua, y la Gémara, o comentario sobre la ley.

Se publicó por primera vez en 1520, cuando Daniel Bomberg la publicó en Venecia.

Debido a sus orígenes en la capital mundial de la adoración al demonio, Babilonia, la demonología desempeña un papel importante en todo el texto del Talmud. Se refiere al Demiurgo, o Demonio Principal, como el Creador del Universo, y difama las diversas apariciones de demonios como (1) mazzikim; (2) shedim; (3) ruhot (Avot. 5-6). Asmodeus está listado como el Rey de los Demonios (Pesos 110a-112b). La Mishná enseñó en el siglo II a.c. que dos cosas nunca deben ser reveladas al público, o a los no iniciados: (1) la obra de la creación, y (2) la obra del carro (que significa operaciones esotéricas, el "Trono Divino"). Estos preceptos se formalizaron más tarde en los ritos secretos de la francmasonería.

En 1280 A.D., un desarrollo adicional del pensamiento Talmúdico, El Zohar, o Libro del Esplendor, apareció. Esto fue conocido como la Cábala, o tradición. Se basaba en dos cosas: (1) generación, o los ritos de fertilidad, como la palabra más sagrada en las nuevas instrucciones (que, por supuesto, también se convirtió en la "G" de los símbolos masónicos), y (2) el precepto de que sólo Israel debe poseer el mundo futuro (Vayschleh folio 177b). El Zohar derivó del Sefer Yetsirah, o Libro de la Creación, que había aparecido en la Babilonia del siglo III; los diez Sephirotes o números, basados en la creencia de que el universo deriva de los diez números y dos letras del alfabeto hebreo; este último se desarrolló más tarde en las veintidós trompetas del Tarot, o los veintidós Senderos que conducen al Sephotorth.

En la Cábala,[2] el mal adquiere una misteriosa existencia propia, cuyos preceptos se remontan a la apariencia física de la vida en la tierra, o Adán. La Cábala afirma que Adán arroja toda la corriente de vida fuera de balance, y que la Iglesia, o cristianismo, al formalizar la existencia física del pueblo adanita en la tierra, se ha convertido en un problema que debe ser resuelto. Esta es la esencia del principio básico anti-vida que subyace en toda la Cábala y su heredero, la masonería. Estos preceptos declaran que el satanismo alcanzará su triunfo final sobre la Iglesia y el cristianismo, terminando así con el "dualismo" de este mundo, la lucha entre el bien y el mal. En

---

[2] Cábala aparece en varias ortografías a lo largo de la historia, principalmente "Cábala". También Kabbalah, Kabala, etc.

resumen, el problema del bien y del mal terminará cuando el mal triunfe y el bien sea eliminado de la tierra. Este programa puede sonar un tanto simplista, pero es la premisa básica de la Cábala y la Francmasonería.

Estos preceptos anti-vida deben ser encontrados y tratados en muchos de los desarrollos de nuestra civilización. Los descendientes de los cananeos odian instintivamente y se oponen activamente a avances tales como la tecnología, la vida urbana, el industrialismo y los logros culturales de la humanidad. Su objetivo básico es devolver a la tierra al primitivismo de su estado preadánico, cuando un tipo de humano neandertal vagaba a voluntad sobre una tierra que no tenía aspectos "civilizados" que le recordaran su primitivismo. El propósito final es "restaurar" al hombre preadánico, para que el hombre adanita, como una creación de Dios, ya no presente un obstáculo a Satanás y su dominio sobre este mundo.

Así pues, la masonería cabalística apunta a la exterminación de la vida tal como la conocemos, culminando en el triunfo final de la Maldición Cananea en esta tierra. En retrospectiva, esta asombrosa observación ofrece una razón irrefutable para las masacres, las guerras y la devastación humana, de otra manera inexplicables, que los conspiradores cananeos han visitado regularmente a una humanidad que sufre desde hace mucho tiempo.

La Enciclopedia Judaica tiene una entrada de unas sesenta y una páginas sólo sobre la Cábala, que es, con mucho, la mayor entrada individual de esta enciclopedia. Esta entrada señala que "la Cábala Cristiana", es decir, el desarrollo central del humanismo secular, apareció por primera vez en los sistemas teosóficos de los francmasones en la segunda mitad del siglo XVIII, es decir, durante el período de "la Ilustración". Fue este elemento predominante en el humanismo laico el que condujo a las revoluciones de los siglos XVIII y XIX, y el que había conducido previamente a la Reforma. Estos resultados políticos fueron el resultado lógico de las enseñanzas de Zohar, que declara que En Soph (la Deidad Última) trajo el mundo a la existencia de manera indirecta, para evitar ser contaminado por el ser físico o la vida; esto expresa nuevamente la dirección básica anti-vida de este sistema filosófico. La única manifestación de esta deidad en la tierra es a través de los Diez Sephirotes o Emanaciones Divinas. Las enseñanzas de Zohar niegan cualquier presencia en la tierra de Dios o de Su Hijo Jesucristo; pone todo su énfasis en "doctrinas no divinas o humanistas".

Los judíos ortodoxos basan sus prácticas religiosas enteramente en la Cábala. Ellos celebran su triunfo venidero, la Fiesta de los Tabernáculos, que se define en el Zohar como el período en que triunfan sobre todos los pueblos del mundo. "Es por eso que durante esta fiesta tomamos el loulab y lo llevamos como un trofeo para mostrar que hemos conquistado a todo el resto de la gente (el pueblo)". (Toldoth Noé 63b).

En su obra definitiva, *El albañil mágico*, W. Wynn Westcott, el fundador de la Orden Hermética del Amanecer Dorado en Inglaterra, remonta los orígenes de los masones a los esenios de Jerusalén; los judíos fariseos, los practicantes del judaísmo más estricto; los antiguos misterios de Egipto y Grecia; el Vehm-Gerichte de Westfalia en Alemania; los gremios comerciales de la Edad Media; la Colegiata Romana; los compagnons franceses; y los rosacruces. Westcott señala que la piedra angular del Capitolio de Roma tiene la marca clave de 'los Supervisores', un grupo sagrado. El Arco Real tiene un altar de piedra blanca en forma de doble cubo; está grabado con el "Sagrado Nombre". Dice que los Misterios, de los que se deriva todo el ritual masónico, tenían la intención de acabar con el miedo a la muerte en el iniciado, mediante la recreación del descenso al Hades, y así encontrar la gran causa primera de todas las cosas reveladas al iniciado. Westcott afirma que la famosa Piedra Negra de la Mezquita Sagrada de La Meca también forma parte de este ritual. También está la Piedra Sagrada colocada debajo del Trono de Inglaterra, que se dice que fue la Piedra de Jacob en tiempos bíblicos.

De estos antiguos símbolos de poder surgió el lema masónico: "Per me reges regnant", "through me kings reign". Al controlar a los reyes, los masones ejercían su poder entre bastidores. Si los reyes fueran derrocados por revoluciones (que a menudo eran organizadas por los mismos masones), los reyes podrían ser decapitados, pero los instigadores detrás del trono estarían advertidos y escaparían ilesos. Luego continuarían reinando a través del siguiente líder elegido, generalmente designado por sus consejos internos.

Aunque se dedica a la usurpación y mantenimiento del poder absoluto a través de un despotismo oriental, la masonería ha alcanzado gran parte de su influencia mundial a través de su énfasis y patrocinio del poder de las revoluciones contra el orden establecido. Su lema se convirtió en el lema de la Revolución Francesa, *Liberté, egalité, fraternité*. Libertad, igualdad, es decir, igualdad sólo para los masones, con la esclavitud como destino de todos los demás, y fraternidad, es decir, la hermandad de la Orden Masónica de los Cananeos. Este eslogan aparece en los documentos de la masonería, que también se anuncia a sí misma como el movimiento "La Nueva Era". Muchas de sus publicaciones, como la revista de los francmasones de Washington en la capital de nuestra nación, llevan el nombre de La Nueva Era, y el triángulo simbólico en la portada de su revista, el triángulo que está blasonado en sus fronteras con el tema "Libertad, Igualdad y Fraternidad". La Nueva Era, o Nuevo Orden, se refiere a la era que será inaugurada después del Armagedón final, cuando los cananeos exterminen a los últimos sobrevivientes del pueblo de Sem.

En el mundo masónico, Jerusalén siempre ha sido anunciada como la cuna de la masonería. Otra tradición dice que las primeras logias masónicas construyeron el Templo de Salomón. El rey Salomón terminó el Templo en 1005 a.C. Salomón murió a la edad de sesenta años, después de un reinado de unos cuarenta años, y fue sucedido por su hijo Roboam. La *Enciclopedia de la Masonería* de Mackey dice bajo la entrada, "Silla Oriental de Salomón", "La sede del Maestro en una Logia Simbólica, y así llamada porque se supone que el Maestro debe llenar simbólicamente el lugar que ocupaba sobre la Artesanía una vez ocupada por el Rey Salomón". Por la misma razón, la sede del Gran Maestre enfermo de la Gran Logia recibe la misma denominación. En Inglaterra se le llama el Trono.

En el simbolismo masónico, el arco iris aparece como la representación sagrada de Lucifer, el Portador de Luz, e indica su Brillo. En los diplomas masónicos está inscrito el versículo: "Y dijo Dios: Sea la Luz, y fue la Luz." De hecho, el uso del nombre de Dios aquí es un subterfugio típico cuyo verdadero significado es conocido sólo por los grados superiores de la masonería, los grados ocultos, y es un ejemplo del engaño interno por el cual los grados ocultos gobiernan a los demás oficios. Lucifer en el verdadero nombre del ser al que adoran como a un dios, como su mentor, Albert Pike, dejó en claro en sus comunicaciones a Mazzini y a otros líderes masónicos.

Los símbolos de la francmasonería, para aquellos que no saben de su significado cabalístico, pueden parecer bastante inocuos, particularmente para la gran mayoría de los masones, los miembros de los tres grados de las Logias Azules. Nunca se les informa que el "ojo que todo lo ve" de su simbolismo se refiere no a la luz, sino a los genitales, el ojo del huracán, que es el ano, y que significa el compromiso homosexual o bisexual de nuestra actual clase dominante, el Orden Mundial de los Cananeos. "G" significa Generación, o el acto de coito, y Gnosticismo. También glorifica al Gran Dios Baal, y la parte faltante de su anatomía, el falo, que según la leyenda de Set y Nimrod, había sido removido.

El culto del falo aparece en las ceremonias masónicas en los grados de Maestría Ma-ha-bone, significando el hijo hermafrodita de Loth. La Logia del Maestro representa el Útero, la Cámara Media. La acacia significa que todos los Misterios se originaron en la India, o mejor dicho, que su inspiración inicial vino de esa área. En el Rito de Acacia, los compañeros artesanos se visten de blanco, del griego significa inocencia, aunque también significa la corrupción de la inocencia en muchos ritos religiosos.

La sede de Acacia Mutual Life Insurance Company ocupa un lugar destacado en Washington, cerca de los salones del Congreso. Durante su vida, J. Edgar Hoover, jefe durante mucho tiempo de la Oficina Federal de Investigaciones, aceptó sólo una asociación empresarial. Fue nombrado director de Acacia Mutual, que estaba casi directamente enfrente de su sede en el FBI. Debido a esta asociación, resultó imposible sacarlo del FBI durante su vida.

EMBLEMS OF MASONRY

Los puntos masónicos también derivan de los misterios antiguos; los grados triples del sistema corresponden a los misterios de Serapis, Isis y Osiris. El aprendiz entrado se refiere a las tres luces, Osiris en el Este, Isis en el Oeste, y Horus, que era maestro, o señor viviente en lugar de Osiris, en el Sur.

El Hexapla, o Sello de Salomón, es una estrella de seis puntas. En la Cábala, seis es estimado como un número masculino, el cual ha sido asignado por los cabalistas al Microprospus, al Vau del alfabeto hebreo y a los seis signos del medio. La Cábala misma es la base de la Teosofía; en la Enciclopedia Judaica, bajo el epígrafe 'Teosofía', sólo dice, ver Cábala. La Kabala tomó forma como un sistema definido, una Sophia secreta o cuerpo de conocimiento, después de la caída de Jerusalén. Dependía en gran medida de la numerología y los encantamientos. La gematria hebrea es un código que se basa en la numerología. Las explicaciones y profecías engañosas se elaboran trazando laboriosamente varios valores numerológicos. Por ejemplo, a través de la gematria se muestra que Moisés escribió el Cantar de la Despedida; las primeras seis letras de las primeras seis oraciones son las mismas que el nombre de Moisés en hebreo-345. La Cábala afirma que el número sagrado ofrece la perspectiva del conocimiento. Este número, 142857, está dividido del Número Eterno, Uno, o un millón, o Dios más seis símbolos de infinitud; dividido por 7, siempre sale 142857. Los números primarios, del 1 al 9, forman el triángulo del ternario, la Imagen completa de los tres mundos. 9 es también el número de Marte; el nombre secreto de Dios es el número 9, y el período de gestación es de 9 meses; toda esta información se encuentra en la Cábala.

Los cánticos y encantamientos de la Cábala incluyen esoterismo como la Llave de Salomón, que da la fórmula para resumir a Lucifer: "¡Así que ven! Entra! o te torturaré sin cesar por la fuerza de los poderosos nombres de la Llave: Alglon, Tetragrama, Vaycheons, Stimulametion, Ezphraes, Petregrammaton, Olzaran, Irion, Erython, Existron, Erzona, Onera, Orosyn, Mozan, Messias, Soter, Emanu, Saboot."

Un símbolo que se encuentra en cada logia masónica es la representación de una estrella en llamas. Los masones, aparentemente sin saber su verdadero origen, afirman que es el símbolo de la prudencia. De hecho, representa a la estrella perro, Sirius. La inundación del Nilo ocurrió en Egipto cuando el sol estaba bajo las estrellas del León. Para los egipcios, era conocido como el dios Anubis; lo conocemos por el nombre del hebreo

Sihor, que en griego se convirtió en Serios, y en latín, Sirio. Su aparición fue la señal para que los antiguos egipcios se retiraran a tierras más elevadas, antes de la subida del Nilo, una tradición de prudencia desconocida para los masones actuales, que sin embargo le atribuyen la correcta interpretación de la prudencia. El personaje blasonado en el delantal masónico es el triple Tau, un compuesto de tres T's, o, en griego, Tau. Representa el antiguo Nilómetro egipcio, que se utilizaba para determinar la altura de la inundación del Nilo, de la que dependía la vida de los habitantes. Así se convirtió en el símbolo de la salud y la prosperidad, teniendo el poder como un amuleto para evitar el mal.

Una ceremonia masónica clave se basa en la tradición de que los tres grandes secretos de la escuela de misterio de Moisés no eran conocidos por nadie; los tres secretos, también llamados "las tres palabras", eran conocidos por el rey Salomón, el rey Hiram de Tiro, y Hiram Abiff de Tiro, que es llamado "el hijo de la viuda" por los masones. Tiro, por supuesto, era una de las principales ciudades cananeas. Tres masones de menor rango trataron de forzar a Hiram Abiff a que les dijera la palabra que tenía en su poder; fue asesinado por ellos porque se negó. El ritual de asesinato de Hiram Abiff es una de las ceremonias masónicas clave, y su intención es inculcarles la importancia de someterse al asesinato en lugar de revelar cualquier secreto de los masones. También, como Stephen King señala, enfatiza la importancia del elemento del asesinato en toda la masonería, quizás el factor más constante que vincula todas sus ceremonias. El asesinato de Hiram Abiff se representa solemnemente en la recepción de un maestro masón. La cámara está cubierta de negro, con la cabeza de la muerte pintada en las paredes. Un cuerpo es exhibido en un ataúd, y la historia completa es luego recreada, culminando con el asesinato de Hiram Abiff por dos aprendices. Esto recalca a los miembros del oficio hermano que los juramentos que se les exige que hagan no son ceremonias ociosas, y que deben ser fieles al rito masónico cananeo, o sus vidas serán perdidas.

En las ceremonias masónicas, los ritualistas acuñaron un nuevo nombre para Dios (a quien siempre odiaban), porque no

LA MALDICIÓN DE CANAÁN

se atrevían a usar el nombre de su verdadero Dios, Lucifer. Ahora llamaban al místico Jah-Bul-On, un nombre que originaron al combinar las varias deidades de los adoradores del diablo cananeo: Jah, del original Jahweh; Bul, el nombre hebreo del dios cananeo Baal; y On, representando al dios egipcio Osiris.

Debido a sus orígenes cabalísticos, el número 13 es de gran importancia en los ritos masónicos. Un Consejo de Cinco, que está compuesto por los líderes familiares de los Rothschild y sus asociados más cercanos, gobierna el Orden Mundial de la Francmasonería Cananea. Debajo está el Consejo de los 13, que también tiene gran autoridad; después de ellos viene el Consejo de los 500. El consejo de los 500 está formado por los principales políticos y líderes empresariales del mundo; si bien también incluye a los hombres más destacados de la educación y la religión. Los miembros de este Consejo están a menudo presentes en las reuniones de política de la Organización Bilderberger, con la que básicamente se corresponde.

Los elementos clave en el programa mundial de la Masonería son frecuentemente promulgados en su fecha especial, el día trece. Así, la Ley de la Reserva Federal, un punto clave en el control de los sistemas económicos del mundo por parte de los cananeos, fue promulgada el 23 de diciembre de 1913. La 16ª Enmienda a la Constitución de los Estados Unidos, la enmienda al impuesto sobre la renta, que también fue un elemento clave en el programa, fue adoptada el 31 de mayo de 1913. Esta enmienda dio a los cananeos el control sobre cada aspecto económico de la población cautiva de los Estados Unidos.

A partir de ese día, tuvieron que reportar hasta el último centavo de sus ingresos y activos, como lo había establecido Lenin en su programa "La Amenaza de Catástrofe", que había publicado en 1917. Este programa pedía la confiscación de bienes como castigo por "ocultar los ingresos"; fue adoptado por el Servicio de Rentas Internas. El programa Lenin ahora es la doctrina operativa oficial del IRS. La 17ª enmienda a la Constitución del pueblo de Shem, la enmienda que cambia los requisitos para la elección de senadores al Congreso, fue adoptada el 21 de mayo de 1913. Estas tres enmiendas sabotearon efectivamente la Constitución, eliminando sus protecciones históricas del pueblo contra un gobierno tiránico. Debido a que el ingreso es en realidad propiedad, la 16ª enmienda despojó a los ciudadanos de los Estados Unidos de todos los derechos de propiedad, al igual que las disposiciones posteriores para la confiscación de todo el dinero y la propiedad. La enmienda de las elecciones al Senado despojó a las legislaturas estatales de su derecho histórico a elegir senadores; se les había exigido que mantuvieran el equilibrio entre los estados menos poblados y los más poblados; ahora cuesta diez millones de dólares elegir a un senador. Esta enmienda dejó a los habitantes de los diversos estados al descubierto ante las intrigas más viciosas de los bárbaros y adoradores del diablo cananeos. En efecto, el pueblo de Sem perdió una guerra racial y religiosa, a causa de estos tres actos de 1913. El énfasis en el número 13 también reafirma la resolución de los masones de destruir a su enemigo histórico, Cristo, y a sus doce discípulos.

Cuando los Rockefeller establecieron su control criminal de las legislaturas estatales, el Consejo de Gobiernos Estatales, lo instalaron simbólicamente en un edificio numerado 1313. En 1813, el duque de Sussex, el segundo hijo del rey Jorge III, se convirtió en el Gran Maestre de la masonería inglesa. Trece pequeñas estrellas, los Sellos de Salomón, fueron colocados en la moneda de los Estados Unidos, para formar un Mogen David (Escudo de David) de seis puntas.

GRAND ARCHITECT OF THE UNIVERSE

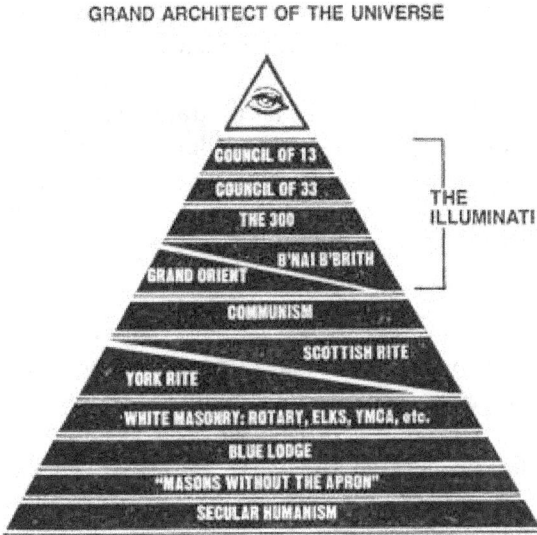

Los diversos grados del ritual masónico tienen un gran significado oculto. Los primeros tres grados, conocidos como la Logia Azul, son (1) aprendiz ingresado; (2) compañero de oficio; (3) Maestro Albañil. Los iniciados de la Logia Azul son engañados deliberadamente a través de sus miembros en cuanto a los verdaderos propósitos de la masonería. Cualquier masón de alto grado que les informe del programa oculto entre bastidores de la Orden está sujeto a la pena de muerte. En consecuencia, las Logias Azules, que se encuentran en la mayoría de los pueblos y ciudades de Estados Unidos, parecen poco diferentes de las organizaciones de otras órdenes fraternales, como los Puritanos y los Leones. Superficialmente, los tres grupos parecen provenir de los mismos estratos de la sociedad, hombres sinceros y de familia, a menudo feligreses, que representan las cualidades esenciales de la vida de los pueblos pequeños, pero el parecido es sólo superficial. La Orden Masónica generalmente atrae a sus miembros de los principales comerciantes, y de las profesiones, banqueros, médicos y abogados. Vienen a sus reuniones, se dedican a alguna obra de caridad y, en general, marcan el tiempo hasta el día en que se les pide que realicen alguna tarea inusual para un compañero masón, o para el orden nacional o mundial. En ese momento, finalmente se dan cuenta de que el juramento de sangre tiene significado, pero para entonces ya es demasiado tarde. Se les puede pedir que apoyen a un candidato masónico para un cargo político, que le hagan un trato comercial a otro masón, o incluso que cometan perjurio u otro acto ilegal para un hermano masón. Incluso entonces, nunca se les ofrece ninguna confianza; simplemente se les dice lo que deben hacer, y deben obedecer. Los Leones y los Ruritanos, por otro lado, no tienen tales exigencias para sus miembros.

Los primeros siete grados de la francmasonería son los mismos oficios de principiantes que los primeros siete grados de los Grandes Misterios de Osiris. Son también los mismos siete grados que los requisitos para el avance en la Orden de los Jesuitas. El libro de Heckethorn '*Secret Societies*' señala que se cree que las ceremonias de aprendices son de origen jesuítico; Weishaupt había tenido una cátedra jesuita en la Universidad de Ingolstadt cuando organizó los Illuminati. Heckethorn dice: "Él[el aprendiz] es entonces privado de todo el metal que tiene a su alrededor; su rodilla derecha, y a veces su lado izquierdo, están descubiertos, y el talón de su zapato izquierdo es pisoteado hacia abajo. Se supone que estas ceremonias son de origen jesuítico para algunos escritores. La privación de metales es para tipificar el voto de pobreza, la desnudez del pecho y de la rodilla es para impedir la admisión de las mujeres, y la pisada del talón del zapato para recordar al candidato que Ignacio de Loyola, que tenía un mal pie, así comenzó su peregrinación."

El Rito Escocés tiene veintinueve grados superiores, tales como el 16° grado, Príncipe de Jerusalén; el Gran Pontífice; el 20° grado, Caballero; el 26° grado, un Rito que llama a la adoración luciférica, exigiendo en el nombre sagrado echar fuera el 'oscurantismo', un término en clave masónico para las enseñanzas de Cristo; el grado 30, Kadosch, un término yiddish que significa 'Noble', cuyo rito de iniciación contiene la frase significativa, 'Yo, sólo yo, Todo mío, Todo para mí, por todos y cada uno de los medios'. El importante 32° grado, Sublime Príncipe del secreto real, significa que ahora ha avanzado lo suficiente como para recibir información de alto grado, es decir, el gnosticismo, el "conocimiento" del secreto, que se remonta al desmembramiento de Nimrod, cuando la secta pasó a la clandestinidad. El Rito del 32° grado denuncia ritualmente la propiedad, la ley y la religión como "asesinos del Gran Maestre de Molay". "Una vez que la Religión esté muerta, la Ley y la Propiedad caerán a nuestra merced, y seremos capaces de regenerar la sociedad al cofundar sobre los cadáveres de los Asesinos del hombre, la Religión Masónica, la Ley Masónica y la Propiedad Masónica."

Este Rito revela el propósito básico de la masonería, de derrocar las instituciones establecidas de la sociedad y reemplazarlas con instituciones masónicas de la sociedad controladas por los cananeos. El Rito Escocés también tiene el Rito de Herodes, el Rito Francés, el Rito del Gran Oriente, el Rito de Mizraim, que es un Rito del Antiguo Egipto que lleva el nombre del hijo de Ham. De estos grados, el Rito de Herodes conmemora al rey más brutal de la historia. Muchos judíos denunciaron a Herodes por su sed de sangre. Él ordenó que todos los bebés recién nacidos fueran asesinados, para asegurar que mataran al Cristo recién nacido.

Es el 33° grado el más importante para conocer los objetivos reales de la francmasonería. Conocido como "el grado revolucionario", confiere el título de Sumo Pontífice de la Masonería Universal. Sólo aquellos que alcanzan el grado 33 pueden ejercer el poder mundial, de ahí el título "Universal". Por consiguiente, la mayoría de los jefes de gobierno, o personas de igual importancia, son masones de 33° grado. Por supuesto que no pueden ser leales a ninguna nación que encabecen, porque su lealtad ya ha sido prometida, bajo pena de muerte, a la Masonería Universal.

Un típico masón de 33° grado era el difunto Presidente de los Estados Unidos, Harry S. Truman. Sin ningún talento conocido, tuvo una carrera desastrosa como mercero; entonces fue considerado inempleable para cualquier profesión conocida. Su problema fue resuelto cuando se convirtió en el organizador principal de las logias masónicas en todo el estado de Missouri. Esta miserable criatura más tarde permitió que se vendiera la granja de su madre para pagar sus deudas, mientras que él continuaba en el curso no remunerado. Después de haber servido bien a la Orden Masónica durante varios años, la Orden lo nominó para un puesto de juez, como a menudo lo hace la Orden al mantener su férreo control sobre las cortes de los Estados Unidos. Su posterior carrera política estaba entonces asegurada. Para desviar la atención del patrocinio masónico de su carrera, se hizo mucho de una asociación pasajera con el jefe del inframundo de Kansas City, Boss Pendergast, como el hombre detrás de su ascenso meteórico. De hecho, Pendergast también era un masón. Después de alcanzar el grado 33, Truman cambió secretamente su nombre añadiendo la S inicial, que significaba Salomón. Con frecuencia decía a los periodistas que "La S no significa nada". Como Presidente, fue leal a la tradición revolucionaria del grado 33. Aclamando al dictador empapado de sangre, Joseph Stalin como el "Buen Viejo Joe", inició el Plan Marshall para continuar el envío secreto de suministros a la Unión Soviética. Etiquetó públicamente el caso de traición de Alger Hiss como "un arenque rojo" y autorizó a George Kennan, del Departamento de Estado, a elaborar la "política de contención", que garantizaba que Rusia seguiría ocupando las naciones de Europa Central sin ninguna interferencia, después de haberlas conquistado por medio de una agresión armada. En toda su labor revolucionaria, contó con la hábil ayuda de su confidente personal más cercano, David Niles, o Neyhus, un homosexual comunista que tenía una hermana que ocupaba un puesto importante en el Gobierno de Israel, y otra que tenía un puesto de formulación de políticas en Moscú. Para protegerlo mientras estaba en sus salidas nocturnas de crucero ebrio en los callejones de Washington, Niles hizo que J. Edgar Hoover asignara a dos agentes del FBI para que lo siguieran. Tuvieron que agacharse detrás de los cubos de basura mientras él se dedicaba a sus actividades habituales, y luego se aseguraron de que regresara a salvo a la Casa Blanca. Esta tradición del FBI continuó para Walter Jenkins durante la ocupación de la Casa Blanca por Lyndon Johnson.

Una de las personalidades más repugnantes en la historia de los Estados Unidos fue el organizador principal de la masonería, Albert Pike. Nacido en Boston, fue a la Universidad de Harvard y luego se mudó a Arkansas. Sirvió como general en el Ejército

Confederado durante la Guerra Civil, después de la cual dedicó el resto de su vida a promover la masonería. Se le atribuye el mérito de haber hecho que el rito escocés adquiriera prominencia en los Estados Unidos. Significativamente, el Rito Escocés fecha todas sus comunicaciones oficiales con el año del calendario hebreo. Pike mantuvo lazos mundiales con revolucionarios masónicos tan conocidos como Garibaldi y Mazzini. Cooperaron en el establecimiento de cuatro grandes directorios centrales para la francmasonería; la sucursal de Norteamérica tenía su sede en Washington, D.C.; la sucursal de Sudamérica tenía su sede en Montevideo; la sucursal de Europa en Nápoles; y la sucursal de Asia y Oceanía en Calcuta. Él y Mazzini fueron sucedidos como jefes de la masonería mundial por Adriano Lemmi. Pike y Lemmi tuvieron un largo desacuerdo sobre el nombre del Dios de los masones que iban a usar en sus ritos; Pike estaba decidido a llamarlo Lucifer, mientras que Lemmi aguantó a Satanás; finalmente se establecieron en Lucifer. Posteriormente Pike usó el término, Sublime Pontífice de Lucifer, para describirse a sí mismo.

Aunque provenía de orígenes modestos, Pike, durante sus años en Arkansas, parecía poseer fondos ilimitados, para los cuales nunca se ha establecido una fuente. Una criatura obesa y asquerosa de los gustos más perversos, organizaba con frecuencia expediciones de hasta tres carretas de amigos y prostitutas. Salieron al campo, cargados con barriles de brandy, todos los manjares disponibles y otros refrescos. Entonces se atiborraban durante días y días, participando en orgías salvajes y ciegos ante el mundo.

Después de elevarse al control de la masonería americana, Pike prohibió la mención del nombre de Jesucristo en una oración en una logia masónica. Organizó la misa adonaicida para los altos funcionarios del Nuevo Rito Palladiano. Se basaba en el rito de iniciación del grado 25, en el que la serpiente es representada como la verdadera amiga del hombre, y Cristo, o Adonais, como el verdadero enemigo de la humanidad. En realidad, fue una Misa Negra algo convencional, a la que Pike añadió algunos toques originales propios; el punto culminante de la iniciación de una prostituta desnuda, llamada Eva, en los ritos del coito. Un ave o animal fue inmolado como un sacrificio sangriento a Lucifer, para celebrar la victoria de la Sinagoga de Satanás sobre Cristo; seguido por el ritual de profanación de la Hostia. La sangre se pasaba a los celebrantes para que la bebieran, después de lo cual la carne se comía ritualmente. Todos los presentes se abandonaron a una orgía de borrachos.

A pesar de sus frecuentes disipaciones, Pike era un organizador incansable. Logró producir el libro de texto masivo, *Moral y dogma*, que es la Biblia de la francmasonería americana hasta el día de hoy. Publicado por primera vez en Charleston (la Logia Madre) en 1871, el libro indica desde su primera página la intención tiránica de la masonería. "La fuerza ciega del pueblo es la fuerza que debe ser economizada y también administrada, debe ser regulada por el intelecto... La Fuerza del Pueblo... no puede mantener y continuar en acción y existencia un Gobierno Libre una vez creado."

Esta es la resolución calva de que la masonería no puede tolerar la existencia de un gobierno libre. Por lo tanto, la República Americana y la Constitución de los Estados Unidos, escrita por y para el pueblo de Shem, deben ser eliminadas. El libro de Pike, en general, es simplemente una formulación del programa que los cananeos ya habían estado siguiendo durante tres mil años. Dio una serie de instrucciones precisas por las cuales el pueblo estadounidense podía ser controlado y doblado hasta los extremos de la masonería.

Pike identifica positivamente los orígenes demoníacos de la masonería en la página 22: "La masonería, sucesora de los misterios, todavía sigue la antigua manera de enseñar. La masonería es idéntica a los antiguos misterios." Esto también explica la estrecha colaboración de la francmasonería con los líderes del humanismo secular, que también proviene directamente de los cultos de Misterio.

Otra declaración significativa se encuentra en la página 152: "La masonería es activismo." Estas tres palabras explican la furiosa participación de los masones en todo tipo de movimiento activista en Estados Unidos, ya sea feminista, humanista, de integración racial o comunista. Pike había establecido la ley --

Los masones deben ser activistas, y han obedecido su dictado. Como resultado, gran parte del impulso, así como del financiamiento, para todo tipo de agitación activista en los Estados Unidos proviene directamente de la Mano Oculta de la Orden Masónica. Dondequiera que veas a un grupo marchando en este país, probablemente encontrarás que los masones son los instigadores.

Pike explica el compromiso de la masonería con un gobierno mundial único, en la página 220. Escribe: "El mundo entero no es más que una república, de la cual cada nación es una familia y cada individuo un niño. Esto explica el paternalismo socialista del actual Gobierno norteamericano, que busca un Fabián que controle de la cuna a la tumba la vida cotidiana de cada ciudadano. La maquinaria bien engrasada del movimiento masónico nacional es capaz de implementar tal programa humanista, que carece de inspiración o valores religiosos. No se puede confiar en que los niños manejen su propio dinero; sólo un gobierno central sabio en Washington puede decidir enviar nuestras ganancias a otras naciones, que merecen nuestra ayuda, pero como individuos, puede que no seamos lo suficientemente generosos como para robar a nuestros hijos por el bien de los tiranos de otras tierras. Consecuentemente, los agentes del IRS nos quitan nuestras ganancias, y el gobierno federal en Washington lo pone a 'mejor' uso."

Pike, el árbitro final de toda la masonería americana, define los orígenes ocultos de la masonería, así como su determinación de establecer una tiranía mundial. Tal doctrina anticristiana sólo podía venir de los altares humeantes de Baal y sus discípulos adoradores de demonios.

Para enfatizar la importancia de su dogma, Pike escribe que "Cada logia masónica es un templo de religión, y sus maestros son instructores en religión. Debido a sus anteriores declaraciones, en realidad está diciendo que cada maestro masónico es un instructor en la Kabbalah." Esto se refleja en el juramento del Maestro Masón: 'Reconoceré y obedeceré todas las debidas señales y citaciones que me sean enviadas desde la logia del Maestro Masón o que me sean dadas por un hermano de ese grado...'. Volaré para aliviarlo... El no hacerlo significaba "un castigo no menor que el de tener mi cuerpo partido en dos, mis entrañas arrancadas de aquí y quemadas hasta convertirlas en cenizas". Este juramento, para mayor impacto, se hace arrodillado con los ojos vendados. Esta es la verdadera revelación de una "logia fraterna" supuestamente dedicada a la caridad y a las buenas obras. ¿Alguna vez se ha pedido a alguien que haga obras de caridad con la advertencia de que si se niegan, serán cortados en dos y sus intestinos serán sacados y quemados?

Albert Pike, que nació en 1809, murió en 1891 en Washington, D.C. Su funeral se celebró en el Templo Masónico a medianoche, con el Rito del funeral de Kadosch. La habitación estaba completamente cubierta de negro, iluminada sólo por unas pocas velas que ardían espeluznantemente, una verdadera Ceremonia de Brujas para un hombre que había dedicado su vida a la causa de Lucifer.

De 1859 a 1871, Pike había trabajado en su plan maestro para el Orden Mundial de la Masonería. Formuló el programa que incluía tres guerras mundiales; la primera para derrocar al Zar y establecer un estado comunista; la segunda guerra mundial que construiría el imperio comunista; y la tercera guerra mundial que destruiría la civilización cristiana para siempre en todo el mundo. El 15 de agosto de 1871, escribió una carta a Mazzini, que ahora se exhibe en el Museo Británico, de su programa para la conquista del mundo luciférico, planeado para desencadenar "los nihilistas y los ateos... en todas partes los ciudadanos recibirán la única Luz pura a través de la manifestación universal de la doctrina pura de Lucifer... que seguirá la destrucción del cristianismo y el ateísmo, ambos conquistados y exterminados al mismo tiempo." Fue Pike quien formuló la técnica secreta por la cual los iniciados de la Logia Azul sólo pasarían por las "puertas exteriores de su filosofía"; los iniciados deben ser engañados por falsas interpretaciones; las verdaderas interpretaciones estaban reservadas para aquellos de alto grado, los Príncipes de la Masonería, a quienes se les prohibía revelar las verdaderas interpretaciones a los iniciados inferiores.

Debido a las numerosas Bulas Papales que habían sido emitidas contra la Francmasonería, Pike y Lemmi resolvieron que el papado debía ser destruido. El *Boletín del Gran Oriente de Francia*, el 18 de septiembre de 1885, llamaba a la destrucción de la Iglesia Católica.

Monseñor Dillon fue quizás la primera persona en percibir que el verdadero poder detrás del movimiento comunista era el de la masonería. Escribió en 1884 que la Nueva Era en realidad está construida sobre el deseo de la venida de un Nuevo Mesías, un Mesías falso; que el Templo de Salomón fue destruido en cumplimiento de la profecía de Cristo, y que el Gran Oriente y las Logias de los Ritos Escoceses fueron la fuente de la actividad revolucionaria moderna. El Papa León XIII denunció la masonería como naturalismo: "El objetivo último de la masonería es desarraigar completamente todo el orden religioso y político del mundo que ha sido creado por el cristianismo, y reemplazarlo por otro en armonía con su forma de pensar. Esto significará que el fundamento y las leyes de la nueva estructura serán extraídas del naturalismo puro."

Abbe Lerudan había escrito en 1747 en Amsterdam: "El verdadero secreto de la masonería es la incredulidad en la Divinidad de Cristo y reemplazada por el Naturalismo o la doctrina del Racionalismo que fue predicada por Socino en Polonia. Oliver Cromwell, el regicida de Inglaterra, era un sociniano por creencia; esto hizo posible que la masonería se organizara formalmente en Inglaterra. Napoleón, cuyo hermano José Bonaparte era Gran Maestre, fue considerado por los masones como demasiado poderoso; Bernadotte, un masón, le persuadió para que lanzara su desastrosa campaña contra Rusia, que llevó a la destrucción de su ejército."

En Italia, Lord Sackville de Inglaterra había fundado el Gran Oriente de Italia, que estaba dirigido por los altamente secretas Carbonari a través de la Alta Vendita, su brazo operativo. Las instrucciones a los miembros contenían esta amonestación: "Que cada acto de tu vida tienda a descubrir la Piedra Filosofal. Los alquimistas de la Edad Media perdieron su tiempo y el de sus engaños en la búsqueda de este sueño. La de las sociedades secretas se logrará por las razones más simples, porque se basa en las pasiones del hombre. No nos desanimemos entonces por un cheque, una reserva o una derrota. Preparemos nuestros brazos en el silencio de las logias, arreglemos nuestras baterías...

aplanemos todas las pasiones, las más malvadas y las más generosas, y todas nos llevan a pensar que nuestros planes tendrán éxito un día, incluso por encima de nuestros cálculos más improvistos."

Otra instrucción de la Alta Vendita decía: "No dejamos de recomendarte a ti, a personas afiliadas de toda clase y forma de asociación, no importa de qué tipo, sólo a condición de que el misterio y el secreto sean la característica dominante. Bajo el pretexto más vano, pero nunca político o religioso, creado por vosotros mismos, o mejor aún, para que sea creado por otros, asociaciones que tengan en común la música, las bellas artes por objeto. Luego infiltrar el veneno en esas artes elegidas; infiltrarlo en pequeñas dosis. Un príncipe que no tiene un reino que esperar, es una buena fortuna para nosotros. Hay muchos de ellos en esa difícil situación. Estos pobres príncipes servirán a nuestros fines, mientras piensan trabajar sólo por los suyos. Forman un magnífico letrero, y siempre hay suficientes tontos como para encontrarlos dispuestos a comprometerse al servicio de una conspiración, de la que algún príncipe u otro parece ser el cabecilla. Hay poca moral, incluso entre las más morales del mundo, y uno va rápido en el camino de ese progreso. Un buen odio, un frío profundo, un cálculo profundo, vale más que todos estos fuegos artificiales y todas estas declaraciones en la plataforma. En este momento dispondremos de una imprenta en Malta. Entonces podremos actuar con impunidad, con un golpe seguro y bajo la bandera británica, para dispersar de un extremo a otro de Italia, libros, panfletos, etc. que la Alta Vendita juzgará oportuno poner en circulación."

Nesta Webster, en *Revolución Mundial*, página 14, revela más amenazas a posibles traidores: "Si sólo eres un traidor y perjurio, aprende que todos nuestros hermanos están llamados a armarse contra ti. No espere escapar o encontrar un lugar seguro. Dondequiera que estés, la vergüenza, el remordimiento y la ira de tus hermanos te perseguirán y te atormentarán hasta lo más profundo de tus entrañas. No se trataba de una amenaza vana; se sabía que los masones envenenaban a quienes sospechaban que les habían traicionado, de modo que morían lenta y agonizantemente, con terribles dolores "en lo más íntimo de sus entrañas".

La forma de ejecución es a menudo simbólica, con la intención de transmitir una advertencia a otros masones o a personas ajenas que podrían saber más de lo que es bueno para ellos. Tal fue la ejecución de Robert Calvi, uno de los principales responsables del escándalo del Banco Ambrosiano. Calvi fue encontrado colgado del Puente de Blackfriars en Londres, el lugar fue elegido para significar que había caído de la gracia. Un juez de Milán emitió recientemente una orden de arresto contra otro de los principales en este caso, el Arzobispo Paul C. Marcinkus, oriundo de Chicago, que había estado a cargo de las finanzas del Vaticano. La quiebra del banco le costó al Vaticano 250 millones de dólares, aunque su pasivo en un momento dado se estimó en unos 3.000 millones de dólares. El Arzobispo Marcinkus estaba a cargo del Instituto per Ie Opere di Religione, el Instituto Vaticano de Obras Religiosas, que controlaba sus finanzas. El escándalo no fue realmente sobre la banca, sino sobre la masonería.

Lord Sackville había establecido la primera Logia Masónica en Italia en 1733; para 1861, Italia estaba comenzando a organizarse como una potencia mundial. Había entonces tres grupos masónicos en Italia, en Turín, Nápoles y Palermo. Garibaldi logró unirlos en 1864 y se convirtió así en el líder político más poderoso de Italia; su reputación era tan grande que el Presidente Lincoln le pidió que se convirtiera en Comandante en Jefe del Ejército de los Estados Unidos durante la Guerra Civil. Cuando Mussolini llegó al poder después de la Primera Guerra Mundial, declaró que la masonería era "un peligro para la paz y la tranquilidad del Estado". Las logias fueron proscritas por la Ley Antimasónica de 1925, que desencadenó una furiosa campaña de propaganda mundial contra Mussolini como dictador. "Después de la Segunda Guerra Mundial, unas quinientas Logias resurgieron rápidamente en Italia. Las Logias fueron financiadas abundantemente con fondos proporcionados por los contribuyentes de los Estados Unidos. El dinero llegaba en cantidades tales que se requería un grupo súper secreto para manejarlo. Uno de ellos, Lucio Gelli, que se había incorporado al Gran Oriente de Italia en 1963, organizó una nueva logia, a la que llamó Propaganda Due, o P-2. Recibió su nombre de la Logia de Mazzini, Propaganda Uno, que había fundado para dirigir la Revolución de 1848. Gelli asumió el título masónico de 'supremo regulatore dell universo', Regulador Supremo del Universo. En poco tiempo, casi todos los funcionarios, banqueros y editores prominentes de Italia eran miembros de la categoría P-2.

P-2 se involucró profundamente en muchas transacciones bancarias turbias, incluyendo el control del Banco Ambrosiano. Se creó otro banco, Banco Privata, que parecía ser un vehículo para fondos que habían estado ocultos desde la Segunda Guerra Mundial, millones de OSS que habían sido escondidos en escondites secretos. Los directores de Banco Privata así lo indican: John McCaffery, representante italiano de Hambros Bank (Charles Hambro ha sido jefe de SOE, British Intelligence en Londres); compró el 24,5% de Banco Privata para Hambros; Michael Sindona compró el 51%. Más tarde, Sindona vendió el Banco Privado a la IOR a través del Arzobispo Marcinkus; el control se transfirió a una empresa de Sindona en Lichtenstein, Fasco A. G. Otro holding, La Centrale Finanzaria, fue creado por Sindona, que tenía a Robert Calvi, Evelyn de Rothschild y Jocelyn Hambro en su junta directiva. Sindona pronto estaba moviendo 49.000 millones de dólares en eurodólares a través de este y otros holdings bancarios que operaba. Consiguió unos 10 millones de dólares en ganancias. El Banco Ambrosiano estaba en el vórtice de toda esta actividad; se declaró en bancarrota. Gelli retiró 50 millones de dólares y huyó a Suiza, donde fue arrestado. Calvi fue encontrado colgado del puente Blackfriars en Londres. Sindona, quien también estuvo involucrado en el colapso del Franklin National Bank en Nueva York, fue arrestado y sentenciado a prisión. Murió en una prisión americana. Antes de su muerte, explicó a un entrevistador las complejidades de la estafa del gran grano, cuando la Unión Soviética compró trigo de los Estados Unidos en julio de 1972. A la Unión Soviética se le permitió pagar sus compras de la siguiente manera: el banco central de Hungría, actuando en nombre de la Unión Soviética, ordenó vender el dólar en corto por 20.000 millones de dólares; el Secretario del Tesoro, John Connally, luego devaluó el dólar en un 10%; la Unión Soviética hizo 4.000 millones de dólares en su operación de venta en corto y pagó por el grano; obtuvieron una ganancia de 2.000 millones de dólares en la operación de venta en corto y de 2.000 millones de dólares en la devaluación del 10% del dólar. Sindona observó: "En su insondable ingenuidad, Estados Unidos ha proporcionado a los soviéticos 4.000 millones de dólares, dinero que desde entonces sin duda se ha invertido en la destrucción de sus benefactores; empecé a ver entonces que Estados Unidos era la consorte de su propia ruina". Les digo, en toda la historia, ningún poder ha armado y sucumbido tan ciegamente a sus enemigos como ella."

De hecho, "América" no está abarcando su propia destrucción; está siendo destruida por los cananeos masónicos que se han infiltrado en sus más altos cargos, y que ahora emplean su poder para destruir al pueblo de Sem y a la República que ellos establecieron.

El asesinato de Calvi sacó a la superficie algunos nombres interesantes, entre ellos un tal Francesco Pazienza, una figura de Washington cercana al ex Secretario de Estado, General Haig; Flavio Carboni, un consultor del Banco Ambrosiano que también estaba cerca de Armando Corona, jefe del Gran Oriente de Italia; Ernesto Diotallevi y Danil Abbrudati, los jefes del submundo romano. Abbrudati fue asesinado por los guardaespaldas de Roberto Rosone, vicepresidente del Banco Ambrosiano, cuando intentó asesinar a Rosone. Carboni estaba en Londres con Calvi cuando se deshizo de Calvi. Carboni fue registrado en el Hotel Sheraton de Londres mientras que Calvi estaba cerca en Chelsea. Sindona dijo más tarde que los masones sudamericanos habían llevado a cabo el asesinato de Calvi.

Carboni había recibido previamente de Calvi 100.000 dólares que fueron pagados a la cuenta bancaria suiza de su amante, Laura Concas; Calvi también había pagado 530.000 dólares a Ernesto Diotallevi. Un juez de Londres revocó el fallo de que Calvi se había suicidado y declaró su muerte a manos de personas desconocidas. La investigación se detuvo.

La Orden Masónica de Cananeos opera en los Estados Unidos desafiando abiertamente los estatutos contra el sindicalismo criminal. 46 estados del CJS 1: "El sindicalismo es la doctrina que aboga por la abolición del sistema político y social existente por medio de una huelga general, una manifestación pacífica o la violencia revolucionaria... está dentro de las facultades del poder legislativo castigar la propaganda que tiene por objeto la destrucción del gobierno, o los derechos de propiedad que ese gobierno fue fundado para preservar, antes de que exista un peligro presente e inminente del éxito del plan que se propugna. El inicial y todos los demás let a sabiendas cometidos para el cumplimiento de ese propósito pueden ser prohibidos y declarados como un delito. También pueden prohibir y penalizar la asociación o la pertenencia a organizaciones que defienden tales doctrinas o que invitan a otros a unirse a dichas organizaciones... la defensa dentro de un estado, o la defensa de actos de violencia contra otro estado, o contra los Estados Unidos, puede constituir un sindicalismo delictivo."

Por lo tanto, hay estatutos adecuados en los libros para proteger al pueblo de Sem de su exterminio planeado por los cananeos masónicos. La masonería también viola los estatutos que prohíben la restricción del comercio, las combinaciones hechas para herir a otras personas y muchas otras actividades ilegales. La existencia de un pequeño grupo supersecreto que controla todos los avances en los negocios y las profesiones, que controla la emisión de préstamos bancarios, que entra en un negocio editorial como el de libros, revistas o periódicos, que opera una estación de radio y televisión, que funda un banco y muchas otras vías de comercio, causa un daño continuo a toda la economía. Los padres siempre quieren el mejor futuro posible para sus hijos, haciendo grandes sacrificios para llevarlos a la escuela y enviarlos a la universidad. Nunca se dan cuenta de que sin el "Sésamo Abierto" de la Orden Masónica, sus hijos están condenados a ser cortadores de madera y cajones de agua, que nunca pueden esperar ganar grandes sumas de dinero o hacer avances en su campo. Todo ya está adelantado por los cananeos para su propia especie. Sólo los hijos de la élite conspirativa serán admitidos en las mejores escuelas, se les ofrecerán los mejores trabajos y vivirán una buena vida. Para el resto de América, la fiesta ha terminado.

CAPÍTULO 3

HUMANISMO LAICO

La Orden Masónica de los Cananeos ha florecido porque ha elegido sus vehículos de propaganda con mucho cuidado. Quizás el más eficiente de ellos, que ha convertido a un gran segmento de la iglesia cristiana a su trabajo, es el humanismo secular. La premisa básica del humanismo secular es que los intereses humanos deben tener prioridad sobre todas las cosas. Debido a su insistencia en que los "intereses gubernamentales" son el instrumento principal para implementar el bien de los intereses humanos, el humanismo secular se ha convertido en el principal defensor o estatismo, o gran gobierno, lo que significa, por supuesto, gobierno totalitario. Esta implementación por parte de los burócratas del gobierno siempre enfrenta "intereses humanos" contra "intereses espirituales". "Los intereses espirituales pronto se desvían a un lado. El humanismo secular, más propiamente, es el humanismo de los asuntos temporales, los asuntos de este mundo. Para aquellos que creen que no hay vida después de la muerte, es de suprema importancia mantener el control total a lo largo de esta vida, creyendo que no hay otro. Aquellos que creen en la otra vida, por otro lado, son tentados a ser demasiado tolerantes de los ultrajes en la tierra, suponiendo que las cosas serán mejores en el otro mundo.

Mucha gente confunde en su propia mente el término "humanitarismo" con el de humanismo. El humanismo nunca es humanitario; su ejemplo más ampliamente percibido en el siglo XX son los campos de exterminio de la Rusia soviética, donde han perecido unos sesenta y seis millones de almas.

El humanitarismo es el resultado de la compasión y el deseo de aliviar el sufrimiento de otra persona. El humanismo, por otro lado, derivado directamente de la adoración de los demonios y de los asesinatos de niños de la antigua Babilonia, tiene como objetivo último infligir sufrimiento a sus enemigos, o a cualquiera a quien perciba como enemigo. Las agencias sociales humanistas en los Estados Unidos degradan y humillan continuamente a las personas que dicen estar"ayudando". El Servicio de Rentas Internas es la agencia humanista más destacada de los Estados Unidos; su objetivo es redistribuir la riqueza de los ciudadanos a destinatarios "más merecedores"; muy a menudo, estos destinatarios residen en tierras extranjeras, y nada les gustaría más que ver a los Estados Unidos destruidos.

El humanismo siempre tiene una dirección política específica. Su objetivo es usurpar y reemplazar las instituciones políticas del hombre, y establecer en su lugar un tipo permanente de socialismo, en el que 'el bien de la humanidad' será administrado por la burocracia de un estado totalitario. El "estado de bienestar" que se ha establecido en tantas naciones occidentales es un paso gigantesco en el camino que conduce a este objetivo.

A pesar de las muchas referencias al humanismo secular tanto por parte de sus defensores como de sus oponentes, rara vez se escucha una discusión concreta sobre lo que es el humanismo secular, o sobre sus fuentes. Esto es particularmente sorprendente, porque tanto sus orígenes como su historia están fácilmente disponibles a partir de fuentes de referencia estándar. Además, los defensores más enérgicos del humanismo secular se encuentran a menudo en el mundo académico, donde la erudición es una forma de vida, y donde este tema ofrece muchas vías de investigación tentadoras.

En la presente obra, este escritor no esperaba abordar el tema del humanismo. De hecho, al comenzar la investigación de la demonología de la historia, parecía poco probable que el humanismo apareciera en algún papel. Como la mayoría de los demás estudiosos, el autor actual no había considerado un aspecto esencial del humanismo. Por la revelación de este aspecto en particular, estamos en deuda con un emigrante ruso, Vladimir Voinovich. Cita a A. Surkov, uno de los oradores del

Primer Congreso de Escritores Soviéticos: "Los poetas de una u otra manera pasan por alto un cuarto aspecto del humanismo, que se expresa en el severo y bello concepto del odio. De hecho, la mayoría de los escritores no percibirían que el odio es un aspecto vital del humanismo. Quizás sea más obvio en la Rusia soviética que en otros países." Voinovich continúa calificando el odio como tal vez el componente más importante del humanismo. Pero, ¿cómo es posible? ¿Cómo podría el humanismo, el poner los intereses de la humanidad por encima de los de interés espiritual, el mejoramiento de la humanidad negando cualquier papel espiritual en el desarrollo del hombre y concentrándose estrictamente en "sus propios" intereses humanísticos, contener el ingrediente fundamental del odio? Sólo alguien con experiencia en los horrores del Estado soviético moderno puede ser calificado para identificar el odio como el ingrediente principal del humanismo. El gobierno soviético, administrador del estado más humanista del mundo, ha asesinado a unos sesenta y seis millones de sus propios ciudadanos desde la Revolución Bolchevique, según su principal escritor, Aleksander Solzhenitsyn. Todo esto se ha hecho en nombre del "realismo socialista" o humanismo.

El ingrediente esencial del humanismo, el odio, se remonta directamente a su fuente, los adoradores de demonios de Baal en la historia antigua, los cananeos que se entregaron a su apetito de sacrificio humano en nombre de la "religión", el canibalismo en el rito de honrar a sus dioses, y el asesinato de niños en nombre de Moloch. Estos son los mismos cananeos que operan las grandes naciones del mundo de hoy, y que esperan con impaciencia más de las masacres que han perpetrado en el siglo XX, y que han hecho de nuestro tiempo el escenario de los mayores asesinatos en masa en la historia de la humanidad.

Las fuentes demoníacas del humanismo se reflejan no sólo en su negación de Dios y en la afirmación cabalística de que Dios no participó en la creación real del mundo, sino también en su inspiración filosófica, que proviene únicamente de Satanás y sus actividades malvadas. Como escribe I. M. Haldeman, "Todo el mundo espiritual se conmueve con la sabiduría del ángel caído. Los espíritus de la zona oscura están surgiendo en un período espiritista... El espiritismo no es más que la agencia en las manos de ese gran ángel caído que todavía retiene el título de príncipe y dios de este mundo y de larga data está decidido a cumplirlo y hacerlo funcionar. Así vemos que mucha gente, espiritistas, espiritualistas, y sus semejantes, creen que Satanás está en control de este mundo. Por sus acciones, los humanistas también parecen creerlo. Ciertamente no habrían tomado el odio a la vida como un ingrediente principal de su filosofía si no hubieran adoptado la práctica del satanismo."

Al examinar la larga historia del humanismo, y trazar sus manifestaciones desde el mundo antiguo hasta el presente, encontramos coeficientes singulares que aparecen en todos sus diversos períodos históricos. El primero, por supuesto, fue el mundo cananeo de Baal y Astoret, con su enfoque en los métodos demoníacos de adoración. En sus manifestaciones posteriores, probablemente debido a la creciente resistencia del público, tomó una coloración protectora del traje "intelectual". Baal se convirtió en el Dr. Fausto. Los altares humeantes de los cananeos fueron oscurecidos por un énfasis creciente en el discurso filosófico. La primera de estas "escuelas de humanismo" fue la de Pitágoras (582-507 a.C.). La escuela pitagórica, que se estableció en Crotona, funcionaba como una "escuela de misterio", es decir, una escuela en la que los aspectos "de misterio" de la filosofía se enfatizaban a un grupo limitado de "iniciados" cuidadosamente elegidos. La ecuación pitagórica se basaba en el dualismo de los primeros principios: el limitado, o fuente de la definitividad, y el ilimitado, o fuente de la división. En efecto, ésta fue la primera escuela de dialéctica, una forma de enseñanza que alcanzaría su apogeo en la obra de Hegel del siglo XIX, y su discípulo más famoso, Karl Marx.

La Escuela Pitagórica también tenía muchos preceptos que en siglos posteriores aparecerían en el Libro del Zohar, la Cábala. Uno de estos preceptos era la numerología, un intento de concentrarse en el universo como ecuación matemática, y así elaborar, o descubrir, una fórmula mágica que le diera control sobre él. Los pitagóricos tenían tetraktys, el número sagrado diez, al que se llegó sumando los primeros cuatro números.

La Escuela Pitagórica de Crotón tiene una interesante correlación en nuestro tiempo. Durante la década de 1930, la sede americana de la Sociedad Teosófica estaba en Krotona, California.

No se sabe si esta ciudad fue bautizada deliberadamente con el nombre de la ciudad pitagórica.

El Teorema de Pitágoras o metafísica de los números influyó mucho en Platón. Aunque se le conoce principalmente como filósofo, ejerció una considerable influencia política a lo largo de su vida adulta. Era el líder reconocido de una facción política mediterránea que se oponía a la expansión del Imperio Persa. Platón lideró el desarrollo de una élite que podría devolver a los griegos al dominio político en el Mediterráneo. La influencia de los pitagóricos le llevó a desarrollar un programa muy parecido al de los masones de hoy, una élite secreta que podía ejercer su influencia entre bastidores, pero siempre dedicada a su propio programa oculto, cuyos principios sólo eran conocidos por una élite.

Platón apoyó a Dionisio I, gobernante de Siracusa, como líder de las fuerzas de la coalición griega. Dioniso se convirtió en el modelo de Platón para su futuro rey-filósofo. A cambio, el cuñado de Dionisio, Dion, dio dinero a Platón para establecer su escuela de filosofía, adelantando fondos para construir un grupo de edificios que ahora son conocidos en la historia como la Arboleda de la Academia. Fue en estos edificios, en las afueras de Atenas, donde Platón escribió "La República" como una guía para los humanistas del futuro, para que pudieran lograr el control total de su sociedad. Platón entonces aconsejó a Dioniso II en su guerra sagrada contra Delfos. Durante esta guerra, el Templo de Apolo fue capturado, incluyendo las grandes cantidades de oro que habían sido almacenadas allí. Platón escribió más tarde el diálogo "Timaeus" como una elegía para su mentor, Dion.

Tanto Platón como Pitágoras creían en la doctrina de la transmigración de las almas, una teoría favorecida en el misticismo. Platón sigue siendo la figura más importante en el desarrollo del humanismo, porque, casi sin ayuda de nadie, lo transformó de un credo basado en la adoración demoníaca de Baal a una "escuela de filosofía" más respetable, un proceso que había sido iniciado por Pitágoras. Sin embargo, el humanismo seguía siendo un credo dedicado a la esclavitud conspirativa de la humanidad por una élite secreta, que se consideraba especialmente "elegida" y gnóstica, es decir, conocedora, en contraste con la no conocedora. El humanismo, cada vez más comprometido con los aspectos seculares de la sociedad, se ha mantenido fiel a sus preceptos básicos, que se componen de una mezcla de las doctrinas de los principales cultos de "misterio": el panteísmo, el culto a la naturaleza, el gnosticismo (que es siempre una manifestación del satanismo, basado irrefutablemente en el gnosticismo, o en el conocimiento de los secretos), y el hermetismo. Fue la amenaza de estas doctrinas lo que hizo que Cristo emitiera su famosa advertencia: "Guardaos de los falsos profetas que vienen a vosotros con vestiduras de ovejas, pero por dentro son lobos rapaces". Por su fruto los conoceréis. ¿Recogen los hombres uvas de espinas, o higos de abrojos? (Mateo 7: 15-16). El humanismo es el lobo con piel de oveja. Viene anunciando su compasión por la humanidad, su preocupación por los sin techo y los pobres, pero como dice Cristo, conócelos por sus frutos. No preguntes qué pretenden hacer. Averigüe lo que están haciendo. De esta manera, no tratarás de recoger uvas de espinas, o higos de cardos.

La filosofía hermética se remonta a Hermes Trismegisto, el nombre griego del dios egipcio Thoth, el dios de la sabiduría y las letras. El nombre en sí mismo significa "tres veces armado", siendo el precepto que el que tiene más información que otros tiene mayor protección. Francis Yates señala en *Giordano Bruno y la tradición hermética*, "La teoría de la animación universal es la base de la magia. La secuencia hermética por excelencia es la alquimia: la famosa Tabla Esmeralda, la Biblia de los alquimistas, se atribuye a Hermes."

A pesar de los esfuerzos de los líderes cristianos por erradicar la herejía, la Edad Media estuvo plagada de muchas formas de superstición y magia negra. Mientras los alquimistas buscaban transformar los metales básicos en oro, una nueva dialéctica del misticismo, la Cábala, se convirtió en una fuerza poderosa en toda Europa. "Cábala" significa simplemente tradiciones. Fue formulado como el Libro del Zohar, escrito por el místico judío Moisés ben Shemtob de León en 1280 d.c. como un midrash sobre la ley básica.

La leyenda decía que cuando Dios le dio la ley a Moisés, también dio una segunda revelación sobre el significado secreto de la ley. Durante siglos estuvo prohibido escribir este significado secreto; fue transmitido oralmente a un grupo selecto de iniciados. Los "significados secretos" son básicos para los cultos de "misterio". La Teosofía se basa en significados secretos; sus doctrinas fueron tomadas directamente de la Cábala, sin embargo, el libro más ampliamente difundido sobre los cultos americanos, *El Reino de los Cultos* por Walter Martin, Bethany Press, 1965, en el capítulo sobre Teosofía, no menciona ni una sola vez la Cábala.

El Libro de Zohar es descrito como un sistema teosófico basado en los diez Sephirotes, o emanaciones divinas, y veintidós letras del alfabeto hebreo que comprenden los nombres de Dios. En 1492, la expulsión de los judíos de España envió maestros de la Cábala por toda Europa. Sus doctrinas produjeron la escuela de filosofía más dominante del Renacimiento, la Escuela Neoplatónica. El neoplatonismo, a su vez, se convirtió en la fuente de otros desarrollos filosóficos, que condujeron directamente a la Reforma, la Ilustración y la Era de la Revolución.

Zohar enfatiza la leyenda talmúdica de que los demonios en la tierra se originaron en un congreso sexual entre humanos y poderes demoníacos, creando demonios tan conocidos como Lilith. Por esta razón, los ritos demoníacos siempre enfatizan los actos sexuales. Los neolatonianos fueron ampliamente criticados porque muchos de sus maestros y estudiantes eran bien conocidos por su participación en la homosexualidad.

El neoplatonismo combinaba escritos herméticos con el gnosticismo, organizados en el contexto de la Cábala. Enfatiza la iluminación interna (un precepto que condujo directamente al desarrollo del culto Iluminati en Alemania), el éxtasis, y la correlación del misticismo y el nacionalismo. La atracción del neoplatonismo hacia sus seguidores fue la oferta de "liberación del yo" a través de la experiencia mística. Este sistema de filosofía pronto hizo del Renacimiento la fuerza cultural dominante en Europa. Influenciado por la Plethon bizantina, encontró su apogeo en la carrera del Pico della Mirandola. En la filosofía neoplatónica, el alma tiene afinidades definidas dentro de la esfera. La sustancia del alma está puesta alrededor de la esfera concéntrica de los cuatro elementos sobre el cielo ardiente.

Como en el caso de Platón, esta escuela de filosofía fue vista como un poder de atracción hacia el orden dominante, y pronto fue puesta en servicio. El banquero más poderoso del Renacimiento, Cosme de Medici, líder de la "nobleza negra" en Italia, los Guelphs, dio el dinero para fundar la Accademia Platonica en Florencia durante el siglo XV. Con este apoyo financiero y político, el neoplatonismo ganó una rápida aceptación. En 1486, Pico della Mirandola presentó 900 tesis sobre esta nueva filosofía en la Academia; 72 de estas tesis eran conceptos cabalistas obvios. Un notable erudito hebreo, della Mirandola basó gran parte de la filosofía del neoplatonismo en sus estudios en este campo. Por su énfasis en un universo centrado en el hombre, se le atribuye haber anticipado la filosofía del existencialismo del siglo XX. Della Mirandola fue sucedida en la Academia por Johann Reuchlin, quien se hizo famoso por su desarrollo del "cabalismo cristiano", es decir, una versión cristiana de la Cábala. También se convirtió en una figura principal en la difusión de la doctrina neoplatónica. Más tarde conocido más simplemente como "humanismo renacentista", el neoplatonismo, o cábala cristiana, a menudo excluía la creencia en Dios de su filosofía. Su tesis principal era la teoría cabalística de que la materia (o vida) es esencialmente imperfecta, y por lo tanto causa desorden en un mundo que de otra manera sería perfecto. La República de Platón también buscó "corregir" las imperfecciones de la sociedad mediante la creación de una nación "perfecta", cuya perfección tendría que ser protegida y sostenida por una dictadura; esto se convirtió en la base de todos los futuros planes para la "utopía", siendo el más conocido de ellos el comunismo. Marx proclamó que cuando se alcanzara este estado de perfección, el estado se marchitaría y ya no tendría que ejercer poderes dictatoriales. Sin embargo, ningún estado comunista ha alcanzado todavía este estado de perfección. Esta era la meta de la perfección que se originó en una repulsión contra el proceso de la vida; debido a esta repulsión, los "humanistas" no tenían reparos en asesinar a sesenta y seis millones de seres humanos en la Rusia soviética. Este fue el resultado del "matrimonio perfecto" del neoplatonismo entre la Cábala y los preceptos orientales del gnosticismo, una unión basada en la negación del papel de Dios en el Universo.

La combinación de las altas finanzas, en la persona de los Medici, y el neoplatonismo, que ofrecía la posibilidad de un control ilimitado de la conducta, creó una situación que fue hecha a la medida de los cananeos en su continua batalla contra el pueblo de Sem. Plotino y su discípulo, Porfirio, habían desarrollado el aspecto básico del neoplatonismo, que el Primer Principio y fuente de la realidad, el Uno, o el Bien, trasciende el ser y el pensamiento, y es naturalmente incognoscible.

El gnosticismo siempre comienza con el precepto de que ciertas cosas son "incognoscibles", pero que sus significados ocultos pueden ser revelados a un grupo selecto que ha pasado por los ritos apropiados de iniciación. Así, la doctrina del neoplatonismo se convirtió en el vehículo ideal para el nuevo sacerdocio secular mundial, los herederos de los ritos de Baal, pero ahora vestidos con las vestiduras culturales del Renacimiento, y más tarde, de la Ilustración. Su fase final fue la de los Illuminati, la secta secreta que dirige la masonería.

El Diccionario de Inglés de Oxford define el humanismo como la preocupación con intereses meramente humanos, a diferencia de los divinos. En las Notas, encontramos, "1716; M. Devion Athen. Brit. 170,'Su jesuita alardeando de Monopolio y alardeando de tiranía sobre las Escuelas Humanísticas."

Porque el humanismo se basó en el relativismo de Protagorus, se desarrolló sucesivamente en el Renacimiento, la Reforma, la Ilustración, el Marxismo y el Freudianismo... El freudianismo entonces desarrolla sus propias ramas del feminismo, la bisexualidad y la cultura de la droga. El humanismo se convirtió en la fuerza guía del desarrollo del socialismo y el fabianismo en Inglaterra y los Estados Unidos. Sus principales propagandistas se cuidaron de establecer que el humanismo se basaba en el ateísmo, la amoralidad y un Estado Socialista Un Mundo. Corliss Lamont, hijo de un socio de la firma J. P. Morgan Co. se convirtió en el principal portavoz del humanismo en los Estados Unidos.

Dice: "Una civilización verdaderamente humanista debe ser una civilización mundial. Redactó una Ceremonia de Boda Humanista que ahora se utiliza ampliamente para reemplazar el rito cristiano tradicional."

En 1953, apareció un Manifiesto Humanista oficial. Declara (I) que el universo es autoexistente y no creado; (2) que el hombre es puro de naturaleza (el noble salvaje, tal como lo define Rousseau, el precursor de la Revolución Francesa); (3) que la ciencia moderna proporciona la única definición aceptable del universo o de los valores humanos; (4) que excluye cualquier explicación sobrenatural del universo o de los valores humanos; (5) que el fin de la vida es la realización completa de la personalidad humana a través del liberalismo y la educación liberal. El énfasis en el "desarrollo de la personalidad" se hizo efectivo sólo después de la destrucción de los valores tradicionales. La gente ya no sabía quiénes eran ni cuál podría ser el propósito de su vida. Estaban entonces maduros para la escuela de la "personalidad", es decir, propagandistas humanistas que podían reclutarlos para los "estilos de vida alternativos" u homosexualidad, y para el programa de la Revolución Comunista. El humanismo también proporciona la justificación absoluta para la intervención opresiva de los funcionarios liberales en todos los aspectos de la vida de los ciudadanos. Nuestra libertad y nuestros derechos personales vienen directamente de Dios; ningún gobierno puede concederlos o quitarlos; sólo puede administrarlos. La doctrina del humanismo, al negar el papel de Dios en los asuntos de la humanidad, abre la puerta para que un estado cabalístico se lleve todos los derechos humanos, y así establezca un Gulag soviético, o campo de concentración mundial. Esto aseguraría la victoria final de los cananeos sobre el pueblo de Sem, consagrando el odio que es el núcleo de la filosofía humanista en su poder absoluto sobre sus oponentes históricos.

Las principales agencias del humanismo en los Estados Unidos están centralizadas en un pequeño grupo de fundaciones de mil millones de dólares que fueron creadas para subvertir la República Americana. En *El Orden Mundial*,[3] rastreé la historia de estas fundaciones hasta el Fondo Peabody, el poder principal de los estados conquistados del Sur después de 1865. Peabody, un estadounidense que se afilió secretamente a la casa bancaria Rothschild de Londres, fundó su propia casa bancaria, Peabody and Co, que más tarde se convirtió en J. P. Morgan & Co. y su Fondo Peabody Carpetbagger, en estrecha colaboración con las fuerzas militares federales, que mantuvieron su ocupación de los estados del sur hasta 1877, más tarde se convirtió en la Junta General de Educación. Aún más tarde, fue absorbida por la Fundación Rockefeller. Desde la Segunda Guerra Mundial, al menos cuatro Secretarios de Estado han sido presidentes de la Fundación Rockefeller, entre ellos John Foster Dulles, Dean Rusk, Cyrus Vance y Henry Kissinger (este último era director).

Las fundaciones humanistas utilizan sus miles de millones exentos de impuestos para infiltrarse y controlar la educación, la religión y el gobierno estadounidenses. Los funcionarios humanistas de las fundaciones, después de un extenso lavado de cerebro en las filiales del Instituto Tavistock (a su vez una rama del Departamento de Guerra Psicológica del Ejército Británico) son adoctrinados a fondo en el programa cananeo de control mundial. Así, Dean Rusk, que era de una antigua familia de Georgia, cuando sus controladores del Orden Mundial le informaron que debía casar a su hija con un hombre negro, convocó con entusiasmo una conferencia de prensa para anunciar el feliz acontecimiento.

Sorprendentemente, las principales fundaciones estadounidenses fueron la creación de un hombre, un miembro de los Illuminati alemanes llamado Daniel Coit Gilman. En el archivo de la "Hermandad de la Muerte" hay una tarjeta del grupo alemán a Gilman. Gilman había sido vicepresidente del Fondo

---

[3] Publicado por Omnia Veritas Ltd - www.omnia-veritas.com

Peabody y de otro fondo de "carpetbagger" llamado Slater Fund, que controlaba la política del Sur después de la Guerra Civil. Gilman se reunió con Frederick T. Gates, director de las "empresas de caridad" de John D. Rockefeller, y estableció una nueva fundación para ellos en 1898, llamada Junta Educativa del Sur, que fusionó los fondos Peabody y Slater. Esta fundación se centralizó aún más cuando Gilman aconsejó a Rockefeller que la llamara la Junta General de Educación, un movimiento notable que significa que su propósito no era simplemente controlar la educación en el Sur, sino en todos los Estados Unidos. Ahora opera bajo el nombre de The Rockefeller Foundation. Además de ser un fundador de la Junta de Educación General, Gilman también fue el fundador del Instituto Carnegie, del cual fue el primer presidente, y de la Fundación Russell Sage. En 1856, Gilman había establecido el Russell Trust en la Universidad de Yale con Andrew White y Timothy Dwight. Este grupo se conoció como "Skull and Bones" (Calavera y Huesos) debido a los símbolos que representaban esas partes. También se la conoce como la "Hermandad de la Muerte" porque entre sus miembros se encuentran muchos de los principales testaferros de Estados Unidos, los planificadores de la guerra, la paz, la revolución y las calamidades financieras. Incluyen al difunto W. Averell Harriman y muchos miembros de su firma bancaria, Brown Brothers Harriman, como Prescott Bush y su hijo, George Bush, el vicepresidente de los Estados Unidos; el incansable propagandista William Buckley, y muchos otros.

Los tres fundadores del Russell Trust ejercieron una profunda influencia sobre nuestro establecimiento educativo; Dwight se convirtió en presidente de Yale; White se convirtió en el primer presidente de Cornell; y Gilman se convirtió en presidente de la Universidad de California, y más tarde de la Universidad Johns Hopkins, donde Woodrow Wilson quedó bajo su influencia.

La Fundación Russell Sage, también fundada por Gilman, ha jugado un papel importante entre bastidores en los Estados Unidos durante muchos años. Frederick A. Delano, uno de los fundadores y heredero de la fortuna del opio de su padre, fue miembro de la Junta de Gobernadores de la Reserva Federal original en 1914; más tarde fue nombrado Presidente del Banco de la Reserva Federal de Richmond por su sobrino, Franklin Delano Roosevelt. Otro director de la Fundación Russell Sage, Beardsley Ruml, fue presidente del influyente Banco de la Reserva Federal de Nueva York, conocido como nuestro banco del mercado monetario. También infligió la retención de impuestos sobre la renta al pueblo estadounidense durante la Segunda Guerra Mundial como una medida de "emergencia". Parece que la emergencia sigue con nosotros. Podríamos continuar por muchas páginas, detallando la tremenda influencia de las fundaciones humanistas en cada aspecto de la vida estadounidense. Ellos son los únicos responsables de implementar el creciente control del gobierno sobre cada ciudadano, porque cada plan para un mayor control e impuestos más altos es elaborado por las fundaciones, cuyo personal luego lo presenta a nuestros dispuestos congresistas para su promulgación casi automática en la ley. Debido a que no entendemos la influencia demoníaca y el origen de estos revolucionarios humanistas en los humeantes altares del sacrificio humano en Babilonia, no somos capaces de protegernos contra sus depredaciones. Sin embargo, la evidencia existe, y está disponible si la utilizamos.

En 1876, un artículo sobre Skull and Bones apareció en Yale, que se jactaba de una entrada clandestina en las sagradas instalaciones de la Orden. En una de las paredes había un grabado que representaba una bóveda abierta, cuatro cráneos y otros accesorios. Debajo había una tarjeta con lo siguiente: "Del capítulo alemán." Presentado por el Patriarca D. C. Gilman de D. 50. Patriarca es un título básico para los funcionarios tanto de los Illuminati como de la masonería. Sin embargo, uno se equivoca al concluir de este descubrimiento que el Cráneo y los Huesos es simplemente otro capítulo de los masones. Es uno de los grados superiores secretos a través de los cuales los Iluminati ejercen su poder mundial, pero no tiene conexión directa con ningún grupo masónico.

CAPÍTULO 4

INGLATERRA

L os cananeos, o fenicios, emplearon su dominio de varios monopolios para obtener el control del comercio de toda la zona mediterránea. Habiendo establecido sus bases a lo largo de las orillas del Mediterráneo, encontraron que el cuartel general más céntrico para todas sus operaciones estaba situado en el Mar Adriático. Aquí fundaron la Ciudad de Venecia (Fenicia) en el año 466 d.c. Debido a su ubicación única y a la dedicación de los cananeos a la búsqueda de dinero y poder, pronto se convirtió en el puesto de mando del mundo comercial.

El censo de 1152 muestra que había unos 1.300 judíos en Venecia; pagaron un impuesto del cinco por ciento sobre sus operaciones de préstamo de dinero. También actuaban como intermediarios en el sector de los productos básicos. En 1366, obtuvieron el derecho a residir en la propia Venecia; antes de esa fecha, se les había prohibido residir en la ciudad, y se les confinaba a vivir en el Mestre continental. Habitualmente cobraban entre el diez por ciento y el veinte por ciento de los préstamos. Debido a las grandes posibilidades comerciales de Venecia, llegaron de muchas partes del mundo. En 1492, tras su expulsión de España, muchos judíos y marranos se establecieron en Venecia. La colonia se dividió en tres grupos: los alemanes, conocidos como tudeschi; los levantini, del Levante; y los ponantini, u occidentales.

En 1797, la ocupación francesa abrió las puertas del gueto. Napoleón entonces ganó el poder y estableció su reino italiano, de 1805 a 1814, lo que les dio más derechos. Durante la Revolución de 1848, Kastein informa en su *Historia de los judíos* que la Venecia revolucionaria fue gobernada por Daniel Manini y otros dos judíos.

Los venecianos fueron siempre conocidos como maestros de la intriga; ayudaron a los turcos en la conquista de Constantinopla en 1453, que puso fin al reinado de docecientos años de los emperadores de Bizancio. Los turcos se sorprendieron de la rapacidad de los venecianos, que se llevaron gran parte de los legendarios tesoros de arte, oro y joyas de la ciudad. Después de regresar a casa con su botín, los venecianos disputaron activamente el control del Mediterráneo con los turcos, luchando continuamente contra ellos desde 1453 hasta 1718. Venecia se había convertido en la sede de un despiadado grupo de empresarios de ascenso social que compraban títulos para sí mismos, o los creaban de la nada, construían espléndidas mansiones y coleccionaban los tesoros artísticos de Europa. Financiaron su nuevo estilo de vida con las enormes sumas que obtenían del comercio, la piratería y los préstamos de dinero.

A partir del año 1171, este grupo fue conocido en toda Europa como "la nobleza negra", porque eran de origen cananeo, en contraste con la nobleza de piel clara del pueblo de Sem. La nobleza negra se infiltró gradualmente en las familias nobles de Europa; hoy en día, constituyen la mayor parte de la realeza europea superviviente.

Debido a su crueldad, los venecianos alcanzaron una reputación mundial como árbitros internacionales de intriga, revolución, envenenamiento y otras formas de asesinato. A menudo conspiraban para arruinar a cualquier oponente y se sabía que violaban cruelmente a las hijas de cualquiera en la oligarquía que se atreviera a oponerse a ellas. Desde Venecia, se extendieron rápidamente hacia el norte como una nueva forma de plaga, estableciendo negocios y establecimientos bancarios en las ciudades del norte de Italia. Compraron más títulos y se casaron con familias empobrecidas de la antigua nobleza. En Florencia, la familia preeminente fueron los Médicis, quienes usaron su riqueza para establecer una Academia que impuso el humanismo en el mundo. Los de Médicis establecieron Florencia como el centro europeo de la nobleza negra, o Guelphs, como ahora se les llamaba.

La nobleza negra también estableció estrechos lazos con las familias gobernantes de Inglaterra, a través de las familias Savoy y Este. Los Savoys gobernaron Italia de 1146 a 1945. La familia Este gobernó Ferrara desde el siglo XII hasta que Italia se unió en 1860. Pedro, el noveno conde de Saboya, se casó con su sobrina, Eleanor, con el rey Enrique III de Inglaterra, y así se convirtió en su consejero privado. El rey Enrique le concedió grandes propiedades, con el título de Conde de Richmond. Pedro trajo a otros miembros de la nobleza negra para que se casaran con nobles ingleses, entre ellos Richard de Burgh y el Conde de Lincoln. El hermano menor de Pedro, Bonifacio, fue nombrado Arzobispo de Canterbury. Pedro murió en 1268.

Los fundadores de las dinastías europeas que duraron hasta el siglo XX fueron Rupert, conde de Nassau, que murió en 1124, y Christian, conde de Oldenbourg, que murió en 1167. De Rupert procedían la línea Hesse-Darmstadt, la línea Hesse-Cassel, los Duques de Luxemburgo, los Battenberg, el Príncipe de Orange y Nassau y los Reyes de los Países Bajos. De Christian vinieron los Reyes de Dinamarca y Noruega, la línea Schleswig-Holstein, y los Hanover, que se convirtieron en Reyes de Gran Bretaña desde 1717 hasta la actualidad. También de la nobleza negra eran los duques de Normandía, los angevinos y los Plantagenet, que se convirtieron en los reyes Tudor y Stuart de Inglaterra, los sajones-coburgo y los Wittelsbach.

La línea de Hannover siempre estuvo profundamente involucrada con la francmasonería. Los Hannover se convirtieron en Reyes de Inglaterra en 1717. ese mismo año, se estableció la primera Gran Logia en Inglaterra. La Compañía de los Masones se había establecido en Inglaterra en 1376 en Londres y había obtenido una concesión de armas del rey Enrique VIII en 1472; fue incorporada por el rey Carlos II en 1677. Pero se trataba de la albañilería gremial, los constructores, que fue tomada en 1717 por 'la albañilería especulativa', que abrió los grupos a los miembros de otras profesiones. Un poema apareció en Londres en 1723, "Los masones; un poema hudibrastico", que rimaba: "Si la historia no es una fábula antigua, los masones libres vinieron de la Torre de Babel".

Se estableció la tradición de que un miembro de la familia real, o alguien con lazos estrechos con el Palacio de Buckingham, sería nombrado Gran Maestro de las Logias Inglesas. Desde 1782, el Duque de Cumberland, el Príncipe de Gales y el Duque de Sussex fueron grandes maestros. El duque de Sussex fue el segundo hijo del rey Jorge II; se casó con Luisa, hija del rey de Prusia. Más tarde tuvo dos hijos con su amante. Tomaron el apellido de Este. La Reina Victoria siempre estuvo orgullosa de su conexión con la Casa de Este, que había comenzado como la Casa de Azoll.

La Casa de Windsor es la familia preeminente de monarcas reinantes en el mundo de hoy. Representan el triunfo final de la facción de los güelfos, o la nobleza negra, la culminación del impulso cananeo por el poder. Su ascenso había sido continuo desde el siglo XIII, cuando derrotaron a sus oponentes más poderosos, la dinastía teutónica Hohenstaufen, conocida como la facción gibelina. Habían sido nombrados en honor a uno de los bastiones de Hohenstaufen, Weiblingen. Federico I, Barbarroja, como jefe de los Hohenstaufen, había extendido su dominio al norte de Italia, donde se sorprendió por el inesperado y fuerte desafío de la facción Guelph. La lucha, que duró más de un siglo, fue ganada por la facción de la baja nobleza de los güelfos debido a su fuerza entre la creciente clase mercantil; los gibelinos, o alta nobleza, continuaron siendo los caballeros a caballo, negándose a mancillar sus manos con el comercio. Los gibelinos gobernaron las ciudades del norte de Siena, Milán y Pisa, mientras que la fuerza de los güelfos se centró en Florencia y Farrara. Otón IV de Guelph continuó la lucha contra Felipe de Suabia, un Hohenstaufen, pero los Hohenstaufens se encontraron superados en número por las fuerzas de la Liga de las Ciudades Renanas, una alianza mercantil que fue capaz de recaudar grandes sumas para equipar a los condottieri. A finales del siglo XV, los güelfos habían triunfado.

Alfonso I de Este se casó con Lucrecia Borgia. Su hermana, María de Módena, se casó con Jaime II de Inglaterra, llevando la línea Este a la familia gobernante inglesa.

Los gibelinos favorecían un gobierno central fuerte y un poder imperial, mientras que los güelfos agitaban por un poder descentralizado y los "Derechos del hombre", un lema que más tarde se convirtió en su grito de guerra por su impulso hacia el poder.

En el siglo XX, los herederos sobrevivientes de las facciones güelfas y gibelinas se enfrentaron en dos guerras mundiales. Alemania se había convertido en una potencia mundial a través de los instintos militares y el impulso de los gibelinos prusianos. En 1866, Bismarck, para promover su objetivo de unificar Alemania, había desposeído a varios príncipes alemanes de sus tierras. El Duque de Nassau y el Elector de Hesse renunciaron formalmente a sus pretensiones; sólo los príncipes de Hannover, que eran los herederos del trono de Brunswick, se negaron a renunciar a sus propiedades. Durante décadas, los Hannover se consideraron en guerra con Prusia. De hecho, se produjeron dos guerras mundiales, debido en parte al continuo resentimiento de la familia gobernante de Inglaterra contra las reglas de Alemania. Es interesante que el victorioso Hanóver se encargara de que una Alemania derrotada se dividiera en dos pequeños países militarmente ocupados después de la Segunda Guerra Mundial, la venganza final de los vencedores.

El calvinismo, una fuerte influencia en Inglaterra durante el siglo XVI, capitalizó el creciente poder de la flota mercantil y de la nobleza negra, cuyo principal interés era el dinero. A diferencia de las instituciones religiosas anteriores, que habían puesto gran énfasis en la austeridad y los votos de pobreza, esta nueva doctrina religiosa enfatizaba que el cobro de intereses en los préstamos y la acumulación de riqueza era la nueva forma de hacer la obra del Señor. Fue una revelación bienvenida a la creciente clase mercantil que Dios realmente quería que nos hiciéramos ricos. "¡Enrichissez-vous!" Se convirtió en el nuevo grito de guerra que se extendió por toda Europa a medida que los cananeos construían grandes imperios comerciales. El profeta de esta nueva revelación divina fue un tal Jean Cauin de Noyons, Francia. Se educó en el Colegio de Montagu, donde Loyola, fundador de la secta jesuita, había estudiado. Cauin se trasladó más tarde a París, donde continuó sus estudios con los humanistas entre 1531 y 1532.

Durante su estancia en París, fue conocido como Cauin. Luego se trasladó a Ginebra, donde formuló la filosofía ahora conocida como Calvinismo. Conocido en Ginebra como Cohen (la pronunciación usual de Cauin), Anglicizó su nombre a Juan Calvino. Este movimiento religioso se basó en una interpretación literal judía de los Diez Mandamientos, la filosofía del Antiguo Testamento y la prohibición de las imágenes esculpidas. Los primeros discípulos del Calvinismo eran conocidos como "hebreos cristianos". El advenimiento del calvinismo hizo posible la gran expansión de los judíos hacia otras vías de comercio europeo además del préstamo de dinero. Por este logro, la Enciclopedia honra a Calvino con la siguiente declaración: "Calvino bendijo a los judíos."

En retrospectiva, Calvino puede ser visto como uno más de los movimientos cananeos que periódicamente han barrido Europa, creando tramas revolucionarias que luego fueron exportadas a otros países. No es casualidad que con el advenimiento de Calvino, Suiza se convirtió en el centro de la banca privada del mundo, o que las sucesivas tramas revolucionarias hayan sido tramadas y financiadas desde Suiza. Incluso Lenin encontró un refugio en Suiza durante los años de trabajar duro sobre las técnicas que le permitirían arrebatarle Rusia a la familia Romanov, que había gobernado esa nación durante mil años. La bienvenida exhortación del calvinismo a amasar más dinero fue contrarrestada desde el principio por el hecho de que fue inaugurado como un sistema brutal y tiránico que funcionaba sobre la base del despotismo oriental, revelando una vez más sus orígenes cananeos. La gente de Sem nunca cree en forzar a nadie a hacer nada; esto es una base de su ley; ellos creen que como una cuestión de instinto natural, la gente siempre hará lo correcto. Los cananeos, por otro lado, siempre conscientes de la Maldición sobre su pueblo, y del mandato de Dios a los hijos de Israel de exterminarlos, se dan cuenta de que su supervivencia depende de emplear las medidas más brutales. El calvinismo se mantuvo fiel a la forma.

En noviembre de 1541, Calvino emitió sus Ordenaciones Eclesiásticas, un cuerpo de instrucciones que impuso disciplina absoluta a todos los ciudadanos. Las ordenanzas de Calvino imponen la pena de muerte a cualquier oponente; su principal crítico, Jacques Gruet, fue decapitado por blasfemia; otro oponente religioso, Miguel Servet, fue quemado en la hoguera. Otros críticos fueron torturados y decapitados. Calvino alentó la quema de brujas y aplicó despiadadamente sus ordenanzas, creando la teocracia más tiránica y autocrática de Europa.

La importación del Calvinismo a Inglaterra fue calculada para abrir una brecha entre la Iglesia y el Estado. La tradicional Iglesia de Inglaterra tenía como cabeza titular al Rey. La propaganda divisiva del calvinismo llevó al triunfo de Cromwell y a la sustitución de la línea de los Reyes de Stuart por la Casa de Orange-Nassau. La primera víctima de esta purga fue el rey Carlos I, que fue decapitado por los conspiradores. Los detalles de la trama se publicaron siglos más tarde en la publicación de Lord Alfred Douglas 'Plain English', el 3 de septiembre de 1921: "L. D. Van Valckert tomó posesión de los volúmenes que faltaban de los registros de la Sinagoga de Mulheim, perdidos desde las Guerras Napoleónicas, que estaban escritos en alemán. Estos registros tienen la entrada, el 6 de junio de 1647, de O. C. a Ebenezer Pratt, a cambio de apoyo financiero abogará por la admisión de judíos en Inglaterra; esto, sin embargo, es imposible mientras Carlos viva. Carlos no puede ser ejecutado sin juicio, para lo cual no existen en la actualidad motivos adecuados. Por lo tanto, aconseje que Charles sea asesinado, pero no tendrá nada que ver con procurar un asesino, aunque esté dispuesto a ayudar en su fuga. La respuesta vino de Pratt el 12 de julio de 1647: "Concederá ayuda financiera tan pronto como Carlos se vaya, y los judíos lo admiten". Asesinato demasiado peligroso. A Charles se le debe dar la oportunidad de escapar. Su recaptura hará posible el juicio y la ejecución. El apoyo será liberal, pero inútil para discutir los términos hasta que comience el juicio."

Lord Alfred Douglas fue encarcelado posteriormente por haber difamado a Winston Churchill en su periódico, una hazaña que la mayoría de los hombres razonables considerarían imposible.

La trama se desarrolló tal y como Pratt la describió. El 12 de noviembre de 1647, el rey Carlos 'escapó'. Fue recapturado, y durante su juicio subsiguiente, la Cámara se sentó toda la noche, el 5 de diciembre de 1648, finalmente acordando que Carlos negociaría un acuerdo en los términos establecidos por ellos. Esto resultó en la famosa Purga de Pryde. Cromwell, enfurecido porque la Cámara no había dictado sentencia de ejecución, despidió a todos los miembros que habían favorecido un acuerdo con Carlos. Los cincuenta miembros que quedaban eran conocidos como el "Parlamento de la grupa". "Habían usurpado el poder absoluto. Luego, el 9 de enero de 1649, proclamaron un Tribunal Superior de Justicia. Estaba compuesto de niveladores del ejército de Cromwell. El agente de Manasés ben Israel en Inglaterra, Isaac Dorislao, redactó la acusación contra el rey Carlos. Manasseh ben Isreal, quien transmitió los fondos de Ámsterdam para la revolución de Cromwell, es nombrado 'Cromwell's English Intelligencer' por la Enciclopedia Judaica. El 30 de enero de 1657, el rey Carlos fue decapitado en Whitehall.

Cromwell no vivió mucho tiempo para disfrutar de su triunfo. Murió en 1661, lo que hizo posible que el rey Carlos II recuperara el trono. Muchos de los revolucionarios más dedicados de Cromwell emigraron a las colonias americanas, donde han ejercido una influencia perniciosa desde entonces. Los cromwelianos fueron la inspiración que guió el movimiento abolicionista que precipitó la Guerra Civil; han estado entre bastidores en muchos otros desastres en los Estados Unidos.

Debido a que Carlos II estaba ahora en el trono de Inglaterra, los banqueros de Ámsterdam instituyeron una gran depresión financiera en Inglaterra en 1674. Los disturbios causados por este acontecimiento allanaron el camino para que la Casa de Nassau tomara el trono de Inglaterra. Inglaterra hizo las paces con su némesis, Holanda, en 1677. Como parte del acuerdo, Guillermo de Orange se casó con María, hija del Duque de York, quien se convirtió en el Rey Jaime II cuando Carlos II murió en 1685. James se convirtió en el único obstáculo para que William se hiciera con el trono de Inglaterra. Los banqueros de Ámsterdam lanzaron ahora una frenética campaña de soborno a los principales partidarios aristocráticos del rey Jaime II. El primero en sucumbir fue el duque de Marlborough, John Churchill, antepasado de Winston Churchill. Como jefe del ejército, el apoyo de Marlborough era crucial. Aceptó sobornos de unas 350.000 libras de Medina y Machado. El siguiente fue Lord Shrewsbury (Charles Talbot), que había ocupado un alto cargo durante el reinado de Carlos II y de Jaime II. Viendo que la marea estaba cambiando, luminarias como Sidney Godolphin, el Duque de Sunderland y la Duquesa de Portsmouth se acercaron en secreto a aquellos que estaban a favor de la llegada de Guillermo de Orange.

Mientras tanto, Jaime II parecía no ser consciente de la traición que lo rodeaba. Marlborough incluso firmó un renovado juramento de fidelidad a Santiago el 10 de noviembre de 1688. El 24 de noviembre, se unió a las fuerzas de Guillermo de Orange.

Navegando con la fuerza de invasión de William estaba Lord Polwarth, cuyo descendiente, el actual Lord Polwarth, es prominente en la banca y la industria estadounidense e inglesa; Hans Bentinck, un holandés que había cuidado a William durante un ataque de viruela; nombró a su hijo William en honor al Rey. El Conde de Devonshire mantenía correspondencia secreta con William en La Haya; Devonshire accedió a entregar toda el área de Midlands a William, después de firmar una carta histórica en la que le invitaba a tomar el trono de Inglaterra. En los años 30, su descendiente, el Duque de Devonshire, trabajó brevemente para J. P. Morgan en Nueva York; Morgan a menudo se refería a él como 'Señor Inútil'. El heredero de las tierras de Devonshire se casó con Kathleen Kennedy, hija de Joseph P. Kennedy. Murió en acción durante la guerra. Los Devonshires se enfrentaban ahora a la molesta perspectiva de una reclamación de Kennedy sobre sus propiedades. El problema se resolvió cuando Kathleen Kennedy murió en un accidente de avión mientras volaba a Francia para una cita con su amante.

Ahora rey de Inglaterra, Guillermo III nombró a Bentinck el primer conde de Portland. El segundo duque se casó con la fortuna de Cavendish; el tercer duque se convirtió en Gobernador General de la India e hizo los libros de historia cuando abolió la práctica del suttee en 1829. Los que habían ayudado en la invasión de William fueron bien recompensados; han sido las familias más ricas de Inglaterra desde entonces. La primera orden del día fue fundar el Banco de Inglaterra en 1694, la misión para la cual William había sido respaldado por los banqueros de Ámsterdam. Esto hizo de la causa cananea una verdadera potencia mundial. La adhesión de Guillermo colocó el trono de Inglaterra firmemente en la línea de la nobleza negra, donde ha permanecido desde entonces. Lord Shrewsbury se convirtió en uno de los primeros accionistas del Banco de Inglaterra, invirtiendo diez mil libras. Predijo con entusiasmo que el Banco de Inglaterra no sólo financiaría el comercio, sino que también llevaría la carga de sus guerras, una predicción que demostró ser cierta. Como ninguna facción revolucionaria pudo obtener financiación después de que el Banco de Inglaterra tomara el control del dinero de Inglaterra, nunca ha habido otra guerra civil o revolución en Inglaterra. La línea Cavendish-Bentinck, al igual que otros que apoyaron a William, siempre ha prosperado. El actual Duque se casó con una señora Quigley de Kentucky y es director de la firma Rothschild, Rio Tinto. Durante la Segunda Guerra Mundial, fue presidente del Estado Mayor Conjunto (Inteligencia).

Los señores escoceses a un hombre habían sido leales a Jaime II; al primero que se arrodilló ante Guillermo fue Patrick Lyon. Se convirtió en el conde de Strathmore. La hija del decimocuarto conde, Elizabeth Bowes-Lyon, es ahora la Reina Madre de Inglaterra.

Guillermo III pronto tuvo una hermosa amante, Elizabeth Villiers; también dirigió un largo romance con un apuesto joven noble, Arnoldo van Keppel, a quien nombró conde de Albemarle. Cuando Guillermo III murió, dos personas fueron nombradas específicamente en su testamento: el Conde de Portland y el Conde de Albemarle. Ambos recibieron legados de tierras y joyas.

Los cananeos se aseguran de recompensar a aquellos que les sirven bien. Típica fue la carrera de John Buchan, que se casó con Susan Grosvenor. Los Grosvenors (Duque de Westminster) son la familia más rica de Inglaterra, con unos seiscientos acres de bienes raíces en Londres. Durante tres años, Buchan fue secretario privado de Lord Alfred Milner durante la promoción de la Guerra de los Bóer. Milner también fundó las Mesas

Redondas (el actual Consejo de Relaciones Exteriores). Buchan se convirtió en un novelista ampliamente publicado y fue nombrado Gobernador General de Canadá. Le dieron el título de Lord Tweedsmuir. En su autobiografía, "El camino del peregrino", Buchan menciona de paso "a los profetas velados que se encuentran entre bastidores en una crisis". No ofrece ninguna otra identificación. También escribe: "Soñé con una hermandad mundial con el trasfondo de una raza y un credo comunes, consagrados a la causa de la paz." En esta fantasía aparentemente inocua, estaba realmente citando su dedicación a la conspiración cananea mundial, con su pseudo-programa de "los Derechos del Hombre", la Hermandad Mundial, y la paz mundial, todo esto, en realidad, la pantalla de una tiranía universal impuesta por los déspotas cananeos.

El Banco de Inglaterra fue creado como resultado de un regicidio y una conspiración internacional que se apoderó con éxito del trono de Inglaterra. Sin embargo, John Buchan escribió en su autobiografía: "Hace tiempo que comparto la opinión de Lord Rosebery sobre él[Oliver Cromwell] como el más grande de los ingleses. Lord Rosebery había sido el primero de los aristócratas ingleses en casarse con la familia Rothschild. Era de esperar que venerara la memoria del único regicidio de Inglaterra."

Los Rothschilds habían utilizado la red europea de los Illuminati como su correa de transmisión para su rápida adquisición de la estructura financiera del continente. Utilizaron una serie de estratagemas, algunas de las cuales fueron reveladas por Guy de Rothschild en su libro "Caprichos de la fortuna": la correspondencia de los Rothschild siempre se escribía en hebreo; nunca se firmaba, de modo que cualquier firma que pretendiera ser de uno de los cinco hermanos se consideraría una falsificación. Él informa, "Justo después de la Primera Guerra Mundial, el gobierno francés necesitaba pedir prestado dólares. Se pusieron en contacto con la Casa de Morgan, que prefirió, sin embargo, tratar con los Rothschild en lugar de con un gobierno."

Esto fue un poco de júbilo por parte de Rothschild; sabía que la cacareada Casa de Morgan nunca había sido más que un apéndice de la red Rothschild; se le ordenó que se ocupara de la

Casa de Rothschild. También señala: "Mi familia siempre ha sido uno de los principales accionistas de la británica Rio Tinto... tradicionalmente la mitad de la capital era francesa."

Una de las marcas que los Rothschild dejaron en el mundo fue el tradicional escudo rojo del Ejército de Salvación. En el siglo XIX, el Barón Rothschild comenzó a dar considerables sumas de dinero al General Booth de Londres, siempre a través de un representante no identificado. Un día, entró y reveló que él era el misterioso benefactor. Dijo que continuaría con sus donaciones, pero que quería hacer una sugerencia. El Ejército de Salvación podría atraer más atención si tal vez pudiera adoptar algún logotipo distintivo. "¿Qué sugieres?" Preguntó el general Booth. "Supongo que un escudo rojo sería efectivo, ¿no?" dijo el barón Rothschild.

El Ejército de Salvación llevó el escudo rojo por todo el mundo.

Una de las principales agencias de la red cananea ha sido el Rhodes Trust, que ha entrenado a jóvenes en los principios del programa cananita para el poder mundial durante casi un siglo. Cecil Rhodes fue el agente de los Rothschild cuando se aseguró su control sobre las vastas reservas de diamantes y oro de Sudáfrica. Todavía ejercen el control a través de DeBeers (diamantes) y la Ango-American Corporation (oro). Rodas tenía un patrimonio considerable; cuando murió, Lord Nathan Rothschild emergió en 1891 como su único fideicomisario. Este control se amplió más tarde para incluir a otros miembros de la Sociedad de los Electos, R. H. Brand de Lazard Freres, Sir Alfred Beit, otro de los millonarios Rand, el Conde de Rosebery, y Sir Alfred Milner. Este grupo no sólo creó el Rhodes Trust, sino que más tarde financió el Royal Institute of International Affairs y su filial estadounidense, el Council on Foreign Relations.

Después de ganar el control en Inglaterra, los cananeos volvieron a sus prácticas tradicionales como adoradores de demonios. Inglaterra pronto estuvo llena de cultos que encarnaban la brujería, las misas negras y los rituales de sangre. El conde de Pembroke había sido uno de los primeros partidarios de Guillermo de Orange, y un suscriptor de la carta constitutiva del Banco de Inglaterra. La condesa de Pembroke se convirtió en líder de los nuevos "cultos de misterio", junto con su hermano, Sir Philip Sidney, que introdujo la mística en la literatura inglesa con la publicación de su "Faerie Queene", que había dedicado a su hermana.

Humphrey, Duque de Gloucester, también jugó un papel importante en los cultos de misterio. Era descendiente de la nobleza negra, siendo descendiente de los dos hijos bastardos del duque de Normandía, Ricardo el Temerario. Los Gloucesters siguieron a Guillermo el Conquistador a Inglaterra.

El misticismo se convirtió en un tema dominante en la literatura inglesa de este período. Sir Philip Sidney fue muy influenciado por Hubert Languet, un intelectual francés que abrazó abiertamente los "Derechos del Hombre" y lo que ahora se conoce como la "doctrina de la liberación". Habló con frecuencia sobre el derecho del pueblo a la insurrección armada y la legitimidad de la resistencia. El padre de Sir Philip, Sir Henry, había sido un protegido de la poderosa familia Cecil; más tarde fue nombrado presidente de Irlanda.

La obra de Shakespeare contiene muchas influencias místicas, los deleites de Próspero, etc. Uno de los más grandes dramaturgos de Inglaterra, cuya obra es ignorada en gran medida, es Christopher Marlowe. Escribió tres grandes obras de teatro, todas ellas dedicadas a la exposición del culto de misterio: Tamburlaine, El judío de Malta y el Dr. Fausto. Después de completar el Dr. Fausto, murió misteriosamente, siendo apuñalado en lo que se llamó una riña. Se dice que el judío de Malta es una dramatización de la carrera del Dr. Frederigo López, ex médico del Conde de Leicester. En 1593, López fue acusado de conspirar para envenenar a la Reina Isabel; fue ejecutado en la horca en 1594. Algunos estudiosos sostienen que la reina Isabel había estado casada en secreto con el conde de Liecester, Robert Dudley, y que tenían dos hijos, Sir Francis Bacon, que había sido adoptado por Sir Nicholas Bacon, y Robert, conde de Essex. López podría haber oficiado estos nacimientos; su silencio protegería la sucesión al trono. Otros afirman que Bacon fue la persona que escribió las obras atribuidas a William Shakespeare.

Sir Francis Bacon introdujo "la nueva filosofía" en Inglaterra. Se basaba en la teoría de la inducción y "la pirámide del conocimiento", que eran conceptos místicos. Eran los principios del humanismo, como se afirma de una forma más "científica" o plausible. Entre 1350 y 1425, los gremios medievales habían desaparecido por decreto del gobierno, debido al temor de la aristocracia a las demandas de salarios más altos. Bacon comenzó el renacimiento secreto de estos gremios, primero a través del movimiento rosacruz, que se dice que él fundó, y más tarde a través de los masones libres y aceptados (especulativos). Los Rosacruces, o Caballeros de la Cruz Rosa, ostentaban el símbolo de una cruz rosada. El montante era el símbolo de la vida; la barra de la cruz, el símbolo de la muerte. Se decía que el símbolo de la rosa significaba, en primer lugar, el secreto en todas las cosas; y en segundo lugar, la floración de los genitales de la mujer. El culto era conocido en Bohemia ya en 1615, donde un alquimista, el Dr. John Dee, organizó a sus seguidores.

La importante obra de Francis Yates, *La Filosofía Oculta en la Era Isabelina,* remonta parte del trabajo de Bacon al Manifiesto Rosacruz. Yates señala que las obras de Marlowe, con su examen despiadado de las fuerzas detrás del misticismo, pueden haber sido eclipsadas a propósito por las obras más místicas de Shakespeare. El judío de Malta tocó algunos de los secretos más sensibles de la corte de la época isabelina; Tamburlaine es una obra de teatro que expone a un tirano saturnino de color negro (cananita), y una fulminación contra el poder dictatorial. Puede que sea su obra más grande, pero se ha dejado de lado a favor del Dr. Fausto. Esta obra retrata abiertamente el proceso por el cual los cananeos adoradores de demonios, como agentes de Satanás, se comprometen con el Diablo a cambio de riquezas y poder terrenal. La obra de Marlowe retoma el poder de los encantamientos y cantos, fórmulas mágicas, y muestra el estudio del Dr. Fausto, que está adornado con los planetas y los signos del zodíaco. Por otro lado, Shakespeare muestra que había sido fuertemente influenciado por obras cabalísticas, como De Harmonica Mundi de Georgio. Su Mercader de Venecia, aunque frecuentemente denunciado por su supuesto antisemitismo, es en realidad un poderoso alegato a favor de la tolerancia racial.

En obras más recientes, los eruditos ingleses se esfuerzan por negar que Sir Francis Bacon haya tenido alguna conexión con el movimiento rosacruz o con los francmasones. Debido a que se trataba de organizaciones altamente secretas, parece extraño que estos eruditos pudieran ser tan positivos en sus negaciones. Bacon, a quien se le había dado el título de Vizconde de San Albans, se convirtió en el Lord Canciller de Inglaterra. Más tarde fue destituido de su cargo debido a las intrigas de la corte dirigidas por Lord Buckingham. La Royal Society of London fue fundada treinta y cuatro años después de la muerte de Bacon; en 1660, el obispo de Rochester y los demás fundadores rindieron homenaje oficial a las obras de Bacon como base de su Sociedad.

El Oxford English Dictionary ofrece algunas notas sobre los cabalistas durante este período: "Scott Monast.... Solía dudar de la existencia de cabalistas y del pensamiento de los rosacruces en el Subprior." 1891, Rosie Cross. Es común pensar que hay una estrecha relación entre los alquimistas y los rosacruces. W. Taylor, revista mensual. VIII 797, "Los discípulos... han formado en las iglesias un orden esotérico gnóstico o iluminado, más que congregaciones." Esta cita es importante porque muestra que los

Illuminati estaban penetrando las iglesias establecidas. La novena edición de la Enciclopedia Británica identifica el eslabón perdido entre estos grupos como Ignacio de Loyola, que fundó la Orden de los Jesuitas en la Fiesta de la Asunción el 15 de abril de 1541 cerca de Roma; esta fecha es dada por algunas autoridades como 1534. Anteriormente había sido estudiante en Salamanca; a partir de 1520 fue miembro de una secta Illuminati en Salamanca llamada Alombrados; en 1527 fue juzgado por una comisión eclesiástica por su pertenencia a esta secta; fue absuelto. En la Compañía de Jesús, estableció seis grados de avance, que son los mismos que en la francmasonería; sus doctrinas son similares a las de la Mishná judía.

Cuatro Logias se reunieron en la cervecería Goose and Gridiron en Londres el 24 de junio de 1717 para formar la primera Gran Logia de Inglaterra. Jacob Katz, en su libro, *Judíos y masonería en Europa*, dice que los miembros iniciales incluyeron a Méndez, de Medina, Álvarez y Baruch, la mayoría de los cuales eran marranos. Durante el reinado de Isabel, los rosacruces se habían organizado como masones, quizás bajo la guía de Bacon. La Enciclopedia Judaica dice que el escudo de la Francmasonería Inglesa fue diseñado por Jacob Judah Leon Templo. 1717 fue el año en que los Hannover ascendieron al trono de Inglaterra. Bajo el liderazgo del hijo de Jorge III, el duque de Sussex, se unieron las logias rivales de "Antiguo" y "Moderno". Los miembros de la Royal Society, que habían rendido homenaje a Bacon, se unieron a los masones a través del reverendo John Desaguliers, el segundo Gran Maestre de Inglaterra. Elia Ashmole fue una figura importante en el crecimiento de la masonería inglesa. No sólo era una figura intelectual importante, sino que también organizó los diversos cultos de misterio en el sistema de funcionamiento de la francmasonería. Juntos, Lord Acton y Ashmole controlaron la política exterior de William Pitt, así como la Royal Society de Londres, precursora del Royal Institute of International Affairs. El nombre de Ashmole sobrevive hoy en día como el prestigioso Museo Ashmolean de Oxford.

El crecimiento de la masonería en Alemania ilustra el poder de la fuerza cananea que llevó a los Reyes Hannoverianos al poder en Inglaterra. Su éxito se centró en la carrera de Adam Weishaupt, nacido en 1748. A la edad de veintidós años, fue elegido para la cátedra de derecho consuetudinario en la Universidad de Ingolstadt; el cargo había sido ocupado por los jesuitas continuamente desde 1750. Fundó la Orden de los Iluminati el 1 de mayo de 1776. Los otros fundadores fueron el Duque de Brunswick, el Gran Duque Ernesto de Gotha y el Elector de Hesse (cuya transacción con el Rey Jorge III para proporcionar mercenarios de Hesse para derrotar a los revolucionarios americanos fue la base de la fortuna de Rothschild).

El 16 de julio de 1782, Weishaupt combinó formalmente la Orden de los Illuminati con los masones en el Congreso de Wilhelmsbad. Los grupos combinados contaban ahora con más de tres millones de miembros, incluidos algunos de los hombres más poderosos de Europa. Weishaupt era el líder ideal para esta organización, debido a su capacidad de formular ideas y su capacidad organizativa. Escribió: "Los masones libres deben controlar a todos los hombres de todas las clases, naciones y religiones, dominándolos sin compulsión obvia; uniéndolos a través de un fuerte vínculo; inspirándolos con entusiasmo para difundir ideas comunes; y con el mayor secreto y energía, dirigiéndolos hacia este singular objetivo en todo el mundo". Es a través de la intimidad de las sociedades secretas que se formarán estas opiniones. (Munich, 1765, citado por Barruel.)

Lejos de ser un idealista de ojos estrellados o un intelectual fantástico, Weishaupt fue respaldado en su plan para el poder mundial por muchos de los principales banqueros cananeos de Europa; Moisés Mendelssohn de Alemania, Daniel Itzig de Viena; Friedlander, Mayer, Meyer Cerfbeer, Moisés Mocatta, y los hermanos Goldsmid de Londres, Benjamin y Abraham. Permaneciendo detrás de las escenas de las operaciones de Weishaupt, mientras financiaban liberalmente el crecimiento de su movimiento, ellos funcionaban secretamente como el Consejo Soberano Patriarcal de Hamburgo, la Logia Suprema Judía.

Jacob Katz, *Judíos y masonería en Europa*, Harvard Press, 1970, afirma que los francmasones alemanes se originaron en la Orden de la Asiática, de la que era jefe el rico banquero Daniel

Itzig. Itzig también fue el patrocinador de Weishaupt. En 1811, la logia de los albañiles libres de Frankfurt fue formada por Sigismund Geisenheimer (Geisenheimer era el secretario principal de la Casa de Rothschild) y el Rabino Zvi Hirsch, Rabino principal de Frankfurt. Más tarde, Hirsch dirigió el movimiento del judaísmo reformista que formuló el programa político sionista. La logia de Frankfurt enumeraba entre sus miembros a todos los principales banqueros de Frankfurt, los Rothschilds, los Adlers, los Speyers, los Hanuers y los Goldschmidts; más tarde celebraron reuniones conjuntas con el Sanedrín de París. El duque Carl von Hessen de Schleswig se convirtió entonces en el jefe de los albañiles alemanes. Como Landgrave, administró la provincia de Schleswig para sus propietarios ausentes, la monarquía danesa. Su principal emisario era un misterioso "Johnston", del que se decía que era un judío llamado Leicht, Leucht o Becker. Fue arrestado mientras estaba en una misión para el movimiento masónico, y murió mientras estaba prisionero en el Castillo de Wartburg.

Federico el Grande, siendo aún príncipe heredero, fue iniciado en la masonería en Brunswick en 1738. En 1761, fue nombrado jefe del Rito Escocés. Cuando era joven, había visto a su padre decapitar a su amante en un intento de forzarlo a abandonar sus prácticas homosexuales.

Los líderes de la Francmasonería-Illuminati eran conocidos como la Orden de la Observancia de Stricte; eran el Príncipe Carlos de Hesse (Eques a Leoni Resurgente) y von Haugwitz, ministro del gabinete de Federico, conocido como 'Eques a Monte dancti'. Detrás de él había otro grupo, conocido como 'los Invisibles', o los Superiores Desconocidos, que habían sido previamente identificados como el Soberano Consejo Patriarcal.

Desde su inicio, la alianza de los Illuminati y los Francmasones tuvo un programa claramente definido: (1) abolición de todo gobierno ordenado; (2) abolición de la propiedad privada; (3) abolición de la herencia; (4) abolición del patriotismo; (5) abolición de todas las religiones; (6) abolición de la familia, la moral y el control de la educación de los niños; (7) creación de un gobierno mundial.

Este programa puede parecer familiar al lector; se ha encontrado como las instrucciones de trabajo de todos los movimientos revolucionarios del mundo desde 1782; el comunismo, los movimientos de liberación, los luchadores de la resistencia, todos obtienen su programa de este plan básico. También establece los objetivos del humanismo secular en su ataque a la familia y el plan para controlar la educación de los niños. Debido a que constantemente se llevaban mensajes hacia y desde los diversos capítulos de los Iluminati, estas instrucciones fueron confiscadas a los mensajeros capturados y se dieron a conocer a los gobiernos europeos. Incluso entonces, no se tomó ninguna medida, posiblemente debido a los cómplices de los altos cargos. Además, había un obstáculo importante para convencer a las poblaciones amenazadas de la amenaza de los revolucionarios Iluminati. Esta fue la presencia dominante de muchos de los banqueros más poderosos del mundo en el corazón de la conspiración. Era demasiado pedirle al funcionario promedio, o incluso a un miembro del público, que creyera que los aristócratas, terratenientes y banqueros más prominentes del mundo estarían apoyando un programa de este tipo. Seguramente los banqueros no abogarían por la confiscación de la propiedad privada. Seguramente los aristócratas no abolirían el derecho a la herencia. Seguramente los terratenientes con grandes extensiones de tierra no abogarían por la nacionalización de todas las tierras. El problema era que nadie entendía que este era el programa de los cananeos, el cual estaba destinado únicamente a robar y esclavizar al pueblo de Sem. Por supuesto, los banqueros cananeos no tenían la intención de apoderarse de sus propias propiedades. Por supuesto, la nobleza negra no tenía la intención de nacionalizar sus propias herencias. El programa de los Iluminati en ninguna parte declara que este es el plan diseñado para vencer la Maldición de Canaán; que el plan de los Iluminati simplemente formaliza la Voluntad de Canaán como un conjunto de instrucciones de trabajo. La amonestación de Canaán a sus herederos de "robar el amor-odiar a tus amos" era ahora el programa de un grupo mundial de conspiradores. La gente de Shem sigue convencida de que los banqueros no financian el comunismo y que los ricos no renunciarán a sus posesiones. El plan Iluminati-Comunista continúa la batalla de los cananeos contra el pueblo de Sem. Hasta que se den cuenta de esto, la gente de Sem permanece condenada a la destrucción.

Desde la sede de los Illuminati en Frankfurt vinieron los males gemelos cananeos que desde entonces han plagado el mundo, el sionismo y el comunismo. La primera Internacional Comunista estaba compuesta por Lionel de Rothschilds, Heinrich Heine y Karl Marx. Weishaupt había muerto en 1830, a la edad de 82 años; fue sucedido como jefe de los Illuminati por Guiseppe Mazzini, el líder revolucionario italiano. Bajo la dirección de Mazzini, los Illuminati se movieron rápidamente hacia una política de acción más directa, de brotes revolucionarios y de intentos abiertos de tomar y derrocar gobiernos. La Internacional Comunista fue el primer paso en este programa de activismo. Al principio era simplemente conocida como La Liga de los Justos, una rama de los Illuminati. Este grupo comisionó a Karl Marx para escribir el Manifiesto Comunista en 1847; fue publicado en 1848 y fue inmediatamente puesto en circulación en todo el mundo por las oficinas internacionales de la Francmasonería. A lo largo de su larga carrera política, Marx fue conocido por trabajar activamente tanto con los jesuitas como con los francmasones. En 1864, Marx organizó el Partido Internacional de los Trabajadores en Londres; en 1872, lo trasladó a Nueva York, donde se fusionó con el Partido Socialista. Marx recibió un estipendio regular de los periódicos americanos como columnista, empleo que le había sido arreglado por los francmasones.

Mazzini nombró al general Albert Pike jefe de la masonería americana en 1860; Pike sólo se había unido a los masones diez años antes. El 22 de enero de 1870, Mazzini escribió a Pike sobre su plan de establecer un consejo supremo de gobierno de masones secretos de alto grado, que gobernaría toda la masonería; sin embargo, a ninguna federación de masones se le permitiría conocer sobre el Consejo Supremo, un precepto que sigue vigente en la actualidad. La mayoría de los masones niegan enfáticamente que tal consejo exista en cualquier parte de su estructura organizativa. Conocido como el Rito Paladiano Nuevo y Reformado, consistía en tres Consejos Supremos, con sede en Charleston, Roma y Berlín. Los jefes de estos tres consejos se comunicaban diariamente a través de su Arcula Mystica Magic Box, que en realidad era un desarrollo temprano de la radio. En ese momento, sólo existían siete de esas cajas en todo el mundo.

El otro brazo del movimiento revolucionario mundial era el sionismo, que pretendía alistar a la fuerza internacional de los judíos en una campaña para establecer un Estado de Israel como el poder supremo del mundo. Ya que este era también el propósito prometido de la masonería, reconstruir el Templo de Salomón, y llenarlo con toda la riqueza del mundo, la aparición inicial del sionismo vino a través de la masonería. Primero fue conocido como "Judaísmo reformista". "Graetz" *Historia de los judíos*, v. 5, p. 674, dice que: "La primera Logia Masónica Judía, en Frankfurt, fue el corazón del Movimiento de Reforma Judío. En 1842, la Sociedad de Amigos de la Reforma (Judaísmo) de Frankfurt publicó sus principios: (1) la negación de la autoridad legal del Talmud babilónico, sustituyéndolo por el Antiguo Testamento; (2) la negación de que el Mesías los llevaría de regreso a Jerusalén; (3) el servicio en el templo debía realizarse en lengua vernácula; (4) ahora se podía permitir que las mujeres se sentaran al lado de los hombres en la sinagoga, en lugar de ser segregadas, como siempre había sido requerido por el judaísmo ortodoxo. El judaísmo reformista lanzó una serie de programas además del sionismo; el ecumenismo, es decir, la cooperación activa con líderes y congregaciones de otras religiones; el feminismo, la igualdad de los sexos; pero su concepto más importante, que el Mesías nunca aparecería en la tierra para llevarlos de vuelta a Jerusalén, abrió la puerta para la búsqueda de esta meta por el activismo político, es decir, el sionismo. El programa inicial del sionismo político fue abordado por primera vez por el rabino Hirsch Kalisher, un estrecho colaborador de Mayer Amschel Rothschild en Frankfurt. Sir Moses Montefiore y Adolphe Cremieux, fundador de la Alianza Israelita Universal, dieron un nuevo impulso al nuevo movimiento. Sus objetivos fueron muy publicitados por la obra de Moses Hess, un amigo cercano de Karl Marx. Esto es irónico, en vista del hecho de que el actual gobierno soviético profesa estar ideológicamente opuesto al sionismo. Moisés Hess llegó a ser conocido como "el padre del sionismo". Un periodista que fue muy influenciado por sus escritos, Theodor Herzl, se convirtió al activismo, y ahora es conocido como "el fundador del Estado sionista". La Enciclopedia Judaica dice que Moisés Hess fue un judío socialista y nacionalista que dirigió el Movimiento de Reforma, llamando a la colonización de Palestina. Su obra principal, *Roma y Jerusalén*, que tuvo una gran difusión, fue el libro que tuvo un gran impacto en Theodor Herzl.

En 1860, el rabino Kalisher organizó una reunión secreta en su casa de Thoru para recapitular las lecciones que se habían aprendido de la Revolución de 1848. Esta revolución tenía por objeto derrocar a todos los gobiernos de Europa y sustituirlos por gobiernos comunistas. Tuvo éxito sólo en unos pocos casos aislados, como en Venecia, donde Daniel Manini estableció un gobierno comunista. De la reunión de Thoru salió el libro de Kalisher, *Drishal Zion*, en 1861, y más tarde, *Moses Hess, Roma y Jerusalén*. Estas dos obras fueron en gran parte responsables de convertir a los judíos de Europa al programa sionista, el objetivo político de restaurar Palestina al pueblo judío.

Uno de los conspiradores presentes en esta reunión de 1860 filtró el registro de los procedimientos a un escritor llamado Maurice Joly. El culpable tiene fama de haber sido un tal E. Laharane, un confidente de Adolphe Cremieux, jefe de la influyente Alianza Israelita Universal. Poder en la política francesa, Cremieux había obtenido para Laharane el puesto de secretario privado de Napoleón III. Más tarde, Joly publicó las actas bajo el título *Diálogo de los hijos entre Maquiavelo y Montesquieu*, la primera versión del libro que ahora circula bajo el título *Protocolos de Sión*. El material era paralelo a gran parte del texto del libro de Kallisher, *Drishal Zion*, y al discurso del rabino pronunciado por Goedsche en 1868. También coincidió con las actas del Sínodo Judío de Leipzig de 1869. La Conferencia de Kattowitz de Hove Zion 1884 también coincide con el primer conjunto de documentos que aparecieron como Protocolos de Sion; los documentos de Kattowitz habían sido extraídos de la Logia Mizraim de París por un tal Joseph Schorst-Shapiro. Se las vendió a una señora Justine de Glinka, quien las envió al Ministerio del Interior ruso, donde fueron recibidas por el general Orgewsky. Poco después, Schorst-Shapiro fue asesinado en Egipto. La Conferencia de Odessa de Hove Zion y

B'Nai Moshe, dirigida por Ashed Ginsberg (Ahad Ha-am), y su posterior estancia en París en 1894, fueron seguidas por la aparición de los Protocolos tal como se conocen actualmente; fueron publicados por Philip Stepwoff en Moscú. Se trata esencialmente del mismo conjunto de documentos que publicó Sergei Nilus en 1905. Extractos de conferencias leídas en las logias de B'Nai B'Rith en Nueva York en reuniones secretas también fueron extraídas y puestas en manos del Cónsul General de Rusia en Nueva York. Estos extractos coincidieron en todos los puntos con la versión de 1895 de los Protocolos y los extraídos del Primer Congreso de Basilea de 1897. También fueron publicados por B. Butmi en 1901. Fue debido a estos antecedentes bien establecidos que los Protocolos fueron denunciados como "falsificaciones", es decir, como copias no autorizadas.

Debido a su anunciado programa revolucionario, la masonería ha sido prohibida repetidamente por el gobierno europeo, pero nunca en los Estados Unidos, donde ha ejercido el poder político desde 1776. Ha sido repetidamente denunciado por el papado. Holanda prohibió la masonería en 1735; Alemania en 1738; Zurich en 1740; Berna en 1745. Rusia prohibió por primera vez la masonería en 1792, de nuevo en 1822, y por el gobierno soviético en 1922. El 28 de abril de 1738, el Papa Clemente VII emitió "In eminenti", que condenaba a la masonería por su naturalismo y su exigencia de juramentos. Benedicto XIV condenó la masonería en su edicto "Providas" del 18 de mayo de 1751; Pío VII en "Ecclesiam" del 13 de septiembre de 1821; León XIII, "Quo graviora" del 13 de marzo de 1825; Gregorio XVI, "Mirari", 15 de agosto de 1832; Pío IX en seis edictos separados que datan de 1846-1873; León XIII, cinco edictos condenando la masonería de 1882-1902. El general Pike respondió calificando al papado de "enemigo mortal y traicionero" en su carta al gran maestro italiano Timoteo Riboli. El Papado ha sido durante mil años el torturador y la maldición de la Humanidad, la impostura más descarada, en su pretensión de poder espiritual de todas las épocas.

A pesar de estos edictos, el duque católico de Norfolk se convirtió en Gran Maestre de los masones ingleses en 1730; el vizconde católico Montagu, el noveno Lord Petre, que era el jefe de los católicos ingleses, fue también el Gran Maestre de Inglaterra entre 1772 y 1777. El 19 de marzo de 1902, en el quinto de sus edictos de condena de la francmasonería, el Papa León XIII dijo: "La francmasonería es la personificación de la Revolución... cuyo objetivo es ejercer un dominio oculto sobre la sociedad y cuya única razón de ser consiste en librar una guerra contra Dios y su Iglesia". Qué lástima que el Papa León XIII no supiera de la Maldición de Canaán, o que la masonería fuera simplemente la rebelión de Satanás contra Dios, que estaba siendo llevada a cabo en el siglo XX por sus descendientes, los cananeos.

Los jefes de la masonería inglesa durante el siglo XIX fueron el duque de Sussex, hijo menor del rey Jorge II, 1813-43; el conde de Zetland, 1843-70; el marqués de Ripon, 1870; el conde de Limerick, 1871; el príncipe de Gales, más tarde rey Eduardo VII, 1874; Hugh David Sandeman, de la prominente familia importadora de vino, 1895; Lord Ampthill, 1908; el duque de Connaught, hasta 1938. Todos ellos eran importantes aristócratas; el Conde de Zetland se casó con la hija del Conde de Scarborough, más tarde nombrado Virrey de Irlanda 1889-92; era el cuñado del Duque de Westminster, el hombre más rico de Inglaterra; el segundo marqués de Zetland, Lawrence Dundas, llevó la espada del Estado en la coronación del rey Jorge VI; también fue gobernador del Banco Nacional de Escocia, presidente del National Trust, gobernador de Bengala; dirigió las mesas redondas de 1930-32, fue secretario de Estado para la India en 1935-40, fue admitido en la Orden de San Pedro. Juan de Jerusalén, y escribió las biografías de las dos figuras principales de Inglaterra, Lord Cromer, director de la casa bancaria Baring Brothers, y Lord Curzon, Gobernador General de la India.

El marqués de Ripon, George Frederick Samuel, nació en 10 Downing Street cuando su padre era Primer Ministro; se convirtió en Secretario de Guerra y Secretario para la India bajo Lord Palmerston, y fue nombrado Primer Señor del Almirantazgo bajo Gladstone. Fue Secretario Colonial 1892-95, Lord Privy Seal en la Cámara de los Lores, y líder del Partido

Liberal, 1905-08. Su nombre es memorizado en los Estados Unidos por la Sociedad Ripon, un grupo de republicanos "liberales" que han ejercido una influencia considerable entre bastidores en las políticas del Partido Republicano.

El actual conde de Limerick, Patrick Pery, es vicepresidente de la casa bancaria internacional Kleinwort Benson.

El segundo marqués de Ripón renunció como Gran Maestre en 1894 y se unió a la Iglesia Católica; fue tesorero de la casa de la reina Alexandra (esposa del rey Eduardo VII) entre 1901 y 1923; fue cuñado del conde de Pembroke, y se casó con la viuda del cuarto conde de Lonsdale.

El padre de Lord Ampthill, Odo W. Russell, sirvió en la oficina de Lord Palmerston de 1850 a 1952; sirvió en la legación de Florencia de 1957 a 1970 y fue considerado embajador no oficial del Vaticano durante esos años; luego fue enviado como Enviado Especial al cuartel general del ejército alemán en Versalles durante la guerra franco-prusiana. Más tarde se desempeñó como embajador británico en Viena y Berlín. El segundo barón Ampthill fue Gran Maestro de los masones ingleses desde 1908 hasta su muerte en 1935. Se trata de la misma familia Russell que ostenta el título de duques de Bedford, entre ellos Bertrand Russell, el humanista más famoso del siglo XX. El segundo Barón nació en Roma mientras su padre estaba sirviendo allí; se convirtió en presidente de la Unión de Oxford; se casó con la hija del Conde de Beauchamp (su padre tenía el título de Señor de los Puertos de Cinque); su esposa era la Dama de Honor de la Reina María; también era cuñado del Duque de Westminster; se unió a la Orden de San Juan de Jerusalén y sirvió como Gran Maestre de la logia que se había formado en el Banco de Inglaterra, Logia nº 263. Escribió la "Historia de la Logia del Banco de Inglaterra" y fue nombrado jefe de los masones de Madrás, India, antes de convertirse en Gran Maestre de Inglaterra; fue secretario privado del Honorable J. Chamberlain, Gobernador de Madrás y Virrey de India.

Los antecedentes de estos Grandes Maestros prueban que la masonería inglesa siempre ha tenido acceso a los círculos más altos del gobierno; Disraeli, un francmasón, se convirtió en

Primer Ministro; se refirió a 'hombres decididos de la masonería', es decir, aquellos masones que fueron asignados para llevar a cabo las tareas cruciales del asesinato.

Uno de los cananeos que se hizo famoso como un destacado economista inglés, y que todavía goza de amplia influencia en los Estados Unidos, fue David Ricardo (1772-1823), el tercer hijo de Abraham Israel, que era un miembro importante de la comunidad judía de Ámsterdam. Israel emigró a Londres con Guillermo III y más tarde se convirtió en uno de los miembros más ricos de la Bolsa de Valores de Londres, donde trabajó en estrecha colaboración con sus compatriotas. Su hijo, David, se convirtió en amigo íntimo de Lord Nathan Mayer Rothschild, especulando fuertemente con valores del gobierno por consejo de Rothschild. Juntos, se beneficiaron enormemente del golpe financiero resultante de las primeras noticias sobre el resultado de la Batalla de Waterloo. David Israel, ahora conocido como David Ricardo, comenzó a escribir dictámenes económicos con la intención de convertirse en la última palabra sobre cuánto debería pagarse a la clase obrera. Desarrolló una fórmula que se conoció como "el salario de subsistencia", dictaminando que el trabajador nunca debe recibir más del mínimo necesario para su subsistencia. Si su salario aumentara, se le cobraría al gobierno para que se encargara de ello aumentando rápidamente sus impuestos (¿le suena esto familiar a cualquier estadounidense?). Los cananeos en América desarrollaron un nuevo giro con la retención de impuestos, que aseguraba que el trabajador nunca recibiría su salario en primer lugar; sólo recibiría una porción mutilada, de la cual los cananeos ya habían deducido 'su' porción. La sentencia de Ricardo, que también se conoció como "la ley de hierro del salario", significa que bajo ninguna circunstancia el trabajador sería beneficiario de un estallido de generosidad ni siquiera de un pequeño aumento, cuando Rita Ricardo-Campbell, esposa del director de la Institución Hoover y descendiente directa de David Ricardo, llegó a Washington como un miembro clave del personal de Reagan, la Revolución humanitaria anticomunista de Reagan. Se convirtió en la asesora de Reagan en materia de pagos del Seguro Social y pensiones. Las teorías económicas de Ricardo sobre salarios y trabajo también habían sido recibidas con entusiasmo por Karl Marx, quien las adoptó como las directrices por las cuales los trabajadores esclavos de la Rusia soviética son gobernados hoy en día.

El libro de Stephen Knight, *La Hermandad*, revela muchos detalles interesantes sobre la masonería inglesa. Señala que la Ley de Sociedades Ilegales de 1799 exigía que los francmasones sólo pudieran celebrar reuniones si los nombres de los miembros se presentaban a los secretarios de la paz locales; este requisito nunca se ha cumplido. Knight dice que la reina Isabel es la actual Gran Patrona de la Francmasonería inglesa. Una de sus revelaciones más sorprendentes es la información de que entre el cincuenta y el setenta por ciento de todos los jueces ingleses son masones. Los abogados se dan cuenta de que deben unirse a los masones si esperan conseguir clientes. "El Colegio de Abogados es una de las instituciones más masónicas del mundo", dice King. El noventa por ciento de sus miembros son masones. Esto crea grandes desigualdades, porque el Colegio de Abogados es el juez final en cuanto a quién recibirá asistencia jurídica y a quién se la denegará. Un no-Mason no tiene ninguna posibilidad de recibir asistencia legal en una demanda contra un Masón. Esto es típico de la Voluntad de Canaán; la conspiración secreta contra todos los que no son miembros de la tribu.

La conspiración masónica que arroja una sombra sobre los procedimientos legales en Inglaterra no es más que una manifestación de su siniestra influencia. Durante la era isabelina, la fascinación por lo oculto apareció en muchas organizaciones clandestinas; ahora apareció en la era victoriana. La brujería se generalizó, incluso en los círculos más altos de la sociedad, con sus rituales que enfatizaban las drogas que alteran la mente, las plantas y las joyas satánicas. Las orgías y los sacrificios de sangre se llevaban a cabo discretamente en el corazón de los barrios pobres de Londres, y en fincas ancestrales remotas. Uno de los grupos más publicitados fue la Sociedad Hermética del Amanecer Dorado, fundada en 1887 por tres miembros de la Sociedad Rosacruz. Los tres eran albañiles de alto grado y bien conocidos como cabalistas: el Rev. A.F.A. Woodford, el Dr. Wynn Westcott, un forense de Londres, y un escocés llamado Sam Liddell Mathers. Pronto se unieron al grupo William Butler

Yeats, el poeta, y Aleister Crowley, que iba a ser conocido en todo el mundo por su práctica de magia negra.

El propósito de la Sociedad Hermética era adorar a los Diez Sephirotes, es decir, a la Cábala, para que entonces pudieran ser dotados de poderes mágicos y pudieran recurrir a las fuerzas sobrenaturales como sus aliados. Los miembros establecen los Grados de la siguiente manera: Neófito, cuatro grados; Bajo Orden, cuatro grados; y la Tercera Orden, cuatro grados.

Yeats, el principal poeta irlandés, afirmó más tarde que se había unido al grupo para contrarrestar la magia negra de Crowley con su propia magia blanca. Crowley es famoso como el satanista más dedicado del siglo XX. Una vez bautizó a un sapo con el nombre de Jesucristo, y luego lo crucificó lentamente, revelándose en sus agonías. Se dice que participó en 150 asesinatos rituales, la mayoría de ellos de niños. Las víctimas eran normalmente asesinadas con un cuchillo de plata. En sus "Confesiones", escribe, "En México me conocían con el nombre de Bestia 666". Tuve una introducción a un anciano llamado Don Jesús Medina, descendiente del gran Duque de la Armada, y uno de los más altos jefes de la masonería escocesa. Como mis conocimientos cabalísticos ya eran profundos según los estándares actuales, me consideró digno de la más alta iniciación en su poder de conferir; se obtuvieron poderes especiales en vista de mi limitada estadía, y me apresuraron y me admitieron en el 33° y último grado antes de dejar el país. Así, el principal satanista de este siglo fue confirmado como un masón de 33° grado.

Madame Blavatsky se hizo famosa como organizadora de la Teosofía. Ella desarrolló la sociedad después de una estadía en la India; los capítulos indios más tarde quedaron bajo una nube debido al arresto de sus miembros por la práctica de la homosexualidad. Luego se trasladó a Gran Bretaña, donde fundó allí la Sociedad Teosófica, precursora del grupo americano de ese nombre. También fundó la Sociedad Hermética. Su principal asistente en la Sociedad Teosófica, una organización cabalística, fue la Sra. Annie Besant, también conocida como una de las fundadoras de la Sociedad Fabiana en 1884. Los cofundadores de la Sociedad Fabian eran todos masones; eran George Bernard

Shaw, Lord Haldane, Ramsay MacDonald, y Sidney y Beatrice Webb. El grupo tomó su nombre del general romano Fabio, quien fue celebrado por su estrategia deliberada y de largo alcance. El plan de Fabián era esperar, como Fabio Cunctator había esperado para atacar a Aníbal, para esperar el momento adecuado. En Inglaterra, los Fabianos propusieron usar la estrategia del general romano para imponer gradualmente un gobierno socialista tiránico al pueblo de Inglaterra a través de una planificación taimada a largo plazo. Este enfoque conspirativo les ganó a los Fabianos el apodo de "los jesuitas del socialismo". Como parte de su estrategia, en 1890, Annie Baesant se convirtió en la principal agitadora de la industria textil inglesa, centrada en Lancashire.

Durante la década de 1930, los Fabianos organizaron una fuerza de ataque llamada PEP, las iniciales de Planificación Política y Económica. Estaba encabezada por Israel Moses Sieff, el jefe multimillonario del gigantesco imperio minorista Marks and Spencer. En 1931, Sieff distribuyó un documento a los principales miembros de PEP, que fue etiquetado como "Estrictamente confidencial". El programa delineado incluía temas como "Nos guste o no, el agricultor individualista se verá forzado por los acontecimientos a someterse a cambios de perspectiva y métodos de gran alcance". Recibirá instrucciones en cuanto a la cantidad y calidad de sus productos. Esto fue implementado poco después como la Junta de Marketing del Cerdo. Ed.] Él será menos libre de tomar decisiones de marketing y arbitrarias en cuanto a su propio negocio.

La economía planificada debe implicar claramente un aumento drástico de las incursiones en el derecho de propiedad de la tierra. Lo que se requiere... es la transferencia de la propiedad de grandes bloques de tierra. Este programa de PEP fue presentado posteriormente como un libro de texto elaborado por G. D. H. Cole, "Principios de Planificación Económica", en 1935. El libro presentaba la brújula y la plaza de la francmasonería prominentemente blasonada en la portada, aunque nada en el libro identificaba el papel de los francmasones en el programa.

Los directores ricos de PEP no tenían la intención de transferir la propiedad de sus propios grandes bloques de tierra, o de los imperios comerciales que ellos controlaban. Simplemente deseaban apoderarse de grandes bloques de tierras de sus competidores, forzar regulaciones ruinosas sobre sus rivales, en resumen, robar y arruinar a todos menos a su propia pequeña camarilla de cananeos.

Los líderes más activos del PEP fueron luminarias como el Vizconde Astor, Sir Herbert Samuel (Gobernador de Palestina), Sir Herbert Simon, Sir C. M. Joad, el Profesor Gilbert Murray y el Maestro de Balliol. Todos ellos eran masones y miembros del Instituto Real de Asuntos Internacionales. Estaban estrechamente aliados con un grupo llamado la Fraternidad Mundial de Fe. El Segundo Congreso Internacional de este grupo, que se reunió en Londres en 1936, incluyó entre los oradores al Canónigo Barry, al Capellán del Rey Eduardo VIII y al ex Obispo Montgomery Brown. Brown dijo a la audiencia: "La URSS es sólo el precursor del Estado Comunista Internacional que gradualmente absorberá a todos los Estados capitalistas. Si algún gobierno, iglesia o institución se opone o se interpone en el camino del Estado comunista, debe ser derrocado y destruido sin piedad. Si se quiere alcanzar la Unidad Mundial, debe ser a través del comunismo internacional, al que sólo se puede llegar con el solgan: 'Desterrar a los dioses de los cielos y al capitalista de la tierra'. Entonces, y sólo entonces, existirá una completa Fraternidad Mundial de Fe." Esta es una declaración concisa de las ambiciones de la conspiración cananea internacional. Desterrar a los dioses; la rebelión de Satanás contra Dios -la Maldición de Canaán- no había alterado sus consignas en tres mil años de historia registrada.

El rabino Ben Mozeg dijo a la Fraternidad Mundial: "Lo que es cierto es que la teología masónica es sólo teosofía en el fondo, y corresponde a la de la Cábala... Aquellos que se tomen la molestia de examinar con cuidado la conexión entre el judaísmo y la masonería filosófica, la teosofía y los misterios en general... dejarán de sonreír ante la sugerencia de que la teología cabalística puede tener un papel que desempeñar en la transformación religiosa del futuro. Contiene la clave del problema religioso moderno."

Una vez más, los cananeos nos ofrecen la solución a todos los problemas; regresamos a la adoración de Baal, actualizada en el siglo XX, y entramos en una transformación religiosa.

Esta es la copa de cicuta que los Fundamentalistas nos ofrecen.

CAPÍTULO 5

LA REVOLUCIÓN FRANCESA

Es una tarea difícil para un escritor hacer una crónica de las terribles masacres que se han infligido a la gente de Sem. Es aún más inquietante saber que, incluso ahora, se han trazado planes para masacrar a este pueblo de una manera aún mayor y más completa. En la crónica de los Reinos de Terror de la Revolución Francesa, la Revolución Bolchevique y la Revolución Española, a los estadounidenses no se les está ofreciendo otro drama televisivo; se les está dando un anticipo de su propio futuro.

Para quienes viajan hoy por Francia, los horrores de la Revolución Francesa deben parecer remotos. Disfrutar de una cocina inigualable, visitar grandes palacios y contemplar las obras de arte que han hecho que el nombre de Francia sea sinónimo de la creación de arte, es difícil imaginar que las calles y los ríos de esta nación alguna vez fluyeron con la sangre de inocentes, ya que miles de mujeres y niños fueron asesinados en ritos obscenos. Es por esta razón, quizás, que incluso hoy en día, los turistas, o más bien, los extranjeros, son raramente bienvenidos en Francia. En el mejor de los casos, son tolerados en este país justo. ¿No es esto debido a un sentido profundamente oculto de vergüenza, el deseo de ocultar un desagradable secreto familiar que hace que incluso los posaderos, tradicionalmente un grupo hospitalario, mantengan una reserva fresca cuando los turistas llegan agitando su moneda como una bandera? Esto es comprensible, porque la Revolución Francesa, una de las tres grandes orgías de los cananeos que enviaron demonios durante la historia moderna, puede haber sido visitada por el pueblo francés como un castigo deliberado de Dios. Este castigo habría sido una retribución directa por una de las atrocidades menos conocidas de la historia europea, las masacres de los hugonotes durante los siglos XVI y XVII.

Durante los dos siglos anteriores a estas atrocidades, el pueblo de Sem había producido grandes cambios en la situación económica de la nación francesa, transformándola de un estado medieval en el imperio industrial más prometedor de Europa. Debido a sus grandes energías, inteligencia y habilidades, la gente de piel clara de Sem había creado una enorme riqueza y progreso económico en Francia. Durante ese período de crecimiento explosivo, la Francia de ese día se parecía más a la Alemania de dos siglos después, siendo muy productiva, extremadamente inventiva, y haciendo que la tierra floreciera y diera sus frutos. Este progreso, y la riqueza que lo acompañaba, fue visto con gran envidia, y también con temor, por los cananeos que ejercían un gran poder en Francia. Como nobleza negra, habían proporcionado a los guerreros de Normandía que invadieron y conquistaron las Islas Británicas; conspiraron constantemente para extender su poder, y para continuar su larga guerra de exterminio contra el pueblo de Sem. Debido a su gran poder en los más altos cargos de la Iglesia, el Estado y el Ejército, los cananeos comenzaron a preparar el escenario para lo que se conoció como las Masacres Hugonote. Pudieron obtener un apoyo considerable para su plan de los nobles franceses que no eran ellos mismos cananeos, pero que estaban alarmados por el poder económico ganado por el pueblo de Sem, que, como sabían, pronto se transformaría en poder político. También fueron atraídos por las promesas de oro y propiedades que se obtendrían robando y matando al próspero pueblo de Sem.

Debido a su sed de sangre y su constante deseo de sacrificios humanos, los cananeos fueron capaces de convertir las masacres hugonote en una gran orgía de asesinatos rituales. Los niños eran agarrados y arrojados en ollas para ser hervidos, o fritos en grandes sartenes, mientras que la multitud se paraba a gritar y a deleitarse en el entretenimiento. Las familias fueron arrastradas a las plazas de las ciudades y pueblos para ser asesinadas una a una. Nadie se libró del terror de las turbas, ya fueran ancianos o inválidos.

Sus propiedades se repartieron entre los instigadores de los asesinatos, que se apresuraban a encontrar a otras víctimas.

El acto físico de matar a familias enteras ciudad tras ciudad no podía permanecer en secreto, y una corriente de alarma barrió la nación. Muchos miles de hugonotes pudieron huir, dejando atrás sus posesiones, especialmente las de los distritos del norte de Francia. Pudieron cruzar las fronteras hacia los Países Bajos, donde se dieron cuenta de que no eran bienvenidos. La mayoría de ellos se embarcaron hacia las costas de Irlanda, y después de permanecer allí por períodos de hasta cien años, pudieron navegar en avión hacia las costas del Nuevo Mundo.

No es de extrañar que los actos represivos contra los hugonotes comenzaran después de que Catalina de Médicis se convirtiera en Regente con la llegada de Carlos IX. Ya hemos notado que los de Medici pagaron por la formulación de la doctrina del humanismo secular, cuando Cosme de Medici estableció la Academia en Florencia, centrando sus enseñanzas alrededor de la Cábala Cristiana.

La Enciclopedia Británica dice de la regla de Catalina en Francia, "Ella introdujo métodos italianos de gobierno, alternando entre concesiones y persecución, ambos igualmente desprovistos de sinceridad. Catalina inició negociaciones con España para reforzar su plan de masacre de los hugonotes; el 28 de septiembre de 1568, emitió el edicto que puso a los hugonotes fuera de la protección de la ley, una invitación abierta para que comenzaran las masacres. En ese momento, constituían la décima parte de la población de Francia. Su hijo, Carlos Noveno, se dio cuenta de que los planes de su madre serían una catástrofe para la nación, y abrió negociaciones con los líderes hugonotes, con la esperanza de evitar la matanza. Catalina, fiel a su herencia de nobleza negra, conspiró para que la masacre tuviera lugar mientras él tenía a los líderes convenientemente reunidos. La notoria masacre de San Bartolomé tuvo lugar el 24 de agosto de 1572, durante la cual el líder hugonote, Coligny, y todos los hugonotes importantes fueron asesinados. La Enciclopedia Británica señala,

"Esta fecha marca una época desastrosa en la historia de Francia. La masacre de París fue seguida de masacres en toda Francia. Una de las víctimas fue el propio Rey Carlos. Vencido con horror por las atrocidades cometidas por la tragedia de San Bartolomé, murió."

Hay una fuerte posibilidad de que Catalina, sabiendo de su falta de voluntad para proceder con la masacre de los hugonotes, y sus planes de hacer concesiones a ellos, pueda haberle envenenado. Esto, también, habría estado en consonancia con su herencia de nobleza negra. El sucesor de Carlos, Enrique II, también murió violentamente; fue asesinado por el monje Jacques Clement, que creía que él también no estaría dispuesto a proceder con las masacres de los hugonotes.

El Edicto de Nantes, el 13 de abril de 1598, fue un intento de revertir el proceso. Concedió a los hugonotes una carta que les garantizaba la libertad religiosa y política, pero muchos funcionarios la ignoraron y continuaron las persecuciones. Los terribles dragones (1663-83) vieron a muchos protestantes torturados hasta que abjuraron de su fe. El 18 de octubre de 1685, el rey Luis XIV declaró la revocación del Edicto de Nantes. Como comenta la Enciclopedia Británica "...así se cometió uno de los errores políticos y religiosos más flagrantes de la historia de Francia, que en el curso de unos años perdió a más de 400.000 de sus habitantes, hombres que, al tener que elegir entre su conciencia y su país, dotaron a las naciones que los recibieron de su heroísmo, su valor y su capacidad."

Fue la revocación del Edicto de Nantes, más que ningún otro acontecimiento de la historia, la que puso a Estados Unidos en su camino hacia la grandeza. Durante la Revolución Americana, y la redacción de la Constitución que siguió a su victoria, fueron los hugonotes quienes predominaron en cada batalla y cada deliberación. La fortuna de Francia, por otra parte, se hundió en un declive constante, del que nunca se ha recuperado. De hecho, esta nación ha pasado posteriormente de un desastre a otro, entre los cuales no fue el menos importante la Guerra Napoleónica, cuyos excesos ensangrentaron aún más a la nación de sus más valientes y mejores. E. E. Cummings, el poeta americano, solía comentar sobre Napoleón: "Cortó seis pulgadas de la altura de cada francés."

Desde la masacre de San Bartolomé, Francia ha retrocedido en su orgullosa historia. Esto, por supuesto, fue un gran consuelo para su histórico rival, Inglaterra, que no sólo aprovechó las ventajas ofrecidas por el declive francés, sino que parece haber creado bastantes de sus desgracias posteriores. La tasa de natalidad de Francia disminuyó, su dominio de los mares disminuyó, y su tasa de invención disminuyó. Y lo más importante, nunca más volvió a ganar una guerra. A pesar de los grandes éxitos militares de Napoleón, Francia perdió las guerras napoleónicas en Waterloo; fue derrotada por los alemanes durante la guerra franco-prusiana y las sucesivas guerras mundiales, y sus enemigos fueron detenidos y rechazados sólo por la llegada de tropas de América, muchas de ellas de ascendencia hugonote.

Si Dios pudo haber visitado el Reino del Terror sobre el pueblo de Francia como castigo por las masacres de los hugonotes, también se hizo inevitable por su ausencia. Con la influencia sobria y restrictiva del pueblo hugonote alejado de Francia, el camino ahora estaba abierto para todo posible exceso de los cananeos adoradores de demonios. Las orgías sexuales, los escándalos financieros y las intrigas extranjeras se convirtieron en hechos cotidianos entre los altos funcionarios de la nobleza negra, mientras que los reyes de Francia, al no ver otra alternativa que "seguir la corriente", dejaron que reinara la licencia. No fue casualidad que Francia fuera el único país de Europa que sufrió una gran revolución en este momento. Era el único país de Europa en el que el gobierno central se había dejado vencer por los deseos de los peores elementos de la nación.

Todo tipo de herejía floreció en Francia. La ociosidad y la búsqueda del vicio eran lo más importante en la mente de la gente, mientras que la economía estaba siendo paralizada por una plétora de pleitos, algunos de ellos litigaban generación tras generación, lo que creaba malestar en toda la nación. Al igual que en los Estados Unidos de hoy, los prejuicios y la parcialidad dictaron todas las decisiones de los tribunales, y este favoritismo se convirtió en una de las principales causas que contribuyeron al estallido de la Revolución.

La podredumbre era muy alta en la vid. El cuñado del rey, el duque de Orleans, se llamaba Philippe de Égalité por su estrecha identificación con las nuevas fuerzas de "liberación". El duque había sido persuadido por Mirabeau para amalgamar todas las logias azules con el Gran Oriente de Francia; al mismo tiempo, Mirabeau y su mentor, Moisés Mendelssohn, persuadieron al duque para que hiciera algunas inversiones arriesgadas, en las que, como habían planeado, perdió su fortuna. En 1780, debía 800.000 libras. Se vio obligado a ceder su magnífica casa, el Palais Royal, a prestamistas cananeos. Contrataron a de Laclos para convertirlo en uno de los burdeles más elaborados del mundo. Como su ayudante, de Laclos trajo de Palermo al famoso "Conde" Cagliostro, nacido Balsamo, que había tomado el nombre de su madrina. Fue Gran Maestre de los Caballeros Rosacruces de Malta, a los que se había unido a la edad de veintitrés años. Ahora utilizaba el Palacio Real como cuartel general para la propaganda revolucionaria, imprimiendo miles de los panfletos más incendiarios, con los que inundó París. La caída del Duque de Orleans había sido cuidadosamente planeada. Mirabeau había sido un hábito del salón de Henrietta Herz en Viena y París; aquí se encontraba bajo la influencia de Moses Mendelssohn, el fundador de la francmasonería. Se convirtió en la principal herramienta de Mendelssohn y otros conspiradores, incluidos los Rothschild, para precipitar los acontecimientos de la Revolución Francesa. Al mismo tiempo, el gobierno de Inglaterra caía en manos de Lord Shelburne, el famoso William Petty. El Primer Ministro inglés, William Pitt, también había sido maniobrado a una posición en la que fue vencido por deudas onerosas; Petty y sus asociados más cercanos pagaron las deudas de Pitt y, a cambio, dictaron sus decisiones políticas subsiguientes. Lord Shelburne fue el jefe del Servicio de Inteligencia Británico; como tal, fue el autor intelectual del curso de la Revolución Francesa desde Londres. Una de las leyendas más persistentes ha sido el mito de la Pimpinela Escarlata, un quijotesco aristócrata británico que arriesgó su cuello muchas veces para arrebatar a los aristócratas franceses de la guillotina. Si alguna vez existió tal persona, fue superada en número en

Francia por el número de agentes británicos de Lord Shelburne que se encontraban allí, promoviendo los actos más atroces del Reino del Terror entre bastidores, con el fin de asegurarse de que, incluso si la nación francesa sobrevivía a la Revolución, nunca más volvería a presentar una amenaza a las ambiciones del Imperio Británico. Esto resultó ser el resultado.

Mirabeau fue vencido más tarde por los acontecimientos de la Revolución; en un momento de remordimiento, conspiró para salvar al rey Luis de la guillotina. Para evitar un juicio público, fue envenenado rápidamente por los conspiradores, sellando así sus labios contra cualquier revelación futura de la identidad de los verdaderos autores de este horror.

En los últimos días de poder del rey Luis, se promulgaron medidas tras medidas que sirvieron para debilitar aún más la autoridad de la Corona y alimentar el apetito de la muchedumbre. Por ejemplo, la Asamblea Nacional decidió dar ejemplo suprimiendo la esclavitud. Según la Enciclopedia Británica, las medidas que promulgaron, prohibiendo cualquier represalia contra los esclavos, "prepararon el escenario para la terrible insurrección de los negros en Santo Domingo". De hecho, toda la población blanca fue masacrada, siendo reemplazada por un gobierno negro que hoy es la nación más pobre del hemisferio occidental. La Asamblea también abolió la tenencia feudal en Francia, lo que viola los derechos de ciertos príncipes de Alsacia, garantizados por el Tratado de Westfalia. Los estadistas extranjeros vieron que Francia se estaba hundiendo en la anarquía, lo que les dio libertad para seguir sus propias políticas, sin temor a cualquier intervención francesa. El Ministro de Finanzas del Rey Luis, el banquero suizo Necker, fue fiel a su herencia de intriga revolucionaria. Siguió deliberadamente políticas de inflación que causaron un terrible sufrimiento económico en Francia, e inflamaron aún más a la población. Se cree que ha inaugurado esas políticas en obediencia a ciertos banqueros suizos que planeaban cosechar grandes beneficios de la inminente debacle francesa. Después de todo, no fue menos que el barón Rothschild quien aconsejó a los que deseaban hacerse ricos que debían "comprar cuando hay sangre en las calles".

El 10 de octubre de 1789, Talleyrand propuso la confiscación de todas las tierras de la iglesia en Francia. Se creía que era la quinta parte de todo el territorio francés. Esto fue propuesto como una medida económica; los famosos assignats fueron emitidos en contra de estas tierras, en la cantidad de cuatrocientos millones de libras, que más tarde se incrementó a mil ochocientos mil libras. Su trabajo hecho, Necker ahora renunció y dejó Francia en septiembre de 1790. Durante los tres años siguientes de la Convención, se emitieron más de 7.000 millones de libras. Su valor cayó al uno por ciento de su valor nominal.

La inspiración para la Revolución Francesa se remonta directamente a la doctrina del humanismo secular que se había formulado en la Academia de los Médicis de Florencia, y que no era más que una versión modernizada de la Kabbalah. La colocación de "intereses humanos" en primer lugar en todas las cosas creó el clima que hizo posible la guillotina del rey Luis XVI; después de negar a Dios, fue un simple paso negar la autoridad de un monarca que gobernaba por derecho divino. Del humanismo neoplatónico promulgado por los Medicis surgieron los cultos de los Rosacruces y de la Francmasonería. El dictado de Sir Francis Bacon de que "el conocimiento es poder" arrojó el guante a los poderes tradicionales de la Iglesia y el Estado, que luego se dejaron de lado durante la Revolución. La Doctrina Baconiana se desarrolló lógicamente en el Positivismo de Comte, quien afirma que "Dios es sólo una abstracción - él no existe; sólo la humanidad es real". La Ilustración de Descartes, ayudada subrepticiamente por la alianza secreta entre Voltaire y Federico el Grande, ambos masones, llevó a Francia a los excesos de la Revolución.

Los planes inmediatos para la Revolución Francesa habían sido establecidos en la convención internacional de francmasones en Wilhelmsbad en 1781, una reunión más tarde conocida como "el Convento". Asistieron siete hermanos de Inglaterra, entre ellos Lord Shelburne, que más tarde dirigió el progreso de la Revolución Francesa desde Londres, Lessing, Mirabeau, Dohm, delegados de los Illuminati franceses, y Knigge, que representó a Weishaupt. El convento preparó el camino para la Revolución Francesa" (A. Cowan,"Rayos X en la francmasonería", pp. 67-68). Había unas 2000 logias en Francia en 1789, con más de 100.000 adeptos. La primera logia en Francia había sido establecida por Lord Derwenwater de Inglaterra, allanando el camino para la influencia posterior de Lord Shelburne y la Inteligencia Británica.

Los funcionarios franceses pronto se dieron cuenta de que los cesionarios que habían sido emitidos contra las tierras de la iglesia no eran negociables; no podían ser utilizados en transacciones de bienes raíces, porque las tierras de la iglesia podrían ser restauradas, y entonces no tendrían ningún valor; la población se negó a aceptarlas.

Las cosas no mejoraron después de que la Asamblea aprobara leyes de diversa severidad, que imponían sanciones por negarse a aceptar los cesionarios como pago. Las penas oscilaban entre la prisión y la muerte. La firme negativa del campesinado francés a aceptar cesionarios a cambio de sus granos los llevó a ser asesinados. Estos asesinatos desencadenaron entonces un reino del terror en todo el país. Al igual que las anteriores Masacres de San Bartolomé, estas atrocidades habían sido previstas por ciertos actos "legislativos". Los cahiers des doleances negaron impuestos y beneficios clericales, renunciaron a todos sus derechos sobre bienes raíces, ya que las tierras de la iglesia habían sido confiscadas anteriormente, y negaron a la iglesia cualquier privilegio financiero. A esto le siguieron, el 4 de agosto de 1789, las resoluciones de los diputados que abolieron todos los privilegios de individuos y grupos sociales, inaugurando la campaña formal de "descristianización", que duró desde mayo de 1792 hasta octubre de 1794. El 3 de agosto de 1790, la Francia revolucionaria dio plenos derechos a los judíos; la medida fue denegada por trece votos consecutivos, pero los masones la impusieron en el decimocuarto intento.

La propia Asamblea se dividió en dos grupos rivales: los Girondins de Burdeos, que imaginaban una modesta República federada; y las Secciones de París, asentadas en lo alto a la izquierda, y así llamadas la Montaña. Desde ese día, los revolucionarios siempre han elegido a la izquierda como su lugar simbólico. La Montaña estaba formada por cuarenta y ocho secciones de la Comuna de París, liderada por Marat, y compuesta por gamberros y criminales. La Asamblea entera de 655 miembros tenía entre sus miembros a 405 masones.

Marat, cuya persona vino a ejemplificar los excesos de la Revolución, nació en Suiza de padre sardo y madre suiza. Durante la década de 1770, había viajado por Holanda e Inglaterra. En 1772 publicó en Inglaterra una obra titulada *Un ensayo sobre el alma humana*, una obra masónica que hacía hincapié en el misticismo. Un segundo libro, *Las cadenas de la esclavitud*, publicado en 1774, continuó su filosofía radical. Como el último revolucionario, Karl Marx, Marat siempre parecía encontrar apoyo en Inglaterra para su trabajo, principalmente entre los hermanos masones de allí. Andrews University y abrió un consultorio en Pimlico. En 1777, regresó a Francia, donde se convirtió en médico del Conde de Artois, hermano del rey. Con un salario equivalente a cinco mil dólares al año, vivía bien. Incluso pidió un escudo de armas de la nobleza. Comenzó a gastar más de sus fondos en publicaciones, financiando un periódico radical, L'Ami du Peuple. Debido a esta actividad, pronto fue puesto bajo vigilancia. Luego renunció al servicio de Artois, huyendo a Inglaterra, donde permaneció hasta 1790. Viendo que el clima revolucionario estaba maduro para su trabajo, regresó a Francia.

Un conocido describió así a Marat: "Marat tenía los ojos ardientes de una hiena, marcada por convulsiones espasmódicas de sus rasgos, y una caminata rápida y espasmódica. Su rostro era de forma de sapo, marcado por ojos saltones y una boca flácida, su tez de color verdoso, como de cuerpo. Llagas abiertas, a menudo corriendo, marcaban su terrible rostro. No llevaba calcetines y sus botas estaban sucias." Su médico, el Dr. Cabanes, dijo: "El eczema, en una de sus manifestaciones más repugnantes y dolorosas... Un canalón supurante corría desde el escroto hasta su peritoneo, enloqueciéndolo con tormentos. Dolores de cabeza, dolor y fiebre atormentaban su espíritu. Soportó dolores intolerables en sus brazos y piernas." Cabanes concluyó que Marat probablemente estaba en las últimas etapas de la sífilis. Normalmente llevaba una bandana roja sobre su pelo grasiento. En plena Revolución, se casó con Susanne Simone en el Templo de la Naturaleza, un espectáculo de Rousseau ante una ventana abierta. Esta fue la aparición de la criatura que engendró el Reino del Terror.

Con el poder de las Secciones de París detrás de él, Marat se nombró a sí mismo jefe de un Comité de Vigilancia. Luego arrestó a unas cuatro mil personas y comenzó la matanza. Era un domingo, 2 de septiembre de 1792, cuando las primeras víctimas, veinticuatro sacerdotes, fueron llevadas a un jardín, una por una, y golpeadas hasta la muerte. Unas mil doscientas almas fueron asesinadas durante ese mes de septiembre, más de ciento cincuenta fueron masacradas en el convento de las Carmelitas.

Los asesinos predijeron la conveniencia de las armas, tal vez porque estas armas no existían en la época de su preceptor, Baal. Los asesinos preferían la mayor satisfacción de rematar a sus víctimas con hachas, palas y cuchillos. Un cronista de la época, Philippe Morice, escribió: "La alcantarilla se puso roja con la sangre de las pobres criaturas que estaban matando allí en la Abadía. Sus gritos se mezclaban con los gritos de sus verdugos, y la luz que había vislumbrado desde la calle de la Sena era la luz de las hogueras que los asesinos habían encendido para iluminar sus hazañas..." Las cárceles de Chatelet y de la Conciergerie fueron invadidas simultáneamente por dos bandas de asesinos entrenados, que procedieron a matar a doscientas veinticinco víctimas en Chatelet y a trescientas veintiocho en la Conciergerie.

Un observador inglés, el Dr. Moore, informó que las masacres fueron el resultado de una planificación a sangre fría por parte de ciertos políticos. "Los cañones fueron disparados repetidamente, como una toxina para despertar a la población a su sangriento trabajo. Treinta y tres niños de entre doce y catorce años fueron asesinados en Bicetre. En Salpetriere, las niñas de sólo diez años fueron puestas a espada, según la Sra. Roland, quien dijo: "Las mujeres fueron violadas brutalmente antes de ser despedazadas por estos tigres".

En las provincias, las masacres fueron llevadas a cabo por lunáticos, que parecen haber sido especialmente reclutados para este propósito. El más notorio de los asesinos en masa era un Carrier, que se decía que era objeto de frecuentes desmayos, caídas al suelo, espuma en la boca y aullidos y chasquidos a todo el mundo como si fuera un animal. Tenía un deseo obsesivo de torturar y matar a niños pequeños, al igual que su asistente, el jorobado DuRel, un maníaco homicida que se deleitaba en matar a los niños pinchándoles repetidamente el cuerpo con palos afilados. Estos dos locos llevaron a más de quinientos niños y niñas campesinos a un campo a las afueras de Nantes, donde los apalearon hasta la muerte, con la ayuda de inadaptados como ellos que se unieron a la matanza. Carrier era famoso por haber inventado las infames Noyades en el Loira. Grandes balsas de víctimas fueron arrojadas al río, luego se retiraron los tapones y todos a bordo se ahogaron. Unas seis mil personas fueron asesinadas de esta manera. Carrier también observó los ritos de lo que se conoció como "matrimonios republicanos". "Hombres y mujeres fueron despojados, atados como parejas, y arrojados al río. Se *agregan dos a dos las personas de un y otro sexo, todos nuestros y torneos como para ser aceptados.*"

Otro famoso loco, Lebas en Arras, ejecutó primero a todos los ricos que cayeron en sus manos, para poder apoderarse de sus bodegas y de sus joyas. Luego se instaló en una mansión requisada que daba a la plaza del pueblo. Cuando ya no había más ricos, comenzó a matar a los pobres, de los cuales había muchos. Los mató a golpes en la plaza, mientras él y sus amigos miraban desde arriba, celebrando con frenesíes orgiásticos. En Lyon, el 4 de diciembre de 1792, Fouche ordenó atar juntos a unos doscientos hombres y derribarlos con metralla justo fuera de las murallas de la ciudad. El agente de Robespierre, Achard, era un huésped invitado a este espectáculo; le informó a su superior: "¡Qué delicias hubierais saboreado si hubierais visto cómo la justicia natural se aplicaba a doscientos nueve sinvergüenzas! ¡Oh, qué majestad! ¡Qué tono más elevado! Fue emocionante ver a todos esos desgraciados masticar el polvo. Qué cemento será esto para nuestra República: ¡se celebró al aire libre en la bóveda de la naturaleza!"

La plaza Bellcourt contenía algunas de las mansiones más espléndidas de Francia. Habían sido diseñados por Mansart. Fouche los hizo volar, uno por uno.

Una liberal inglesa de visita, Helen Williams, describió la guillotina de veinte muchachas campesinas de Poitou después de haber sido sacadas de la conserjería. Poco después, la propia Williams fue enviada a prisión. El Terror era genuino, no había duda de ello. Tampoco había ninguna duda, como había observado el Dr. Moore, de que estaba siendo cuidadosamente diseñado por políticos y financieros que pretendían beneficiarse de él. Los especuladores llegaron desde Suiza y Renania para beneficiarse de los reglamentos siempre cambiantes emitidos por la Asamblea. Conociendo de antemano estas medidas mediante la distribución juiciosa de sobornos, los especuladores obtuvieron enormes ganancias. El clima de terror se incrementó con la presencia de espías en todas partes; agentes privados que trabajaban para amos invisibles; informadores del gobierno, espías de todas las facciones, y en todas partes los tricteuses dementes, vestidos con harapos, que a menudo se sentaban frente a la guillotina, gritando de alegría por cada cabeza que rodaba en la alcantarilla, y gritando constantemente por más y más sangre. Las masacres fueron cuidadosamente organizadas por los Comités Revolucionarios, cuyos miembros fueron elegidos selectivamente por los Clubes Jacobinos. Los jacobinos eran, todos y cada uno, masones. Durante el Terror, la población de Francia era de 650.000 habitantes; sólo la Guardia Nacional tenía unos 125.000 miembros, y había seis mil miembros de los Clubes Jacobinos. Una Bush, en su importante obra, *Las sociedades secretas y la revolución francesa*, escribió: "La gorra frigia de los Illuminati se convirtió en el sombrero de la población durante la Revolución Francesa; las fantasías semimísticas de las logias se convirtieron en los hábitos de la vida cotidiana."

Los que no eran miembros de las logias masónicas no tenían idea de cómo comportarse, ni siquiera de cómo sobrevivir; sólo los masones se beneficiaban y dirigían todos los aspectos de la Revolución. En la ejecución de Luis XVI en 1793, un anciano masón sumergió sus manos en la sangre real, diciendo: "Te bautizo en el nombre de la Libertad y de Jacques". Se trataba de una referencia al Gran Maestre, Jacques de Molay, que había sido inmolado por el Rey Felipe el Hermoso. La venganza ya estaba en marcha. Muchos de los actos cometidos durante la orgía de terror son increíbles. El destino de la princesa de Lamballe, una agradable aristócrata de mediana edad que había escapado de la ciudad, era típico. Impulsada por la lealtad a su amante, María Antonieta, regresó a París para administrar a su amante. La Princesa fue rápidamente capturada por la multitud, destripada públicamente, y sus partes privadas desfilaron por la ciudad como trofeos del triunfo de la Revolución! Tras el asalto de los Guilerriers, un joven aprendiz cayó en manos de la turba. Una gran sartén fue traída, y un fuego se encendió debajo de ella. Luego fue frito en mantequilla, después de lo cual los revolucionarios disfrutaron de un festín.

Los cementerios de París se convirtieron en escenarios de orgías nocturnas, muchas de ellas ritos místicos que no se habían visto en la tierra desde la destrucción de los templos de Baal. Las tumbas se abrieron y los restos se usaron en ritos diabólicos. Todo esto había ocurrido porque la gente de Francia ignoraba la Maldición de Canaán y la Voluntad de Canaán. Estos horrores, que estaban más allá de la imaginación de cualquier persona cuerda, fueron perpetrados debido a la naturaleza satánica de los cananeos, quienes aprovecharon cada oportunidad para satisfacer su pasión por el sacrificio humano y el canibalismo.

La base ideológica de estas atrocidades había sido consagrada por la Asamblea Nacional el 26 de agosto de 1789, que adoptó formalmente la Declaración de los Derechos del Hombre. Esto condujo directamente a la formación del Tribunal Revolucionario, establecido el 10 de marzo de 1793, que luego creó el Comité de Seguridad Pública. El comité inicial estaba compuesto por nueve hombres; más tarde se amplió a doce, y fue dirigido por Marat. Primero utilizó el Comité para destruir a sus principales oponentes en la Asamblea, los Girondins. El 1 de noviembre de 1793, decapitó a 21 de ellos en un día. Los Girondins representaban principalmente la región de Burdeos; una joven de ese distrito, de buena familia, Charlotte Corday, decidió vengar en privado a sus amigos. Debido a la agonía del deterioro de su piel, Marat pasaba la mayor parte del tiempo en una bañera. Corday lo abordó y lo apuñaló. Fue juzgada y ejecutada ese mismo día. El funeral de Marat se convirtió en otra orgía babilónica, en la que se quemaban grandes cantidades de incienso y se veían por todas partes pirámides simbólicas de papel que representaban su afiliación masónica.

A Marat le sucedieron los otros dos arquitectos del Reino del Terror, Danton y Robespierre. Ellos también iban a ser destruidos pronto por el monstruo que habían desatado sobre la nación. En la Catedral de Notre Dame se celebró un gran Festival de la Razón. El relato de Mercier describe "la población enfurecida bailando ante el santuario y aullando el Carmagnole (la Canción de la Revolución). Los hombres no llevaban pantalones (los sans culottes); el cuello y los pechos de las mujeres estaban desnudos. En su torbellino salvaje, imitaron esos torbellinos, precursores de las tempestades, que arrasan y destruyen todo lo que está en su camino. En las tinieblas de la sacristía, se entregaron a los abominables deseos que se habían encendido en ellos durante el día... la turba aullaba por la adoración de la Virtud en vez de ese esclavo judío y su adúltera mujer de Galilea, su madre."

La blasfemia fue el sello de la Revolución, no sólo la furia que provocó la matanza de cientos de sacerdotes, sino también el impulso de degradar y difamar lo que era más grande que ellos mismos. En la Convención de Clootz, un ateo militante, un hebreo, declaró: "Un hombre religioso es una bestia depravada. Se parece a los animales que se mantienen para ser esquilados y asados en beneficio de los comerciantes y carniceros."

Después de la muerte de Marat, Robespierre alcanzó su pico de poder, siendo nombrado Presidente de la Convención. Para celebrar su elevación, organizó una gran celebración, la Fiesta del Ser Supremo, el 8 de junio, afirmando que significaba el renacimiento de Dios. En *La vida de Robespierre*, escribe G. Renier, "el 28 de julio de 1794, Robespierre pronunció un largo discurso ante la Convención... una filippía contra los ultraterroristas... pronunciando vagas acusaciones generales. No me atrevo a nombrarlos en este momento y en este lugar. No puedo llegar a rasgar por completo el velo que cubre este profundo misterio de iniquidad. Pero puedo afirmar muy positivamente que entre los autores de esta trama se encuentran los agentes de ese sistema de corrupción y extravagancia, el más poderoso de todos los medios inventados por los extranjeros para la destrucción de la República. Me refiero a los impuros apóstoles del ateísmo, y a la inmoralidad que está en su base." Renier comenta: "¡Si no hubiera dicho estas palabras, habría triunfado!"

Como había amenazado con desenmascarar a los Iluministas detrás de la Revolución, Robespierre se había condenado a sí mismo. En ese mismo momento, su archienemigo y mortal rival, Fouche, estaba aprobando la Ley de 22 Prairial, que establecía en su artículo 16 'ninguna defensa para los conspiradores'. En la Asamblea de Thermidor 9, no se le permitió a Robespierre hablar, ni defenderse de sus acusadores. Poco después, fue arrestado en el Hotel du Ville. En la lucha que siguió, le dispararon en la mandíbula. Fue arrastrado a la Conciergerie, aún adornado con su traje para el Festival, un abrigo azul celeste y pantalones de jonquillo. Veintidós de sus partidarios fueron ejecutados primero; luego el propio Robespierre fue conducido a la guillotina. Antes de arrojarlo ante la guillotina, el famoso verdugo, Sansón, le arrancó deliberadamente la venda de la mandíbula a Robespierre. Los espectadores dijeron que gritó como un animal masacrado antes de que la espada descendiera misericordiosamente.

El tercer líder del Reino del Terror, Danton, también fue pronto conducido a la guillotina, y París lentamente comenzó a volver a la normalidad. La reacción inevitable, que fue llamada el Terror Blanco, pronto comenzó. Culminó en el famoso 18 Brumaire, una fecha citada con odio y rabia por los revolucionarios desde entonces. El 18 de Brumaire, Napoleón tomó el poder, y la Revolución había terminado.

Otro desarrollo de la Revolución Francesa fue el desencadenamiento en el mundo de una nueva fórmula para el control de la humanidad, las ciencias sociales. Esta técnica fue desarrollada por un aristócrata encarcelado, el Conde de San Simón, durante su encarcelamiento en el Luxemburgo. Mientras esperaba el juicio, se divirtió desarrollando su visión de un nuevo sistema social, uno que se desarrollaría puramente sobre principios científicos en lugar de realidades políticas. De su concepto surgió todo el sistema socialista de "bienestar social", que demostró ser una herramienta necesaria para imponer el socialismo por parte de los gobiernos de muchos países.

El Terror había ofrecido una gran oportunidad para que los cananeos satisficieran sus deseos inhumanos. Ahora odiaban a Napoleón con toda la pasión de la que eran capaces, porque él les había quitado sus deleites. Después de su caída, se aseguraron de que muriera envenenado lentamente con la administración de arsénico en su comida. Esto fue comprobado ciento cincuenta años más tarde por el examen de su cabello, el cual mostró grandes concentraciones de arsénico. El veneno había sido administrado a Napoleón en la isla de Santa Elena por un agente de confianza de los Rothschild. Para satisfacer aún más su deseo de venganza, estos mismos conspiradores asesinaron más tarde a su hijo pequeño, el duque de Reichstadt.

Fue el propio Duque de Brunswick (conocido como "Aarón" en los Illuminati) quien pronunció la última palabra sobre la Revolución Francesa: "Una secta secreta que trabajaba dentro de la masonería había llevado a cabo la Revolución Francesa y la llevaría a cabo y sería la causa de todas las revoluciones futuras." Monseñor Dillon, escribiendo en 1885, hizo otro comentario: "Por muy subversivas que hayan podido ser -y sin duda lo fueron- las doctrinas de la Gran Orden, no fue la masonería en sí misma, sino el Iluminismo el que organizó el movimiento del que fue la Revolución Francesa, sino la primera manifestación."

El gran historiador francés Hipólito Taine escribió: "¡Libertad, igualdad, fraternidad! Cualesquiera que fueran las grandes palabras con las que se adornó la Revolución, fue esencialmente una transferencia de propiedad."

La exitosa conclusión de las Guerras Napoleónicas encontró a los Rothschild en control indiscutible de esa propiedad. Celebraron el Congreso de Viena para celebrar sus grandes victorias. Von Gentz, secretario del Príncipe Metternich, señaló que nunca hubo realmente un Congreso de Viena; los Rothschilds simplemente dictaron la firma del Acta Final, en junio de 1815, a las cuatro grandes potencias. Von Gentz comenta: "El verdadero propósito del Congreso era dividir entre los conquistadores el botín de los vencidos."

El Congreso de Viena estuvo encabezado oficialmente por Lord Castlereagh, Ministro de Relaciones Exteriores de Gran Bretaña, y su medio hermano, Lord Charles Stewart, que actuaba como Embajador Plenipotenciario en Viena. Lord Aberdeen, Lord Cathcart y Lady Burghe, sobrina del Duque de Wellington, también representaron a Gran Bretaña. La princesa Thurn und Taxis organizaba encuentros nocturnos en su sala de estar entre Talleyrand y el zar de Rusia. Durante estas reuniones, Talleyrand traicionó rutinariamente al pueblo francés. Casi toda la realeza de Europa estuvo presente en Viena para el Congreso. Se reunieron en el Teatro de la Ópera para un concierto especial de Beethoven, que él dirigió.

Debido a que Inglaterra era la potencia victoriosa, la supremacía mundial del poder naval británico fue aceptada sin lugar a dudas por los miembros del Congreso. Un asunto importante fue la aprobación de las leyes del 20 y 29 de marzo de 1815, que garantizaban permanentemente la neutralidad de Suiza. Estos actos no sólo garantizaron que Suiza siguiera siendo la nación en la que las revoluciones del mundo podían ser planeadas, sino también que las ganancias mal habidas de esas revoluciones estuvieran garantizadas por un depósito de seguridad y un seguro contra la confiscación por parte de las víctimas de los robos.

Lord Castlereagh se dirigió más tarde a la Cámara de los Comunes en este informe sobre el Congreso: El Congreso de Viena no fue reunido para la discusión de los principios morales, sino para grandes propósitos prácticos, para establecer provisiones efectivas para la seguridad general. Una de estas disposiciones fue la creación por Nathan Mayer Rothschild de un Comité Especial Alemán en el Congreso para elaborar una concesión de derechos a los judíos alemanes. Esta disposición se incluyó en el Acta final, que luego se anunció como el establecimiento del "equilibrio en Europa", la famosa doctrina conocida más tarde como "el equilibrio de poder". De hecho, la Inteligencia Británica, dirigida por Lord Shelburne, había operado toda la Revolución Francesa desde Londres como un complot masónico para librar a Inglaterra de su rival más antiguo e histórico. Después de 1815, Francia no volvió a amenazar a la hegemonía británica. No era un equilibrio de poder en absoluto; era el triunfo del sistema hegeliano.

Los Borbones se habían convertido en una familia gobernante débil e ineficaz: Lord Castlereagh los restituyó formalmente al trono en el Tratado de París, sólo porque serían un factor importante que contribuiría a la debilidad futura de Francia.

Castlereagh, Marqués de Londonderry, era considerado el político más poderoso del mundo. Era el ahijado de Lord Camden, quien, junto con Lord Shelburne, había prestado grandes sumas de dinero al Primer Ministro de Gran Bretaña, William Pitt; a partir de entonces, pudieron controlarlo para sus propios propósitos taimados. Lord Shelburne, William Petty, fue denunciado por Edmund Burke como "una Catalina o Borgia en moral", lo que sin duda era cierto. Henry Kissinger modeló abiertamente sus propias técnicas diplomáticas sobre las de Lord Castlereagh. En su libro *Un mundo restaurado*, que dedicó a McGeorge Bundy (de la Hermandad de la Muerte), Kissinger escribió: "Hay dos maneras de construir un orden internacional: por voluntad o por renuncia; por conquista o por legitimidad." El "mundo restaurado" al que Kissinger dedicó su carrera fue, por supuesto, la continuación del Orden Mundial Rothschild que se había establecido en el Congreso de Viena. Su ídolo, Lord Castlereagh, aparentemente tuvo algunas dudas sobre las consecuencias de su diplomacia. Regresó a Londres desde Viena creyendo que había logrado un gran triunfo personal tanto para sí mismo como para su país. Después de examinar los resultados reales del Congreso de Viena, se dio cuenta tardíamente de que había entregado todo el continente europeo a los Rothschild. El 12 de agosto de 1822, tuvo una emotiva audiencia con el rey Jorge IV, informándole, "Señor, es necesario decir adiós a Europa." Luego se fue a casa y se cortó la garganta, acuchillándose la arteria con una pequeña navaja.

Esta historia tiene un significado aún más interesante hoy en día. Un socio principal de los Rothschilds en sus operaciones de transporte en todo el mundo es el financiero, Sir James Goldsmith. Está casado con la hija del actual Marqués de Londonderry, descendiente de Lord Castlereagh. Este es el tercer matrimonio de Goldsmith. Se casó por primera vez con Isabel

Patino, heredera de la gran fortuna del estaño, cuando ella tenía sólo veinte años. Murió misteriosamente. El orfebre se casó entonces con la sobrina del Conde de París, el pretendiente borbónico al trono de Francia. Más tarde se casó con el descendiente de Lord Castlereagh.

En los cuarenta años transcurridos desde que Mayer Amschel convenció al electorado de Hesse para que le permitiera invertir su fortuna (el dinero que le pagó el rey Jorge III por los mercenarios de Hesse, que tenían la intención de aplastar a los revolucionarios americanos y mantener el control de las colonias americanas), los Rothschilds habían recorrido un largo camino. Habían convertido el dinero del Elector en su propia fortuna mundial. Hasta ese golpe de buena suerte, no habían sido de ninguna manera la familia más importante en la jerarquía de préstamos de dinero de Frankfurt. Había habido un contingente judío considerable en Fráncfort del Meno desde el año 625 d.C. En 1265, se firmó un pacto que les permitió permanecer. Sin embargo, en 1614, la Judengasse fue saqueada. Unos 1390 judíos vivían allí en esa época. En 1615, las puertas de la Judengasse habían sido colocadas con la advertencia "Bajo la Majestad Imperial Romana y la Protección del Santo Imperio Romano". En 1715, había unas 415 familias en la Judengasse, de las cuales 109 eran prestamistas; también había 106 ferreteros; las familias restantes se dedicaban a negocios de ropa de segunda mano o de frutas. De las doce familias más ricas en 1715, las Speyers eran las más ricas, con una fortuna de 604.000 florines; luego vinieron las Goldschmidts, las Wertheimers, la familia Haas, etc. No. cuatro la lista eran los Rothschild, con 109.375 florines. Exactamente cien años después, los Rothschild eran los amos de Europa, dictando los términos en el Congreso de Viena. Pidieron entonces un noble escudo de armas con una corona real, en la que figuraban el Leopardo de Inglaterra y el León de Hesse. Esta solicitud fue denegada en 1817, pero después de una tremenda presión financiera sobre el gobierno, fue finalmente concedida en 1822. Al año siguiente, los Rothschild se hicieron cargo de todas las operaciones financieras de la Iglesia Católica mundial. Del cabeza de familia, Sir Nathan Mayer Rothschild, señaló el Diccionario de Biografía Nacional: La influencia de su empresa y de sí mismo comparada con la del Banco de Inglaterra; después de la muerte de Sir Moses Montefiore Rothschild casi se puede decir que es el líder generalmente autorizado de los judíos del mundo.

El éxito de la Revolución Francesa, que en realidad fue un golpe de estado, se debió a la reorganización de los francmasones en Francia. La Logia Francesa original tenía sólo tres grados; los 33 grados del Rito Escocés Antiguo y Aceptado, los grados revolucionarios, fueron entonces introducidos; esto garantizó el éxito de la conspiración. Después de la Revolución, el Consejo Supremo de la Orden se reunía generalmente en París. La Logia Judía de Frankfurt, *L'Aurore Naissante*, el Amanecer Ascendente, había sido autorizada por la Gran Logia de París en 1808. El Rito Escocés siempre fecha sus documentos oficiales en los meses hebreos. El 18 de septiembre de 1885, el Boletín del Gran Oriente de Francia llamó abiertamente a la destrucción de la Iglesia Católica. En 1886, el Congreso Internacional del Gran Oriente continuó el llamado a las armas con la batalla "¡Guerra a Dios!" El campo de batalla político de la francmasonería se concentró entonces en Italia, de ahí el llamamiento a la guerra contra la Iglesia Católica. No hubo una Revolución Italiana posterior, como había ocurrido en otros países, especialmente en Francia, porque la zona era demasiado difusa; el único enemigo central en Italia era el poder de la Iglesia. Los "liberadores" italianos, Mazzini y Garibaldi, eran los principales masones de las logias. Una vez más, se limitaban a cumplir las instrucciones de la Inteligencia Británica. Era nada menos que un personaje que Lord Sackville, que había introducido la masonería en Italia en 1733. La influencia británica fue dominante cuando Lord Palmerston, con la ayuda de Cavour, guió a los "libertadores" en su captura de Roma y en la detención del Papa.

El ascenso al poder en Francia de Luis Napoleón, más tarde conocido como Napoleón III, fue otro triunfo de los conspiradores cananeos. Luis Napoleón había nacido de la reina Hortense en 1808. Su residencia en París fue también la sede de la Casa de Rothschild; más tarde se convirtió en la residencia privada de James de Rothschild; el edificio fue derribado en 1968.

El general Spiridovich, una autoridad de la época, afirma inequívocamente que era de dominio público que Napoleón III era un Rothschild. Napoleón III fue también un conocido miembro de los Carbonari, un grupo de nobles italianos que fueron los líderes de los güelfos, o la nobleza negra, en Europa. La Alta Vendita era el Director Supremo de los Carbonari, cuyas órdenes debían ser obedecidas bajo pena de muerte. Cuando Luis Napoleón fue proclamado emperador en 1851, los Carbonari se apresuraron a consolidar sus conquistas en Italia. Un grupo masónico internacional dirigido por Lord Palmerston, que también incluía a Kossuth, Lemmi y otros, se había reunido en Londres en 1860 para planificar su estrategia para tomar el control absoluto en Italia. Cuando Garibaldi ocupó Nápoles, un grupo de masones ingleses estaba a su disposición para ayudarle.

A pesar de sus orígenes cananeos, Napoleón III ofendió profundamente el orden mundial cuando organizó su golpe de estado en diciembre de 1851 y tomó el poder en Francia. Para expiar su falta de disciplina, su hijo, el Príncipe Imperial, fue asesinado más tarde. Nada menos que Gambetta, ex primer ministro, cuyo secretario fue Adolphe Cremieux, fundador de la Alianza Israelita Universelle, dijo: "La muerte providencial del duque de Reichstadt[hijo de Napoleón I] ha sido la pena para Brumaire[cuando Napoleón I tomó el poder]. Le juro que en diciembre de 1851,[el golpe de estado de Napoleón III] también será castigado. En 1879, el Príncipe, que entonces tenía veintitrés años, se unió a una expedición británica contra los zulúes, porque había sido proscrito en Francia. Desarrolló una misteriosa fiebre en el barco hacia África, pero se recuperó. Luego se le asignó un ayudante, el teniente-------- , un francmasón, quien más tarde lo convenció para que fuera once millas más allá de los límites del reconocimiento prescrito, donde establecieron el campamento. Cuando el Príncipe montó su caballo (durante un ataque), la correa se rompió; había sido cortada por la mitad, aunque era una correa de cuero nueva. Murió por diecisiete lanzamientos de jabalina de los zulúes. Adrien Paillaud cuenta esta historia en *La Mort du Prince Imperial*, París, 1891. Paillaud escribió: "En el momento de la partida del Príncipe de Francia a Inglaterra, un diputado republicano masón dijo: "Nunca más lo volverás a ver[al príncipe]". No pretendo ser un profeta, pero, créeme, el

Príncipe será asesinado en el Zulú. El diputado era un amigo cercano de Gambetta. El 19 de mayo de 1879, un periódico radical anunció que el Príncipe había sido asesinado. Una logia masónica en el Cabo había enviado un mensaje a París; sin embargo, ese día los zulúes no habían aparecido. En una expedición posterior, el Príncipe fue asesinado, el 1 de junio. Esta circunstancia notable fue notada en una obra de gran éxito, "Thy Wife of Claudius", de Alexander Dumas en París. El héroe, dice Daniel, "La diáspora no nos ha dispersado; al contrario, nos ha extendido en todas las direcciones. En consecuencia, enredamos al mundo entero en una red, por así decirlo."

CAPÍTULO 6

LA REVOLUCIÓN AMERICANA

L a historia de los Estados Unidos comienza con su "descubrimiento" por Colón en 1492, si ignoramos los numerosos viajes que los aventureros habían hecho a esta tierra durante unos mil años. El 5 de marzo de 1646, el rey Enrique VII concedió la patente de las cartas a Juan Cabot (un genovés llamado Giovanni Caboto) y a sus tres hijos, Lewis, Sebastián y Santius. A los cabots se les dio el derecho de poseer todos los "pueblos, ciudades, castillos e islas" que pudieran descubrir. Cabot aterrizó en Labrador el 2 de mayo de 1647. Sus descendientes se convirtieron en importantes líderes en Nueva Inglaterra.

El primer cuerpo de leyes para la nueva tierra, el Mayflower Compact, había sido firmado por los pasajeros en el Maynower el 11 de noviembre de 1620, como sigue: "En el nombre de Dios, amén. Nosotros, cuyos nombres están suscritos, los Súbditos Leales de nuestro temido Soberano, Lord King, por la Gracia de Dios, de Gran Bretaña, Francia e Irlanda, King, Defender of the Faith, etc."

"Habiendo emprendido para la Gloria de Dios, y el Avance de la fe Cristiana, y el Honor de nuestro Rey y País, un Viaje para plantar la primera colonia en las partes norteñas de Virginia; Hagan por estos Presentes, solemne y mutuamente en la Presencia de Dios y unos a otros, un pacto y combinarnos en un Cuerpo Civil Politick, para nuestro mejor Orden y Preservación, y para el Avance de los Fines antedichos; Y por virtud de esto, promulgamos, constituimos y enmarcamos, de vez en cuando, actos, ordenanzas, actos, constituciones y oficios justos e iguales, según se considere más conveniente y conveniente para el Bien general de la Colonia; a los cuales prometemos toda la debida sumisión y obediencia. En TESTIMONIO de lo cual hemos suscrito nuestros nombres en Cape Cod el 11 de noviembre, en el Reino de nuestro Soberano Lord James de Inglaterra, Francia e Irlanda, el dieciocho y de Escocia el cincuenta y cuatro.

Anno Domini 1620. Firmado, William Mullins y otros."

11 John Dee, *General and rare memorials*, 1577, title-page

Así, el primer acuerdo legal o constitución en el Nuevo Mundo fue seguido en 1661 por una Declaración de Libertades, fechada el 10 de junio de 1661, en la Corte General, que incluía: "2. El Gouvernor & Company son, por la patente, un cuerpo político, de hecho y nombre. 3. Este cuerpo político está investido de poder para hacer libres a los hombres libres..." Esta Declaración es un documento importante en la historia de esta nación, porque anunció que ahora poseíamos el poder de la soberanía, es decir, el derecho de hacer libres a los hombres libres. El 2 de octubre de 1678, los colonos anunciaron audazmente que "las leyes de Inglaterra están limitadas dentro de los mares helados, y no llegan a América."

De las colonias, el erudito J. R. Pole dijo que Virginia era la más parecida a Inglaterra. Esto se debió probablemente a que era la más masónica de las colonias. Fue gobernada desde Londres por los Lords of Trade, antes conocidos como la Junta de Comercio, por la Compañía de Londres y la Compañía de Virginia, y la ley por la cual ellos gobernaron era la Ley de Almirantazgo. (p. 59, 'Royal Government in America', Leonard Woods Labaree, Yale, 1930.) En 1723, el gobernador de Virginia, LL Drysdale, promulgó un impuesto de 40 chelines por cada esclavo traído a la provincia. Una protesta contra este impuesto surgió inmediatamente de los principales traficantes de esclavos ingleses, la Royal Africa Company, compuesta por 'diversos comerciantes que comercian en África', la South Nun Company, y la Liverpool Corp. y el Alcalde, Concejales y Comerciantes de la antigua y leal Corporación de Liverpool. El derecho consuetudinario inglés dictaminó en los tribunales; omitió todas las pruebas del expediente.

Fue este espíritu de libertad de los colonos, muchos de ellos procedentes de Francia y refugiados hugonotes, lo que en un primer momento hizo temer en Londres que la Nueva Tierra siguiera siendo una provincia digna de ser tratada por la potencia británica. Desde el principio, muchos de los colonos en Estados Unidos se consideraron independientes en realidad, si no políticamente. Londres era una presencia lejana, y en la mayoría de los casos, los colonos fueron abandonados a su suerte. La gente de Sem había encontrado su tierra prometida, donde podían construir el tipo de civilización que requerían, y donde podían criar a sus familias, libres al fin de los temibles cananeos y de su adicción al sacrificio humano y al canibalismo.

Sin embargo, los cananeos no habían perdido de vista a su presa, por muy lejana que fuera. Tenían la fórmula para controlar a cualquier pueblo, la organización subversiva de la Orden Masónica de los Cananeos. La Enciclopedia Judaica señala que

Moses M. Hays fue nombrado inspector general de la masonería norteamericana en 1768. Benjamin Franklin había sido Gran Maestro en Filadelfia desde 1731. Hays pronto trajo el Rito Escocés a los Estados Unidos, presentándolo en el Newport Lodge en 1780. La organización Franklin Masonic había sido autorizada por Lafayette, quien más tarde apoyó a Benito Juárez en la Revolución Mexicana. Hasta el inicio del Rito Escocés, una organización rival establecida por el Duque de Orleans, los banqueros suizos y la Inteligencia Británica, Franklin había sido el principal organizador masónico de las colonias. Para 1785, se habían establecido cinco logias de los Illuminati en América. Estaban dirigidos por un grupo de neoyorquinos, entre ellos Clinton Roosevelt, Charles Dana, el gobernador DeWitt Clinton y Horace Greeley. Roosevelt escribió más tarde un influyente libro, *La Ciencia del Gobierno Fundada sobre Causas Naturales*, que se convirtió en el libro de texto para la implementación de los programas Illuminati en América.

La Revolución Americana difirió sustancialmente de las revoluciones de Francia, España y Rusia. No fue un levantamiento local contra los amos opresores. Más bien, fue la toma de posesión de la propiedad por parte de aquellos que habían trabajado para desarrollarla, y que sentían que no debían nada a los propietarios ausentes, la Corona Británica. La Revolución estaba en gran medida libre de las turbas, los Reinos del Terror o las atrocidades generalmente asociadas con los levantamientos masónicos cananeos controlados. Sin embargo, el mismo maestro británico de espionaje, Lord Shelburne, que había dirigido la Revolución Francesa desde Londres, se las arregló para colocar a muchos de sus agentes en posiciones cruciales entre los revolucionarios estadounidenses. Estos agentes aparecieron en las vistas durante los tiempos críticos y fueron presentados como patriotas capaces y atrevidos. Así como los banqueros suizos habían influido en la Corte Francesa al colocar a su agente, el financiero Necker, en una posición clave para precipitar una depresión económica, así también Lord Shelburne mantuvo un papel decisivo en la manipulación de las fuerzas estadounidenses durante la Revolución. El más famoso de ellos fue Benedicto Arnoldo, cuyo nombre sigue siendo sinónimo de traición. Arnold no era más que el oficial más visible de una red mucho más amplia que había sido creada por la familia Mallet-Prevost, el nombre más importante del espionaje suizo. Agustín Prevost se convirtió en Gran Mayordomo de la Logia de la Perfección que se estableció en Albany en 1768. Salomón Bush se convirtió en subinspector general masónico de Pensilvania en 1781, y Abraham Forst de Filadelfia fue nombrado subinspector general de Virginia en 1781. El 5 de octubre de 1785, los registros masónicos señalan que el"Hermano Agustín Prevost, un Príncipe del Secreto Real, era un visitante. En retrospectiva, encontramos que los agentes masónicos se movieron libremente de un lado a otro entre las zonas británicas y las áreas controladas por los americanos a lo largo de la Revolución. Durante una batalla, un regimiento inglés perdió sus objetos de valor masónicos. Éstos fueron devueltos rápidamente por el general George Washington bajo una bandera de tregua y escoltados por una guardia de honor. Después de la batalla de Yorktown en 1781, se ofreció un gran banquete en el que los masones británicos, franceses, alemanes y americanos se sentaron y celebraron juntos.

La familia Prevost en Ginebra, Suiza, fue uno de los miembros más poderosos del Consejo de Gobierno de 200. El ya mencionado General Agustín Prevost, Príncipe del Real Secreto, comandó las fuerzas británicas en Norteamérica durante toda la Revolución; su hermano, Mark Prevost, fue su segundo al mando. Escribieron las órdenes para el Mayor Andre, quien "dirigió" la operación de traición de Benedict Arnold. Atrapado en el acto, Andre, hijo de un influyente banquero mercantil suizo, no pudo ser salvado. Fue ahorcado por los americanos que lo habían capturado. El traidor más famoso de Estados Unidos, Benedict Arnold, pasó los años de la posguerra cómodamente en Inglaterra. El hijo del General Augustine Prevost, Sir George Prevost, fue comandante de las fuerzas británicas en Norteamérica durante la Guerra de 1812.

Al final de la Guerra Revolucionaria, la mayoría de los estadounidenses creían que habían ganado su independencia de Gran Bretaña. Ahora son libres de perfeccionar un instrumento de gobierno que les garantice a ellos y a su posteridad la independencia a perpetuidad. El resultado de la convención del pueblo de Shem fue la Constitución de los Estados Unidos, un documento notablemente simple pero increíblemente completo.

Les garantizó su independencia principalmente porque deliberadamente excluyó a los cananeos de la participación en el gobierno. Era un documento genuinamente racial, escrito por y para la gente de piel clara de Sem. Sus disposiciones se redactaron explícitamente para que no sean aplicables a nadie más. Debido a que fue escrito como un documento Shemitic, que había sido redactado para proveer la seguridad del pueblo Shemitic, cualquier alteración o dilución futura de esta "intención original" de la Constitución sería un acto anti-Shemitic. El propósito principal de la Constitución de los Estados Unidos era proteger a los ciudadanos libres de cualquier intrusión de una agencia gubernamental cananea, arbitraria y tiránica. La subsiguiente erosión gradual de estas disposiciones de la Constitución y su sutil alteración para permitir y alentar los ataques contra los ciudadanos libres de los Estados Unidos por parte de un gobierno demoníaco cananita centralizado, constituye un ataque racial y religioso muy grave contra el pueblo de Sem. Por lo tanto, todas las modificaciones posteriores de esta Constitución, que fueron promulgadas con este propósito en mente, constituyen un ataque injustificado y flagrante inspirado por el deseo de cometer persecución racial y religiosa, con el propósito último del genocidio total del pueblo de Shem.

Durante los siguientes doscientos años, todos los argumentos a favor y en contra de la Constitución, presentados en nuestros tribunales de justicia y, en particular, en el Tribunal Supremo de los Estados Unidos, han sido inútiles, porque se han negado a mencionar el propósito explícito de la Constitución, la protección del pueblo de Shem de la persecución racial y religiosa. Muchos eruditos admiten libremente que la Constitución fue escrita para limitar los poderes del gobierno y para garantizar las libertades del pueblo, pero como estas discusiones nunca mencionan quiénes son estas "personas", las discusiones nunca se acercan a la realidad. Ciertamente la Constitución cita ciertos"derechos" básicos, pero estos derechos sólo se aplican al pueblo de Sem. Es imposible citar la Constitución al discutir los derechos de los papúes o eslavos, porque este documento nunca fue concebido para tales aplicaciones. Lo que los cananeos han logrado es deformar o estirar la Constitución de los Estados Unidos hasta que su intención original, expresada explícitamente en su lenguaje, se haya ampliado para abarcar a todos los pueblos del mundo; nuestra Constitución actual es nada más y nada menos que una Carta de las Naciones Unidas, y así es precisamente como los jueces estadounidenses ahora"interpretan" la Constitución. Cada una de estas interpretaciones no es sólo un acto de alta traición, sino también un acto de agresión contra el pueblo de Sem. Las Constituciones estatales también fueron explícitas en su dedicación a la religión cristiana del pueblo de Sem. La Constitución de Carolina del Norte, 1776, requería, "Que ninguna persona que niegue el Ser de Dios o la verdad de la religión protestante... sea capaz de ocupar ningún cargo o lugar de confianza con fines de lucro". Esta disposición estuvo en vigor hasta 1830. La Constitución de Delaware, 1776, requería que "Todo funcionario tenía que declarar su fe en Jesucristo."

La ratificación de la Constitución de los Estados Unidos fue seguida pronto por la primera de una larga serie de intentos de subvertirla. Esta fue la Conspiración Edwardeana, encabezada por Timothy Dwight, presidente de Yale. Los conspiradores eran clérigos y profesores calvinistas, es decir, cromwelianos, parecidos a los que habían cometido regicidio en Inglaterra y decapitado al rey Carlos I. Ahora se propusieron ignorar la nueva República. Fueron ayudados por políticos venales, a quienes controlaban fácilmente mediante el soborno y el chantaje. Este complot tenía como objetivo la anulación de la Primera Enmienda. Mediante el soborno y la intriga, planearon establecer la iglesia calvinista como la religión oficialmente autorizada y subsidiada por el estado en cada estado. Hemos señalado anteriormente que el fundador de esta religión, Cauin, o Cohen, había establecido una autocracia teológica en Suiza que rápidamente mató o encarceló a cualquiera que se atreviera a criticar sus actos de opresión. Cauin había exportado entonces esta diabólica "religión" a Inglaterra, donde sus excesos devastaron todo el país. La Conspiración Edwardeana fue expuesta por un clérigo anglicano, el reverendo John Cosens Ogden, quien publicó en Filadelfia en 1799 los resultados de sus hallazgos, *A View of the New England Illuminati*, quienes se dedican infatigablemente a destruir la Religión y el Gobierno de los Estados Unidos. Aunque este libro apareció por primera vez en 1799, podría ser reeditado hoy en día con prácticamente el mismo texto. Sólo habría que actualizarlo incluyendo los nombres de los actuales conspiradores. Conocemos el nombre de Timothy Dwight como uno de los tres organizadores del Russell Trust en Yale, también conocido como Skull and Bones, o la Hermandad de la Muerte. El mismo pequeño grupo de conspiradores ha figurado en todos los planes para destruir la República Americana.

La exposición de esta conspiración no disuadió a los conspiradores, que pronto la siguieron con otra, la Essex Junto de 1804-1808. Los principales conspiradores nacieron en o cerca del condado de Essex, Massachusetts, de ahí el nombre del complot. Trabajaron estrechamente con agentes de la Inteligencia Británica en Boston para lograr la secesión de los estados de Nueva Inglaterra de los Estados Unidos. Estos Judas no eran revolucionarios demacrados que llevaban bombas; eran de las principales familias de comerciantes y banqueros de Nueva Inglaterra. Su líder era el senador George Cabot de Massachusetts, un descendiente directo del genovés Cabot que había sido comisionado por el rey Enrique VII, y que había desembarcado en Labrador casi dos siglos antes; otros conspiradores eran el juez John Lowell, antepasado de la familia Bundy de la Fundación Ford y otras agencias líderes; los Higginsons, Pickerings, Parsons, y el juez Tapping Reeve, de Litchfield, Connecticut, quien resultó ser el cuñado de Aaron Burr. La conspiración había sido alimentada por los esfuerzos de un destacado agente de la Inteligencia británica, Sir John Robison, que trabajó en estrecha colaboración con la red Aaron Burr. Después de que el presidente Thomas Jefferson fue informado de los detalles del Essex Junto, los malhechores abandonaron a regañadientes su sueño de una ruptura temprana de la Unión, y luego se dedicaron a una estrategia a más largo plazo, que culminó en la Guerra Civil.

El Servicio de Inteligencia Secreto Británico había sido financiado por Lord Shelburne para promover los intereses de la Compañía de las Indias Orientales, el Banco de Inglaterra, del cual se convirtió en la principal red de inteligencia, las familias bancarias Hope y Baring, y sus aliados suizos, los banqueros Prevost y de Neuflize. Sus seguidores más capaces en Estados Unidos fueron John Jacob Astor y Aaron Burr. Astor fue tesorero de la Gran Logia de Nueva York de 1798 a 1800. En 1800, se le dio libre entrada a todos los puertos del mundo que la Compañía de las Indias Orientales había puesto bajo su control. Esto le dio una tremenda ventaja financiera sobre sus competidores. A cambio de este trato favorable, proporcionó el respaldo financiero para el complot para reemplazar al presidente Thomas Jefferson por Aaron Burr, después de que Jefferson hubiera expuesto el complot del Essex Junto.

A lo largo de la Guerra Revolucionaria, Burr había trabajado como agente doble, reportando diariamente a las fuerzas británicas desde West Point. Más tarde, Burr se convirtió en abogado de los intereses de Astor, redactando sus contratos y realizando trabajos comerciales para la Compañía de las Indias Orientales. Rutinariamente fijó las elecciones en el área de Nueva York a través de sus conexiones con las logias masónicas. Había fundado la Sociedad de St. Tammany en la ciudad de Nueva York en 1789. Se estableció simbólicamente con trece tribus, cada una de las cuales tenía un Gran Sachem a la cabeza; toda la red estaba supervisada por un Gran Sachem en la sede central. Esto se convirtió en el famoso -o infame- Tammany Hall, que controló la estructura política de la ciudad de Nueva York durante muchos años, plagada de corrupción y favoritismo. Nunca fue otra cosa que una subsidiaria de las logias masónicas, de las cuales fue organizada en imitación abierta.

El jefe de los masones en Nueva York en 1783 había sido el Maestro William Walter, un general del ejército británico. Con la retirada de las tropas británicas, entregó su liderazgo a Robert Livingston, cuyas conexiones familiares incluían a los Lees de Virginia y los Shippens de Filadelfia (que fueron prominentes en el escándalo de Benedict Arnold; Arnold se había casado con Peggy Shippen). Robert Livingston fue instalado como Gran Maestro de la Logia de Nueva York en 1884; su hermano Edward fue alcalde de Nueva York. Con el apoyo de estos poderosos aliados entre bastidores, Burr pudo concluir muchos acuerdos financieros exitosos. Fácilmente obtuvo una carta constitutiva para la Manhattan Company, con su propósito registrado un plan para proveer agua a la ciudad. Nunca se construyeron tuberías principales. En vez de eso, usó la carta para abrir un banco, la Compañía Manhattan. Posteriormente fue adquirida por la empresa de inversiones de Kuhn, Loeb, Co. representantes de Rothschilds en Nueva York. Hoy en día, es el Chase Manhattan Bank, buque insignia de la fortuna Rockefeller.

Burr se convirtió en vicepresidente en 1801, bajo la dirección de Thomas Jefferson, que era presidente. Burr logró persuadir al Presidente Jefferson para que nombrara al banquero suizo Albert Gallatin como Secretario del Tesoro. La familia de Gallatin eran miembros prominentes del Consejo de Gobierno de 200; su primo no era otro que el notorio Jacque Necker, cuyas políticas financieras habían precipitado la Revolución Francesa. Burr y Galatin ahora se pusieron a implementar políticas que arruinarían a la joven República. Distribuyeron sobornos de oro a lo largo de la frontera a indios y renegados, para que asesinaran a los colonos; Gallatin entonces provocó deliberadamente la Rebelión del Whisky, la primera insurrección contra el gobierno.

El 11 de julio de 1804, Burr disparó a Andrew Hamilton en Weehawken, Nueva Jersey. Luego tuvo que huir de Nueva York. John Jacob Astor le dio $40,000 para ayudarlo en su camino, y luego agregó otros $70,000; estas eran sumas enormes en ese momento. Burr huyó a Filadelfia, donde se entrevistó con el coronel Charles Williamson de la Inteligencia Británica. Dos ciudades de Nueva York, Williamson y East Williamson, llevan el nombre de este agente británico. Esta conferencia dio lugar a una carta del embajador británico Anthony Merry a la oficina de Londres: Acabo de recibir una oferta del Sr. Burr, actual Vicepresidente de los Estados Unidos, para que preste su ayuda al Gobierno de Su Majestad en cualquier asunto en el que consideren oportuno emplearlo, en particular para tratar de separar la parte occidental de los Estados Unidos de la que se encuentra entre el Atlántico y las montañas, en toda su extensión. Su propuesta sobre este tema será completamente detallada a su señoría por el coronel Williamson, que ha sido el portador de ellos para mí, y que se embarcará para Inglaterra en unos pocos días. Este asombroso documento fue desenterrado muchos años después por el historiador Henry Adams. Es una de las evidencias más sorprendentes de alta traición por parte de un funcionario electo de los Estados Unidos que ha salido a la luz en cualquier registro. Fue escrito el 4 de agosto, un mes después del asesinato de Alexander Hamilton.

El plan británico de establecer una nación occidental separada en competencia con los Estados Unidos sufrió un revés fatal cuando Napoleón vendió el Territorio de Louisiana a los Estados Unidos.

Sin embargo, el plan fue seguido por Edward Livingston, a quien John Jacob Astor le había dado $21,000 para ir a Louisiana, donde se convirtió en Gran Maestro de la Logia de Louisiana. Burr fue juzgado más tarde por traición en Richmond, Virginia. Su abogado era Edmund Randolph, ex Gran Maestre de Virginia; el caso fue escuchado por el Presidente de la Corte Suprema John Marshall, entonces Gran Maestre de Virginia. Aunque se presentaron pruebas abrumadoras de la culpabilidad de Burr, fue absuelto por el juez Marshall. Era un día de campo masónico. Burr viajó luego a Londres, donde informó a los funcionarios de aduanas: "Las razones de mi visita son conocidas por Lord Melville[Henry Dundas, jefe de operaciones especiales del Servicio de Inteligencia Británico] y el Primer Ministro Canning." Burr se convirtió entonces en un adicto al opio, disfrutando de los placeres de la pipa con luminarias como Jeremy Bentham y la familia Jardine.

El cómplice de Burr, Edward Livingston, fue instalado más tarde como Secretario de Estado por el Presidente Andrew Jackson; poco después, Livingston fue instalado formalmente como Gran Sumo Sacerdote de los Masones de los Estados Unidos, lo que motivó al ex-Presidente John Quincy Adams a dirigirle sus famosas *Cartas sobre el tema de la Masonería*. Estas cartas señalaban que los juramentos masónicos de secreto hacían imposible que alguien ocupara un cargo de confianza pública.

Lord Shelburne y los agentes del servicio de Inteligencia Secreta Británico continuaron sus complots contra la República de los Estados Unidos, con la ayuda de los traidores más acertadamente descritos en el término de Disraeli, "los hombres decididos de la masonería", hombres cuya lealtad a la venta era a la causa de restaurar el Templo de Salomón, y la colocación de la riqueza de todo el mundo en él. Su dedicación al secreto recibió un revés considerable cuando uno de sus miembros, el Capitán William Morgan, desertó y publicó un libro que describía algunos de sus rituales secretos. Inmediatamente lo asesinaron. El caso causó sensación en todo el país. Se formó un partido antimasónico, que durante algunos años estuvo encabezado por un congresista de Pensilvania, Thaddeus Stevens, que más tarde desempeñó un papel importante como jefe de los republicanos radicales en el Congreso después de la Guerra Civil. En la convención nacional del Partido Antimasónico en 1832, Stevens pronunció el discurso principal. Informó a los delegados reunidos que los masones ocupaban la mayoría de los puestos políticos importantes en los Estados Unidos a través de la intriga. Denunció la Orden Masónica como ``una institución asesina secreta y sujeta a juramento que pone en peligro la continuidad del gobierno republicano. Stevens más tarde patrocinó una legislación en la legislatura de Pensilvania, una Resolución de Investigación, para investigar la conveniencia de hacer de la membresía en la Orden una causa de impugnación perentoria en la corte, cuando uno y no ambos directores en una demanda eran masones. Habría excluido a todos los masones del jurado en juicios penales en los que el acusado era masón, y habría hecho ilegal que un juez perteneciente a la Orden se sentara en un juicio en el que hubiera participado un masón. La resolución apenas fue derrotada. Stevens entonces patrocinó una resolución exigiendo que se suprimiera la masonería, y aseguró una investigación legal sobre los males de la Orden. Habló en Hagerstown, Maryland, sobre la proposición de que "Dondequiera que el genio de la libertad haya liberado a un pueblo, el primer objeto de su solicitud debe ser la destrucción de la masonería libre". Logró elegir a un gobernador antimasónico de Pensilvania, pero después de esta victoria, el vigor de su cruzada antimasónica se desvaneció, y gradualmente la abandonó.

El gran problema de cualquier oponente público de la masonería, como Thaddeus Stevens, era el gran secreto de la

Orden, con penas de muerte para cualquier miembro que violara su agenda secreta o sus lealtades internacionales. Desde el año 1776, la francmasonería ha sido un gobierno internacional omnipresente que opera con traición desde dentro de los Estados Unidos, y ha ejercido esos poderes desde entonces. Debido a su secretismo, un oponente tiene dificultades insuperables para presentar al pueblo cualquier información detallada sobre sus actividades conspirativas. Desde el asesinato del capitán William Morgan, ningún masón estadounidense se ha atrevido a exponer sus sigilosas operaciones. El actual escritor se había centrado durante unos treinta años en las actividades conspirativas de los principales banqueros internacionales, sin darse cuenta de que gobernar cada una de sus acciones era su principal implicación y compromiso con la francmasonería. Sólo el descubrimiento de la Maldición de Canaán, y la subsiguiente Voluntad de Canaán, forzó a este escritor a la renuente conclusión de que detrás de cada conspiración financiera estaba el apego demoníaco a un culto satánico, que se manifestó a través de las operaciones de la masonería.

Los emblemas de este culto están blasonados audazmente en el Gran Sello de los Estados Unidos y en nuestros billetes de la Reserva Federal (deudas impagas del pueblo estadounidense). Las palabras "Annuit Coeptis" anuncian el nacimiento de "Novus Ordo Seclorum", el Nuevo Orden. Los cananeos se han apropiado incluso de la Gran Pirámide de Gizeh, construida por Sem, como su emblema. Sin embargo, para demostrar que aún no han puesto en marcha las fases finales de su conspiración, muestran la parte superior de la pirámide que falta, lo que indica que "la palabra perdida" de la masonería todavía está ausente. El "ojo" representa al Gran Arquitecto del Universo, un concepto cabalista; está encerrado en un triángulo, que es el símbolo de la magia. Los trece pasos se refieren a Satanás, Belial, y la rebelión, que la gematria cabalística asigna a las trece colonias, trece rayas, trece hojas de olivo, trece flechas en el sello, y las trece letras de 'E Pluribus Unum', todo lo cual enfatiza la importancia del número trece en cualquier empresa que sea controlada por la masonería. Les recuerda su guerra contra Cristo y sus Doce Discípulos. El águila es representada como el símbolo de Roma, el enemigo histórico de los cananeos, a quienes nunca pueden olvidar, el adversario que arrasó su capital, Cartago, y que buscó controlar su bestialidad a través de la administración de las leyes (los fasces). En consecuencia, todos los francmasones deben ser enérgicamente antifascistas, es decir, deben ponerse en contra del estado de derecho. El águila tiene nueve plumas de cola, que representan el Círculo Interno de los Nueve en los Illuminati, y también el número de grados en el Rito de York; las trece estrellas representan el Sello de Salomón.

El Gran Sello, que está repleto de estos símbolos de la masonería, fue diseñado por Benjamin Franklin, Thomas Jefferson, Churchill y Houston, todos ellos masones. El ala derecha del águila tiene treinta y dos plumas, el número de los grados ordinarios en el Rito Escocés; el ala izquierda tiene treinta y tres, la pluma adicional que simboliza el grado 33, que se confiere por su destacado servicio a la Masonería.

Detallar todos los emblemas masónicos con los que está plagado el Gran Sello requeriría más espacio del que necesitamos dar; estos significados esotéricos ocultos muestran que el número combinado de plumas en las dos alas del águila es de sesenta y cinco; en gematria, este es el valor de la frase hebrea 'yam yawchod', 'juntos en unidad', que se cita en el Salmo 133:1. He aquí, ¡cuán bueno y agradable es que los hermanos vivan juntos en la unidad! Las estrellas de cinco puntas representan la Estrella Ardiente Masónica y las cinco puntas de la hermandad. El ojo que todo lo ve tiene un valor cabalístico de setenta más tres más doscientos, el valor de la frase 'eben mosu habonim', 'la piedra que los constructores rechazaron', que es familiar para todos los Arcos Mayores Reales; también representa el valor de Hiram Abiff, el arquitecto del Templo del Rey Salomón.

CAPÍTULO 7

LA GUERRA CIVIL

L a Guerra Civil fue el derramamiento de sangre más trágico de la gente de Shem en la historia registrada. Este pueblo, refugiados religiosos de los opresores y masacres cananeos en Europa, logró establecer en Estados Unidos la sociedad más productiva del mundo. Su Constitución había desatado los grandes talentos de este pueblo para hacer la obra de Dios en esta tierra. Por supuesto, el pueblo de Satanás, los cananeos, estaban llenos de odio y envidia. Si hay una pasión que Estados Unidos siempre ha excitado en el mundo, es la pasión de la envidia. Los Estados Unidos son la nación más admirada del mundo, porque su Constitución garantiza a sus ciudadanos legales el derecho irrestricto a la libertad personal, algo que ninguna otra nación puede ofrecer a su pueblo. En los Estados del Sur, la gente de Sem había tallado en el desierto plantaciones productivas e impresionantes casas señoriales, construidas según la tradición del neoclasicismo griego, y expresando su convicción de que esta era la única manera en que deseaban vivir en esta tierra. Como los antiguos griegos, el pueblo de Sem tenía esclavos para atender sus necesidades diarias, los descendientes de Canaán, sobre quienes se había pronunciado la Maldición de Canaán, y que los comprometía a ese estado.

A pesar de los esfuerzos del pueblo de Sem para mantener a sus esclavos en un ambiente saludable y cómodo (desde un punto de vista económico solamente, esto era un requisito absoluto, porque la mayor parte de su capital operativo se invertía en ellos), la existencia de estos esclavos se convirtió en su talón de Aquiles, el cual los cananeos hábilmente utilizaron como arma para montar un ataque contra ellos. Había muchos registros contemporáneos que atestiguaban el trato amable de los esclavos, como las observaciones de Samuel Phillips Day, corresponsal especial del London Morning Herald, quien escribió: "El domingo 8 de junio de 1861, en Asheville, Kentucky, di una vuelta en coche con algunos amigos. Juzgue mi sorpresa, lector, cuando encontré a casi toda la población negra en el extranjero; ¡algunos desfilando por las calles y otros viajando en carruajes! Estaban vestidos tan vistosos y tan finos, y parecían tan felices y contentos, que me vi virtualmente obligado a exclamar: "¡Seguramente esta gente no son esclavos!" La respuesta fue: "Ciertamente lo son. Algunas de las mujeres llevaban mantones de encaje y relojes de oro y parecían (sólo por su color) duquesas londinenses que iban a un baile. Los hombres también estaban bien vestidos. Reflexioné por un momento sobre la condición de los obreros británicos y las costureras londinenses... el contraste era demasiado doloroso para pensar en ello... Me vino a la mente el pensamiento de que no había nada tan malvado en la esclavitud después de todo, que poseía un lado bueno y otro oscuro."

Los comentarios de Samuel Phillips Day fueron bien recibidos; es dudoso que cualquier propietario de plantaciones del sur hubiera tratado a sus esclavos tan mal como el trabajador británico promedio fue tratado por sus brutales terratenientes de la nobleza negra y los operadores de las fábricas. No fue casualidad que nacieran el comunismo mundial, el fabianismo y otros remedios desesperados, no en los barrios de esclavos del Sur, sino en los barrios obreros de Londres y Manchester. Sin embargo, la vida cotidiana de los esclavos en el Sur, como observan muchos viajeros, se vio oscurecida para siempre por la implacable promoción de un solo libro, Harriet Beecher Stowe's Cabin. "Incluso hoy, cualquier negro que se atreva a decir que tal vez no estamos tan mal como nuestros hermanos en las junglas de África es golpeado como un "Tío Tom". Sólo la guerra a muerte es recomendada por los activistas masónicos militantes; propaganda, invasión y guerra civil - estos son los únicos remedios aceptados para las "injusticias" que se cometen contra los negros. No fue un accidente que el libro de Harriet Beecher Stowe se convirtiera en el libro más vendido de su tiempo - fue incansablemente promovido a través de toda la nación, en la campaña de promoción de libros más exitosa de nuestra historia.

La fuerza que promovió *La cabaña del tío Tom* fue la misma que, ya en 1799, buscó la disolución de nuestra República Constitucional, que había continuado sus esfuerzos en el Essex Junto, y que encontró su fruto final en la Guerra Civil.

A pesar de las repetidas provocaciones de los cananeos en el norte, los estados del sur demostraron ser notablemente manejables, haciendo concesiones libremente a las demandas que sólo pretendían forzarlos a la guerra. El Compromiso de Missouri, escrito en 1820, fue aceptado a pesar de que prohibía la esclavitud en el nuevo estado. Restringió los privilegios de voto a "ciudadanos blancos blancos libres", excluyendo así a las mujeres, los esclavos y los indios de ejercer el derecho al voto. En 1849, el pueblo de California adoptó una constitución que prohibía la esclavitud. El Compromiso de 1850 establecía que la prohibición de la esclavitud debía dejarse en manos de cada uno de los Estados, frustrando así los intentos de los cananeos de hacer de este problema una excusa para la intervención federal y una causa de guerra entre los Estados.

Es un asunto de registro histórico que la Guerra Civil fue precipitada por la acción contra el Fuerte Sumter en Carolina del Sur, al otro lado de la bahía de Charleston. Esta apertura de las hostilidades puede atribuirse directamente al poder del Rito Escocés en Charleston, conocido oficialmente como "la Logia Madre del Mundo". "Fue fundada por Moisés Lindo como la Logia del Rey Salomón. Lindo tenía el monopolio del comercio del índigo, un tinte muy necesario similar a la"phoenicia" o tinte púrpura que había sido el principal monopolio de sus antepasados cananeos, y que cambiaron su nombre de "cananea" a "fenicia" debido a este monopolio. Según la Enciclopedia Judaica, otros fundadores de la Logia del Rey Salomón fueron Isaac y Abraham da Costa (da Costa fue uno de los nombres más importantes entre los Maranos). En 1793, la piedra angular de una nueva sinagoga, Beth Elohim, fue colocada en Charleston según el Rito de los Francmasones. Charleston también es conocido como la cuna del judaísmo reformista en Estados Unidos (hemos notado previamente que este movimiento se originó en Frankfort del Meno con los Rothschild, y que ha culminado en los éxitos del sionismo mundial). El cementerio de Charleston data de 1764.

Otros organizadores de la Logia de Charleston fueron Stephen Morin, 25° grado, Inspector para América del Norte, que había sido iniciado en el Rito de Perfección en París en 1761; Henry A. Francken, subinspector general para América del Norte, grado 25, iniciado en Jamaica en 1762; Augustine Prevost (más tarde comandante de las fuerzas británicas en América del Norte durante la Guerra de la Independencia), grado 25, iniciado en Jamaica en 1774; Moses Michael Hays, grado 25, iniciado en Boston en 1767 como subinspector general para América del Norte; John Mitchell, grado 25, iniciado en Charleston, nombrado diputado por Carolina del Sur; B. Spitzer, diputado por Georgia; Moses Cohen, 25° grado, iniciado en Filadelfia en 1781; A. F. A. de Grasse Tilly, 25° grado, iniciado en Charleston en 1796.

John Mitchell había estado residiendo en Filadelfia durante la Guerra Revolucionaria; a través de sus conexiones masónicas, fue nombrado Subjefe General del Ejército Americano, aunque permaneció en Filadelfia durante la ocupación británica. Él y su compañero de trabajo, Benedict Arnold, fueron juzgados más tarde por cargos de corrupción, derivados de sus desvíos ilegales de suministros del Ejército, pero aquí de nuevo, debido a sus poderosos defensores masónicos, fueron absueltos.

Mitchell se mudó más tarde a Carolina del Sur.

El conde Alexander de Grasse (Tilly) era hijo del almirante francés que ayudó a George Washington en la derrota de las fuerzas británicas en Yorktown. Las fuerzas opuestas se sentaron para un cordial banquete masónico. De Grasse estableció más tarde los Consejos Supremos de Rito Escocés en toda Europa; más tarde fue nombrado Comandante Supremo de Francia. Desempeñó un papel crucial en la promoción de la actividad insurreccional en Carolina del Sur, que culminó con el tiroteo de Fort Sumter. Otro miembro del Charleston Lodge, James Moultrie, fue la figura principal detrás de la crisis de anulación en Carolina del Sur durante las décadas de 1820 y 1830. Fue nombrado Gran Secretario General del Rito Escocés para todos los estados del Sur.

Durante el siglo XIX, los agitadores masónicos viajaron por todo el mundo, inflamando a los pueblos con apasionados gritos de 'liberación' y 'los Derechos del Hombre'. Desafortunadamente para aquellos que fueron engañados por estas manipulaciones, los únicos derechos que perseguían eran los derechos de los cananeos masónicos a luchar y exterminar al pueblo de Sem. Cualquier otra consideración estaba subordinada a este objetivo principal. Como resultado, cada nación que fue atraída a la trampa de los "Derechos del Hombre" se convirtió en una dictadura absoluta cuyos oficiales usaron sus poderes para destruir al pueblo de Sem, su meta demoníaca, y parte de su rebelión satánica contra Dios. Como Gran Maestre, Lafayette dirigió la revolución de Juárez en México; en Sudamérica, Bernardo O'Higgins y Simón Bolívar, ambos masones, dirigieron las fuerzas revolucionarias contra España país tras país. Dado que los gobiernos españoles en estos países también eran católicos, estas revoluciones resultaron ser una parte integral de la guerra abiertamente declarada de la masonería contra la Iglesia Católica.

En Italia, Mazzini y Garibaldi dirigieron las fuerzas revolucionarias ateas que culminaron con la detención del Papa y el establecimiento de la "unificación" en Italia en 1860. Desde el principio, este levantamiento masónico fue planeado y financiado por el Servicio de Inteligencia Secreto Británico, y dirigido por Lord Palmerston, Ministro de Asuntos Exteriores del Imperio Británico. Cuando Louis Kossuth, el revolucionario húngaro, visitó los Estados Unidos, organizaciones masónicas de todo el país planearon para él manifestaciones a gran escala y banquetes de victoria. Es dudoso que cualquier visitante a estas costas haya sido previamente o desde entonces leonado hasta el punto que Louis Kossuth fue recibido. Incluso hoy en día, todavía hay muchos edificios y avenidas en las ciudades estadounidenses en todo el país que llevan el nombre de Kossuth, en memoria de este líder de la francmasonería.

En 1845, Mazzini originó el movimiento Young America en los Estados Unidos. Aunque principalmente activo en las zonas rurales como movimiento de agricultores, Mazzini lo dirigió para que desempeñara un papel activo en el creciente movimiento abolicionista, que también dirigió. Su amigo, William Lloyd Garrison, que más tarde escribió la Introducción a la biografía autorizada de Mazzini, se convirtió en el más incendiario de los propagandistas abolicionistas. Llamó a su periódico "El Libertador". "Garrison" empezó este periódico en 1831. Desde el principio, fue financiada generosamente por patrocinadores anónimos, que se encargaron de que las suscripciones gratuitas al "Liberador" se distribuyeran por todos los estados del sur. El Estado de Georgia se vio obligado a ofrecer una recompensa de 500 dólares por el arresto de Garrison o por la detención de cualquier miembro de su Sociedad Americana contra la Esclavitud. Garrison solía ir a Londres a conferencias con Mazzini sobre la estrategia del movimiento abolicionista. Normalmente se reunían en las oficinas del conocido abogado londinense William Ashurst. Pocos sureños han escuchado el nombre de Mazzini, y aún menos saben que este ardiente revolucionario masónico fue el verdadero instigador de la Guerra Civil. Es conocido privadamente entre los cognoscenti (o gnósticos) como el padrino de la campaña contra la esclavitud en los Estados Unidos.

Esta propaganda abolicionista causó un resentimiento generalizado en todo el Sur. El 16 de diciembre de 1835, el Estado de Carolina del Sur emitió una resolución formal sobre el asunto: "Resolvió que la formación de las sociedades abolicionistas y los actos y acciones de ciertos fanáticos que se autodenominan abolicionistas en los estados no esclavistas de esta confederación, constituyen una violación directa de las obligaciones del pacto de unión, disocial e incendiario en extremo."

Nótese que en 1835, Carolina del Sur utilizó el término común hasta después del resultado de la Guerra Civil, una confederación de estados asociados bajo las disposiciones de un pacto, la Constitución de los Estados Unidos. La propaganda abolicionista constituye una invasión directa de los estados del Sur y, como tal, es un estado de guerra no declarado; también es, como se señala en la resolución de Carolina del Sur, una violación directa de los términos del pacto. Sin embargo, esta invasión propagandística continuó, hasta que por fin fue seguida por la invasión militar directa de la Guerra Civil.

A pesar de que la esclavitud existió en los estados del sur bajo la autoridad directa de la Maldición Bíblica de Canaán, la guerra contra el pueblo de Sem fue conducida sin piedad por los cananeos invasores, quienes fielmente siguieron los preceptos de su fundador en la Voluntad de Canaán, "odian a sus amos, y nunca dicen la verdad." El sucesor ideológico de la Conspiración Edwardeana y del Essex Junto en los estados de Nueva Inglaterra era un culto curioso y pseudo-religioso, a menudo llamado "la religión de Nueva Inglaterra", pero también conocido como Unitarianismo y Trascendentalismo. Fue un engendro directo del culto demoníaco de Baal, adaptado a través de los siglos por influencias tan "liberalizadoras" y "humanas" como el pitagorismo, el neoplatonismo y el humanismo secular (que habían sido comprados y pagados por la familia bancaria, los de Medicis). La "religión de Nueva Inglaterra", simplemente fue la última herejía moderna predicada contra el pueblo de Sem. El culto fue dirigido por el Rev. William Channing; uno de sus principales asistentes era un maestro llamado John Brown, hijo del infame revolucionario que iba a morir en la horca por la insurrección en Harper's Ferry. Este culto sobrevive hoy principalmente en las predicaciones de algunos que se llaman a sí mismos "Fundamentalistas". Estos renegados predican la doctrina de la Voluntad de Canaán, y trabajan ávidamente por la derrota y exterminación final del pueblo de Sem. Estos "Trascendentalistas" no se molestaron en ocultar el hecho de que tomaron lo básico de sus doctrinas"religiosas" directamente de la Cábala, predicando que cada persona tiene una sobrealma, y que no hay autoridad final en ningún asunto religioso, invalidando así la Biblia entera y los pronunciamientos de Dios. Su verdadera inclinación siempre estuvo dominada por el despotismo oriental, y sus doctrinas se originaron en el Lejano Oriente. Consecuentemente, su primera línea de ataque fue el derrocamiento de la Constitución de los Estados Unidos, la principal salvaguardia del pueblo de Shem; su campaña resultó en la adopción de "enmiendas" que invalidaron totalmente la intención original de esta Constitución. Esta es la base de las decisiones de los jueces federales en los tribunales federales de hoy, siempre en contra del pueblo de Shem, siempre fortaleciendo el dominio del despotismo oriental sobre nuestro pueblo cautivo.

En un momento dado, el líder de los abolicionistas, William Garrison, quemó públicamente una copia de la Constitución, llamándola 'un pacto con el infierno'! Los abolicionistas negaron repetidamente que hubiera alguna autoridad para la esclavitud en la Biblia, ignorando así la Maldición de Canaán (Génesis 9:25) y muchos otros mandamientos. También trabajaron desesperadamente para impedir el movimiento de emancipación pacífica en el Sur; la liberación gradual de los esclavos, que había sido dirigida por Thomas Jefferson, había recibido la aprobación general entre los propietarios de las plantaciones. Acogieron la emancipación porque se habían enfrentado cara a cara, con la realidad económica que ha hecho un desastre del imperio comunista, que sin incentivos y la promesa de la ganancia final, pocas personas estaban dispuestas a hacer más que el mínimo absoluto de trabajo para sobrevivir. El crecimiento económico era imposible en esta situación. La emancipación no fue una medida meramente humanitaria, sino que fue bien recibida por los propietarios de las plantaciones porque se enfrentaban a la ruina debido a las exigencias cotidianas de mantener sus crecientes poblaciones de esclavos. Thomas Jefferson fue un ejemplo sobresaliente; a pesar de su brillante carrera, murió en la bancarrota. Intentó cosecha tras cosecha en intentos desesperados de hacer de Monticello una empresa rentable; en todos los casos, fue derrotado por los crecientes gastos de cuidar de sus esclavos.

El asalto "religioso" a la Constitución de los Estados Unidos, el pacto que había sido redactado por el pueblo de Shem con el fin de proteger su libertad religiosa, ahora tomó un giro más ominoso. En 1857, los líderes financieros de las potencias cananeas, la Casa de Rothschild, se reunieron para celebrar la boda de la hija de Lionel, Leonora, con su primo Alphonse, hijo de James de Rothschild de París. En esta reunión, dijo Disraeli, "Bajo este techo están los jefes de la familia de Rothschild, un nombre famoso en todas las capitales de Europa y en todas las divisiones del mundo. Si quieres, dividiremos los Estados Unidos en dos partes, una para ti, James, y otra para ti, Lionel. Napoleón hará exactamente todo lo que yo le aconseje" (p. 228, *Los Rothschild*, de John Reeves).

La trágica Guerra Civil que los cananeos planearon y ejecutaron contra el pueblo de Shem en los estados del sur comenzó en 1859, con la invasión del sur por el maníaco homicida John Brown. Los abolicionistas ya habían gastado millones de dólares para promover las rebeliones de esclavos en el Sur, pero esta costosa propaganda tuvo muy poco efecto. Como Day y otros observadores habían informado, los esclavos llevaban vidas muy cómodas. Después de que esta táctica fracasó, se hizo evidente para los conspiradores que una verdadera invasión militar era la única solución para su campaña. Los banqueros mercantiles de Nueva Inglaterra, que estaban directamente controlados por los Rothschilds, recibieron instrucciones de financiar un ataque militar contra el Sur. Su instrumento era el ya conocido terrorista John Brown. Fue financiado por un grupo famoso como *Los Seis Secretos*, que estaba compuesto por Thomas Wentworth Higginson, el reverendo Theodore Parker, el Dr. Samuel Gridley Howe (casado con Julia Ward, de una acaudalada familia bancaria que más tarde escribió el "Himno de la Batalla de la República"), Franklin Benjamin Sanborn, George Luther Stearns y Gerrit Smith. Smith había sido el primer ángel financiero de John Brown. Era hijo del socio comercial de John Jacob Astor (Compañía de las Indias Orientales, el comercio del opio y la Inteligencia Británica). Su madre era una Livingston; él estaba emparentado con los líderes masónicos, Edward y Robert Livingston. Smith era el mayor terrateniente del estado de Nueva York, con un millón de acres, que incluían tierras que le había dado a John Brown en 1848. La contribución total de Smith a las redadas militares de John Brown y a otras causas radicales ascendió a más de ocho millones de dólares, una suma "tremenda" en aquellos días. El reverendo Theodore Parker tipificó la inspiración "religiosa" del movimiento abolicionista; su madre era una Stearns, y se casó con la familia Cabot. Fue educado en la Escuela de Divinidad de Harvard, y se convirtió en un destacado ministro trascendentalista y congregacionalista. Siempre fue un "activista" en la tradición masónica. En 1854, había sido acusado por un gran jurado por incitar a atacar a un tribunal donde un esclavo fugitivo estaba detenido. Fue miembro activo del Comité de Vigilancia y fue el principal organizador de los Seis Secretos para financiar la redada de John Brown. Más tarde se convirtió en un expatriado, viviendo en Europa. Murió en Florencia (cuna del humanismo secular).

Thomas Wentworth Higginson, de la principal familia bancaria de Nueva Inglaterra, era de Newburyport, Massachusetts, el lugar de nacimiento de Albert Pike, quien se convirtió en el líder nacional de la masonería estadounidense. Higginson ayudó activamente al reverendo Parker en el ataque contra el palacio de justicia y participó en muchas otras actividades ilegales y nefastas. Su primo se casó con Theodore Roosevelt.

Samuel Gridley Howe y su esposa, Julia, fundaron y editaron un ardiente periódico contra la esclavitud, "The Commonwealth". Como muchos de los agitadores cananeos en los Estados Unidos, Gridley era descendiente de revolucionarios calvinistas; su antepasado era un oficial del ejército de Cromwell, John Ward de Gloucester, quien más tarde huyó a los Estados Unidos para evitar el castigo por las atrocidades que cometió bajo la bandera de Cromwell. Franklin Benjamin Sanborn fue uno de los principales discípulos del Rev. Parker y Ralph Waldo Emerson.

El Senado ordenó su detención en 1860. Había sido el agente principal de John Brown en Nueva York desde 1857. George Luther Stearns se casó con la familia Train. Era el líder de los Suelos Libres, los agitadores contra la esclavitud en el estado de Kansas; sus depredaciones dieron lugar al término "Kansas Sangriento". "Donó grandes sumas de dinero a John Brown y compró una granja para el terrorista y su familia. El agente principal de Stearns en Kansas era Martin Conway. Originario de Baltimore, Conway fue enviado a Kansas para dirigir las fuerzas del Estado Libre allí; más tarde se convirtió en el primer congresista de Kansas. El 11 de octubre de 1873, disparó tres tiros al senador Pomeroy, hiriéndolo. Conway fue llevado al

Hospital de Santa Isabel, donde fue juzgado como un loco sin remedio. Más tarde murió allí."

Otros líderes de Nueva Inglaterra profundamente involucrados en la planificación de levantamientos en el Sur incluyeron a Samuel Cabot; él pagó $4000 en rifles que fueron enviados a las fuerzas de John Brown en Kansas. Las armas fueron usadas para masacrar a familias enteras durante la orgía de terrorismo de John Brown. Más tarde, el Banco Cabot aportó 57.000 dólares para los gastos militares de John Brown. No hay constancia de que alguna vez se haya devuelto o de que se haya intentado cobrarla. Fue una donación a la causa del terrorismo, una técnica familiar de los banqueros. Otros partidarios financieros de John Brown incluyeron a John Murray Forbes, un acaudalado constructor de ferrocarriles (su madre era una Perkins), quien sirvió en el Comité Nacional Republicano.

Entre 1827 y 1843, los planes de los conspiradores sufrieron un revés temporal con el surgimiento del Partido Masónico como fuerza nacional. Este movimiento político amenazó con exponer toda la conspiración como una operación masónica. Desde el principio, el Partido Masónico se vio perjudicado por su incapacidad para penetrar en el manto de secretismo que velaba todos los actos de los conspiradores. Sin pruebas directas de esta conspiración que pudieran ser presentadas ante los tribunales o ante el pueblo, pronto perdieron su apoyo popular. De hecho, pronto fueron infiltrados por los mismos conspiradores a quienes trataron de exponer, ¡y se volvieron impotentes! Albert Pike se jactó más tarde de que "El Partido Anti-masónico realmente fue de gran ayuda para nosotros. Después de su disolución, la francmasonería nunca más se enfrentó a una oposición organizada en todo Estados Unidos. Aquellos que mencionan este tema son rápidamente desacreditados como "pobres tontos sobreexcitados" y paranoicos "No se sabe nada" que ven masones detrás de cada árbol. En la mayoría de los casos, son enviados rápidamente al asilo de lunáticos más cercano, el manejo que hace el comunismo soviético de sus "disidentes"."

Durante algunos años antes del estallido de la Guerra Civil, la conspiración de la Joven Masónica Americana había estado activa en los estados del Sur, sentando las bases para la inminente

Guerra Civil. Un neoyorquino nativo, John A. Quitman, se mudó a Mississippi y se casó con una familia sureña rica. Se le dio la orden para formar una organización de Rito Escocés en Mississippi. El 1 de febrero de 1848, la revista francmasónica de Boston publicó que el Hermano John Quitman, que ahora era General de División en el Ejército de los Estados Unidos, había sido investido como Gran Inspector General Soberano del 33º grado. A todas las Logias del Sur se les ordenó obedecerle. Quitman también se había convertido en uno de los líderes más francos del movimiento secesionista en el Sur; este movimiento estaba ahora firmemente controlado por los conspiradores cananeos masónicos. Quitman también patrocinó un plan para anexar México, y financió una invasión de Cuba por mercenarios. Había sido elegido Gobernador de Mississippi, cuando fue acusado en Nueva Orleáns por su participación en la invasión cubana planeada, y se vio obligado a renunciar a ese cargo. Aquí también estaba la profunda participación de un líder del Rito Escocés, el brazo revolucionario de la francmasonería, en la planificación de guerras y revoluciones en todo el mundo. El líder ideológico de la invasión cubana fue una tal Jane McManus, a quien se había escuchado por última vez como la novia del revolucionario Aaron Burr.

Con el fin de conseguir apoyo popular para su campaña presidencial, el senador Stephen Douglas, el oponente de Lincoln, contrató a George Sanders, un agente de Young America, para que editara la Revista del Partido Demócrata. Sanders es identificado en "Quién es quién" por profesión como un "revolucionario". El agente político estadounidense de la Compañía de la Bahía de Hudson, había trabajado para el Banco de Inglaterra, y como cónsul de los Estados Unidos en Londres, había trabajado estrechamente con Mazzini. Londres era en ese momento la sede mundial de los movimientos revolucionarios masónicos. Sanders pronto dedicó las páginas de The Democratic Party Review a alabar los esfuerzos de Mazzini y otros agitadores masónicos.

En 1853, Killian H. van Rensselaer, uno de los "patrulleros" de Nueva York, abrió el Cuartel General Occidental del Rito Escocés en Cincinnati, Ohio. Al mismo tiempo, otra organización secreta, los Caballeros del Círculo de Oro, comenzó sus operaciones en Cincinnati. La organización, que, como de costumbre, estaba bien financiada, pronto alistó y capacitó a unos 100.000 miembros en tácticas paramilitares. Estos miembros se extendieron por los estados del sur y formaron el núcleo de lo que se convertiría en el Ejército Confederado durante la Guerra Civil. La mayoría de los sureños ni se imaginaban ni se preparaban para una lucha armada con el Norte. La causa del "Sur" siempre fue dirigida y promovida por los infiltrados del "Norte". El escenario ya estaba preparado para la Guerra Civil.

La nación se polarizó aún más por el caso de Dred Scott. Scott, un anciano y enfermo negro que fue apoyado financieramente por sus dueños, fue empujado a una confrontación legal directa, ampliamente financiada por los fondos de los banqueros mercantiles de Nueva Inglaterra. El caso fue a la Corte Suprema. Enumerado en los registros de la corte como 'Dred Scott v. Sanford, 19 Howard 393', el asunto fue decidido en una opinión del Presidente de la Corte Suprema Taney fechada el 6 de marzo de 1857. La pregunta es simplemente ésta: ¿puede un negro, cuyos antepasados fueron importados a este país y vendidos como esclavos, convertirse en miembro de la comunidad política formada y creada por la Constitución de los Estados Unidos y, como tal, tener derecho a todos los derechos y privilegios e inmunidades garantizados por ese instrumento para el ciudadano?... Las palabras "pueblo de los Estados Unidos" y "ciudadanos" son términos sinónimos y significan lo mismo... "pueblo soberano"... La cuestión que tenemos ante nosotros es si la clase de personas descrita en el alegato de reducción comprende una parte de este pueblo y si son miembros constituyentes de esta soberanía. Creemos que no lo son, y que no están incluidos, y no se pretendía incluirlos, bajo la palabra "ciudadanos" en la Constitución y, por lo tanto, no pueden reclamar ninguno de los derechos y privilegios que ese instrumento establece y garantiza a los ciudadanos de los Estados Unidos. Por el contrario, en esa época eran considerados como una clase de seres subordinados e inferiores, que habían sido subyugados por la raza dominante, y, emancipados o no, aún así permanecían sujetos a su autoridad, y no tenían derechos ni privilegios, pero como los que tenían el poder y el gobierno podían elegir concederles... En opinión de la Corte, la legislación y la historia de la época, así como el lenguaje utilizado en la Declaración de Independencia, muestran que ni la clase de personas que habían sido importadas como esclavos, ni sus descendientes, hayan sido liberados o no, fueron reconocidos como parte del pueblo, ni tenían la intención de ser incluidos en las palabras generales utilizadas en ese memorable instrumento... Durante más de un siglo antes habían sido considerados como seres de orden inferior; y totalmente incapaces de asociarse con la raza blanca, ya sea en relaciones sociales o políticas; y hasta tal punto inferiores que no tenían derechos que el hombre blanco estuviera obligado a respetar; y que el negro pudiera ser justa y lícitamente reducido a la esclavitud para su beneficio... Esta opinión era entonces fija y universal en la parte civilizada de la raza blanca. Se consideraba como un axioma tanto en la moral como en la política, que nadie pensó en disputar, o que se supone que está abierto a disputas; y los hombres en todos los grados y posiciones de la sociedad actuaban diariamente y de manera habitual en sus actividades privadas, así como en asuntos de interés público, sin dudar por un momento de la exactitud de esta opinión... Hay dos cláusulas en la Constitución que apuntan directa y específicamente a la raza negra como una clase separada de personas, y muestran claramente que no eran consideradas como una porción del pueblo o de los ciudadanos del Gobierno formado entonces... el derecho a importar esclavos hasta el año 1808... y los Estados se comprometen a mantener el derecho de propiedad del amo, entregándole cualquier esclavo que pueda haber escapado de su servicio... el derecho de propiedad de un esclavo está clara y expresamente afirmado en la Constitución... el Tribunal de Circuito de los Estados Unidos no tenía jurisdicción en este caso, y no podía dictar sentencia al respecto... Por consiguiente, su sentencia en favor del demandado debe ser revocada, y debe emitirse un mandato en el que se ordene que se desestime la demanda por falta de jurisdicción."

El Presidente del Tribunal Supremo pagó muy caro esta decisión. Su nombre ha sido borrado casi por completo de la historia legal de esta nación; fue amenazado repetidamente con arresto domiciliario durante la Guerra Civil por el Presidente

Lincoln, y después de la guerra, sus dos hijas mayores, rechazadas como posibles novias, se ganaron una existencia precaria como secretarias del gobierno en la parte más baja de la escala salarial, siempre al borde de la completa miseria.

Después de la decisión de Dred Scott, los acontecimientos se movieron rápidamente hacia una confrontación militar real, con los Caballeros del Círculo de Oro tomando sus lugares en todos los estados del sur. John Brown atacó entonces el ferry de Harper, un incidente que tenía la intención de desencadenar un levantamiento de esclavos en todo el sur. La anticipada revolución popular no se materializó, y Brown fue capturado y ahorcado. Hasta el día de hoy, sigue siendo un mártir en los círculos cabalísticos de Nueva Inglaterra, los Fundamentalistas. Su líder ideológico, Ralph Waldo Emerson, escribió:"Hace que la horca sea tan gloriosa como la cruz. "Emerson más tarde promovió a John Brown como "un nuevo santo en el calendario".

Con el fin de provocar el ataque de Fort Sumter, Lincoln envió fuertes refuerzos al fuerte. Incluso su Secretario de Guerra, Seward, se opuso a su medida, sugiriendo en su lugar que Fort Sumter fuera cedido pacíficamente al estado de Carolina del Sur. El mismo Lincoln estaba ansiosamente anticipando el baño de sangre que se acercaba y no escucharía de ningún compromiso. Se sabe que sufrió de demencia hereditaria, que no provenía de la familia Lincoln, ya que no eran sus verdaderos antepasados. Su madre, Nancy Hanks, al no tener hogar, había sido acogida como un acto de caridad por la familia Enloe; fue expulsada por la Sra. Enloe después de quedar embarazada de Abraham Enloe. Ward H. Lame, el socio legal de Lincoln, escribió más tarde una biografía de Lincoln declarando que Lincoln era de ascendencia ilegal, y refiriéndose a su verdadero padre como Abraham Enloe. The Yorkville Enquirer, 8 de abril de 1863, señaló que la madre de Lincoln, Nancy Hanks, era 'una mujer soltera de bajo grado [Canaan significa 'bajo'...]... generalmente reputada por tener de un octavo a un dieciséisavo de sangre negra en sus venas, y que siempre se asoció con los negros en términos de igualdad. En 1863, el Atlanta Intelligencer señaló de su vicepresidente, Aníbal Hamlin, que había sido nombrado en honor al líder histórico de las fuerzas cananeas de Cartago, Aníbal, que Hamlin fue identificado por el senador estatal John Burham, del condado de Hancock, Maine, que vivía en la zona y conocía la ascendencia de Hamlin. El senador informó que el bisabuelo de Hamlin era un mulato, que se había casado con una mujer canadiense; su abuelo durante la Guerra de la Independencia dirigía una compañía compuesta sólo por mulatos, negros e indios bajo los generales Sullivan y Green. Se tiene constancia de que este capitán Hamlin malversó los fondos enviados para pagar a sus tropas; también se dice que robó vino y otros suministros. El padre del padre de Aníbal Hamlin vivía en París, Maine, y tenía un hermano llamado África. Cuando nació Aníbal Hamlin, uno de sus tíos se asomó a su cuna y exclamó: "Por el amor de Dios, ¿cuánto tiempo permanecerá esta maldita sangre negra en nuestra familia?"

En Luisiana, John Slidell, que también era neoyorquino, era el líder del partido secesionista del estado; su segundo al mando era Judah P. Benjamin. Slidell fue el protegido masónico del Gran Maestro, Edward Livingston, también de Nueva York, miembro clave del aparato de traición de Aaron Burr. Benjamin, de las Indias Occidentales, era un súbdito británico. Fue contratado como asistente legal por Slidell. Más tarde se convirtió en el Secretario de Estado del Gobierno de la Confederación. Después de la Guerra Civil, se le permitió salir de los Estados Unidos sin impedimentos, y vivió sus últimos años con espléndidos lujos como uno de los abogados de la Reina mejor pagados de Londres, mientras que su antiguo superior, Jefferson Davis, languideció en una prisión federal, cargado de pesadas cadenas.

En Texas, los conspiradores secesionistas fueron bloqueados por un tiempo por Sam Houston, un virginiano que fue el fundador de Texas. Houston dictaminó que los esfuerzos secesionistas eran ilegales. Los conspiradores lograron entonces deponer al gobernador Houston por medio de una elección de "nalgas", que era similar a las tácticas que los cromwelianos habían usado para condenar al rey Carlos I en Inglaterra. Los conspiradores afirmaron entonces que sus delegados secesionistas habían recibido 40.000 votos, en comparación con sólo 10.000 para los partidarios de Houston. Esto se citó más tarde como el "apoyo popular" a la "insurrección", como se denominó más tarde a la acción emprendida por los estados del sur. La Confederación se estableció oficialmente en Montgomery, Alabama, presidida por el Comandante Supremo del Rito Escocés Howell Cobb. Fue hábilmente asistido por los partidarios del Rito Escocés de la Logia Madre de Charleston y por representantes de otros grupos masónicos.

De esta manera, el pueblo estadounidense se vio inmerso en una Guerra Civil que ni imaginaba ni deseaba. Fueron manipulados por conspiradores cananeos masónicos que trabajaban juntos en los estados del norte y del sur. El baño de sangre resultante resultó ser el mayor desastre sufrido por la gente de Sem. La gran civilización que habían pasado unos doscientos años construyendo en esta tierra fue barrida, "Lo que el viento se llevó"; la Constitución que habían escrito para proteger su existencia como pueblo de Sem fue desechada, siendo reemplazada por "Enmiendas" que los redujeron a la condición de siervos, al tiempo que daban a los cananeos el poder total de establecer una dictadura tiránica.

Sin embargo, la división anticipada de los Estados Unidos en dos países pequeños y débiles, cada uno de ellos fácilmente controlable desde la sede europea de los Rothschilds, no se llevó a cabo. En un momento dado, la concentración de tropas francesas y españolas en México pareció condenar el futuro de Estados Unidos y provocar la división que deseaban los Rothschild. Sin embargo, el Zar de Rusia, un gran líder del pueblo Shemita, se enteró del plan. Inmediatamente envió dos de sus flotas a los Estados Unidos, una que aterrizó en San Francisco, bajo el mando del almirante Lesowsky, y la segunda, que llegó al puerto de Nueva York, bajo el mando del almirante A. A. Popoff. Huelga decir que estos nombres no son encontrados por los estudiantes de historia americana. Sin embargo, la presencia de estas flotas rusas sirvió para preservar la Unión. James de Rothschild se quedó sin su imperio anticipado en México, mientras que Lionel se vio obligado a renunciar a su control sobre los estados del norte. Debido a estos buenos oficios en nombre de la Unión, el Zar fue asesinado posteriormente por agentes de Rothschild, y Rusia fue condenada a ser entregada a las atrocidades de los demoníacos revolucionarios cananeos.

La Guerra Civil asoló los estados del sur, dejando el norte intacto. La civilización del pueblo de Sem estaba en ruinas. Una vez más, como durante la Guerra de la Independencia, hordas de mercenarios alemanes se desplazaron por el Sur. Las damas sureñas informaron que sus hogares habían sido incendiados por soldados de la Unión que sólo hablaban inglés de alcantarilla. Sin embargo, estos horrores eran sólo un presagio de lo que vendría. La derrota de los estados del Sur, insuficientemente financiados y mal preparados, había sido una conclusión previsible, ya que estaban superados por la superioridad numérica y financiera de los estados del Norte. Su derrota fue seguida de una brutalidad sin igual hacia la población vencida. Durante generaciones, las familias del Sur sufrieron enfermedades genéticas directamente atribuibles a la hambruna que les obligaron a padecer sus conquistadores; enfermedades antes desconocidas como el escorbuto, el raquitismo, la enfermedad de las encías y otras enfermedades dieron lugar a la representación del pueblo del Sur, que sigue siendo universal en la industria editorial, cinematográfica y televisiva de propiedad de los neoyorquinos y bajo su control, las Joads of Tobacco Road. Sin embargo, no se ofrece ninguna explicación de su lamentable condición.

El Libro Mundial de 1949 dice bajo el título 'Reconstrucción', Este plan fue inigualable en la historia por su generosidad hacia el enemigo derrotado. Esto es típico del sesgo anti-sur de la industria editorial; ningún escritor sureño puede ser publicado en Nueva York a menos que describa a sus compañeros sureños como mujeriegos alcohólicos y homosexuales. De hecho, esta "generosidad" consistió en la ocupación militar durante muchos años después de la guerra, la ruina de los impuestos, la hambruna sistemática y los brutales tribunales militares en los que la población sureña se vio imposibilitada de obtener justicia (el mismo sistema se aplica hoy en día en gran medida).

En su Primer Discurso Inaugural, Lincoln había declarado claramente, "No tengo ningún propósito, directo o indirecto, de interferir con la institución de la esclavitud en los estados donde existe. Creo que no tengo ningún derecho legal a hacerlo, y no tengo ninguna inclinación a hacerlo."

A pesar de esta promesa, el 1 de enero de 1863, Lincoln emitió su Proclamación de Emancipación. En realidad había sido escrito previamente el 22 de septiembre de 1862; Lincoln había preparado el primer borrador ya en julio de 1862. Lincoln excusó su acción por "necesidad militar", y por lo tanto justificada por la Constitución. Este reclamo nunca fue impugnado ante el tribunal. El mismo día en que Lincoln emitió esta proclamación, la Legislatura del Estado de Illinois, que no es un semillero de reaccionarios sureños, emitió una denuncia formal de la proclamación: "Resolvió que la proclamación de la emancipación del Presidente de los Estados Unidos es tan injustificable en el derecho militar como en el civil; una usurpación gigantesca, convirtiendo de inmediato la guerra, iniciada por la administración para la reivindicación de la autoridad de la Constitución, en la cruzada por la repentina liberación incondicional y violenta de tres millones de esclavos negros... La proclamación invita a la insurrección servil como un elemento de esta cruzada, un medio de guerra, cuya inhumanidad y diabolización no son un ejemplo en la guerra civil, y que denunciamos, y que el mundo civilizado denunciará, como una vergüenza inenarrable para el pueblo estadounidense."

La palabra clave en la Resolución de la Legislatura de Illinois es "diabolismo". Tal vez alguien en la Legislatura se dio cuenta de que esto era el triunfo de la Voluntad de Canaán, una celebración de los conceptos demoníacos de los cananeos. Lo han celebrado desde entonces.

Las fuerzas cananeas masónicas de todo el mundo aclamaron la Proclamación de la Emancipación como una gran victoria para su programa de revolución mundial. Garibaldi, en ese momento el líder masónico más famoso y revolucionario del mundo, firmó una Proclamación de Italia a Lincoln diciendo: "Os saludamos, hijos redimidos de Ham". No se sabe si Garibaldi sabía de los orígenes reales de Lincoln. Ciertamente, lo aclamó como un compañero revolucionario. Un incidente poco conocido de la Guerra Civil fue la oferta de Lincoln a Garibaldi de tomar el puesto de comandante en jefe de los ejércitos de los Estados

Unidos en 1861; él repitió la oferta en 1862. Garibaldi lo había considerado seriamente, pero se vio obligado a declinar debido a otros compromisos.

En general, los escritores europeos estaban horrorizados por los excesos cometidos por las tropas de la Unión y la administración de Lincoln durante la guerra. El gran escritor francés Alfred de Vigny había escrito a una dama sureña el 10 de septiembre de 1862: "Esos abominables actos de crueldad perpetrados por los ejércitos del Norte en Nueva Orleáns recuerdan la invasión de los bárbaros, de los hunos de Atila, o incluso peor que los vándalos. Comprendo bien su odio por esos hombres depravados y feroces que ahogan en sangre a todo su amado país... Un Estado sabio no es aquel que recurre a la fuerza bruta, al asesinato y al fuego para encontrar una solución a los complejos problemas de los derechos de los Estados. Es una cuestión que debería haberse resuelto en el debate público."

Un debate público era justo lo que los conspiradores cananeos masónicos no querían; se las arreglaron para evitarlo cada vez que se planteaba la cuestión. *The Times of London*, 21 de octubre de 1862, comentaba editorialmente, "¿Se debe clasificar el nombre de Lincoln en el catálogo de monstruos, asesinos al por mayor y carniceros de la humanidad?... Cuando la sangre comienza a fluir y los gritos atraviesan la oscuridad, el Sr. Lincoln esperará hasta que las llamas que se elevan digan que todo está consumado, y entonces se frotará las manos y pensará que la venganza es dulce." El *Times* no lo sabía, pero toda la carrera política de Lincoln estuvo dedicada a la venganza de los cananeos contra el pueblo de piel clara de Sem, aquellos que siempre fueron considerados sus enemigos por el color de su piel. La Guerra Civil no fue más que la última campaña de una batalla que se había librado subrepticiamente durante los últimos tres mil años. Después del asesinato de Lincoln, los republicanos radicales en el Congreso se movilizaron para imponer medidas aún más draconianas contra el derrotado Sur. Los sureños habían ofendido el principio básico del cananismo masónico, es decir, el despotismo oriental; cualquier negativa a obedecer la orden del gobierno central dictatorial debe ir seguida automáticamente del castigo más severo. No importa que la Constitución de los

Estados Unidos haya sido escrita por el pueblo de Shem, o que les garantice los derechos de sus Estados; no importa que el gobierno federal esté legalmente confinado en su autoridad al Distrito de Columbia por ley; no importa que ninguna autoridad federal pueda entrar en ningún estado excepto por solicitud expresa de la legislatura estatal. Todo esto fue violado sistemáticamente, y ahora los violados debían soportar castigos aún mayores.

Hordas de alfombreros siguieron a las tropas federales hacia los estados del sur como ávidos seguidores de campamentos; por primera vez se establecieron en los estados tribunales federales y asilos federales para locos, en flagrante violación de las prohibiciones constitucionales contra ellos. Siguieron una serie de medidas "legales" que fueron aclamadas por el revolucionario Mazzini, conocido como "el profeta" por las organizaciones masónicas de todo el mundo. Mazzini entusiasmado con los conquistadores del Norte, "¡Has hecho más por nosotros en cuatro años que lo que cincuenta años de enseñanza, predicación y escritura de tus hermanos europeos han sido capaces de hacer!" Estas medidas desbarataron efectivamente la Constitución. Una "Ley de Derechos Civiles", escrita apresuradamente, fue aprobada por el Congreso. El presidente Andrew Johnson lo vetó inmediatamente, señalando que el derecho a conferir la ciudadanía correspondía a los diversos estados, y que "la tendencia del proyecto de ley es resucitar el espíritu de rebelión". De hecho, muchas de las medidas adoptadas por los republicanos radicales tenían la intención deliberada de provocar a los sureños a la resistencia abierta, para que pudieran ser exterminados por la superioridad abrumadora de las fuerzas militares acuarteladas en sus estados. La Ley de Derechos Civiles fue aprobada por el veto de Johnson, al igual que otras medidas similares.

Las tropas federales ordenaron ahora que se celebraran "convenciones" en los estados del sur, que eran similares a las convenciones convocadas por los autores de la Revolución Francesa. A estas convenciones se les ordenó que hicieran tres cosas: (1) anular la ordenanza de secesión; (2) repudiar todas las deudas de la Confederación; y (3) declarar abolida la esclavitud. La Enciclopedia de Collier señala que estas convenciones constitucionales celebradas en los estados del Sur estaban compuestas por (1) esclavistas (renegados sureños); (2) embolsadores de alfombras; y (3) negros. El World Book los enumera en un orden ligeramente diferente, como negros, embolsadores de alfombras y esclavizadores. Estas convenciones crearon gobiernos republicanos radicales en los estados del sur, que no eran más que gobiernos de ocupación, creados por la fuerza militar. Entre 1868 y 1870, los estados del Sur estuvieron representados de nuevo en el Congreso, pero sólo por delegados elegidos por estos tres grupos. Collier señala que después de que Grant fuera elegido Presidente en 1868, "Era importante mantener gobiernos Republicanos Radicales de los estados del sur porque estas organizaciones corruptas proveían votos para el Partido Republicano". En gran parte por esta razón, la Decimoquinta Enmienda fue aprobada por el Congreso y su ratificación hizo una condición para la readmisión a la Unión para Virginia, Mississippi, Texas y Georgia. Los gobiernos de Reconstrucción en el Sur sólo podían sostenerse por la fuerza.

Así, Collier's hace una declaración definitiva sobre la Decimoquinta Enmienda, que fue aprobada por chantaje de los estados del Sur, y que fue una mera estratagema política del Partido Republicano para mantener su poder político. La razón por la que estos gobiernos estatales brutales y extraños de los cananeos masónicos sólo podían sostenerse por la fuerza era por su odio inquebrantable y su brutalidad hacia el pueblo de Sem. Los tribunales militares y federales, cuyo dictado sólo puede ser aplicado por la ley marcial, difícilmente pueden ser aceptados por cualquier persona. La ocupación militar del Sur fue similar a la actual ocupación militar de Alemania Oriental, Checoslovaquia y otras naciones europeas por parte de los ejércitos soviéticos. Una ideología alienígena fue impuesta a un pueblo derrotado por la fuerza bruta. La Decimotercera Enmienda a la Constitución de los Estados Unidos fue promulgada en 1865 por la ley marcial. La Decimocuarta Enmienda fue promulgada en 1868 por la ley marcial. La Decimoquinta Enmienda fue promulgada en 1870 por la ley marcial. La ocupación militar de los estados del sur no terminó hasta 1877, doce años después del final de la Guerra Civil. La ocupación se mantuvo a lo largo de esos años únicamente como medida punitiva, con la esperanza de matar de hambre a los últimos sobrevivientes blancos de la Guerra Civil.

Así, encontramos que la Decimotercera Enmienda, promulgada en 1865, durante la ocupación militar, abolió la esclavitud; la Decimocuarta Enmienda, que cambió la condición de ciudadanía en los Estados Unidos, fue promulgada en 1868 durante la ocupación militar; y la Decimoquinta Enmienda, que dictó procedimientos de votación, fue promulgada en 1870 durante la ocupación militar. Estas enmiendas eran similares a las órdenes emitidas por los comandantes soviéticos hoy en día en Alemania Oriental o en Checoslovaquia. En 1868, cuando se ratificó la Decimocuarta Enmienda, Gran Bretaña seguía enviando barcos cargados de prisioneros políticos al río Swan en Australia Occidental como mano de obra esclava. Muchos de ellos eran "políticos irlandeses", que fueron deportados para acabar con la resistencia popular a la ocupación británica de Irlanda.

La Ley de Derechos Civiles del 9 de abril de 1866 declaró, "Sea promulgada, que todas las personas nacidas en los Estados Unidos y no sujetas a ninguna potencia extranjera, excluyendo a los indios no gravados, son declaradas por la presente como ciudadanos de los Estados Unidos. Este acto anuló el arte. 1, Sec. 2, Cl. 3 de la Constitución que define a las "personas libres"; aún así, la Ley de Derechos Civiles continuó la exclusión de los "indios no gravados" de la ciudadanía. Esta ley también excluye de la ciudadanía a todos los miembros de la Orden Masónica, porque están sujetos a una potencia extranjera.

El estado de la ley marcial bajo el cual se ratificaron estas tres enmiendas a la Constitución fue autorizado por la Primera Ley de Reconstrucción, de fecha 2 de marzo de 1867: "Mientras que en los estados rebeldes no existen gobiernos estatales legales ni protección adecuada de la vida o de la propiedad", los diez estados del sur se dividieron en cinco distritos militares. El presidente Johnson vetó el proyecto de ley el mismo día, señalando que "El proyecto de ley coloca a la población de los diez estados nombrados en él bajo la dominación absoluta de un gobierno militar, pero cada estado tiene un gobierno real". Johnson señaló además que el oficial al mando es 'un monarca absoluto', lo que constituye una clara violación de las disposiciones de la Constitución. También dijo: "Este es un proyecto de ley aprobado por el Congreso en tiempo de paz[la guerra había terminado hace dos años]." Señaló además la ausencia de "guerra o insurrección" y que las leyes ya estaban en funcionamiento armonioso en los estados del sur. Johnson concluyó su mensaje de veto de la siguiente manera: "La Constitución prohíbe el ejercicio del poder judicial de cualquier manera menos una, es decir, por los tribunales ordenados y establecidos." Así que Johnson excluyó el ejercicio de los tribunales militares en los estados del sur.

La Segunda Ley de Reconstrucción, de fecha 23 de marzo de 1867, estableció el control militar sobre la votación en los estados del sur. Elecciones libres, ¿alguien quiere? El Presidente Johnson lo vetó de nuevo el mismo día. Ninguna consideración podría inducirme a dar mi aprobación a tal ley electoral para ningún propósito, y especialmente para el gran propósito de enmarcar la Constitución de un Estado. El proyecto de ley fue aprobado por encima de su veto.

La Tercera Ley de Reconstrucción, de fecha 19 de julio de 1867, extendió aún más poderes a los comandantes militares de los estados del sur. Dispone que ningún oficial militar en ningún distrito estará obligado por ningún oficial civil de los Estados Unidos. Al dar poder absoluto al oficial al mando, la Tercera Ley de Reconstrucción confirmó que los estados del sur estaban sometidos a la ley marcial absoluta, un punto importante que debe plantearse en una impugnación constitucional de la validez de las Enmiendas Decimotercera, Decimocuarta y Decimoquinta. También hay que señalar legalmente que si estas enmiendas eran y son ilegales, después de haber sido promulgadas bajo ley marcial, todas las enmiendas posteriores a la Constitución también son inválidas, ya que no sólo no están numeradas correctamente, sino que también deben considerarse como si hubieran sido promulgadas de acuerdo con las disposiciones de estas tres enmiendas, que cambiaron los requisitos para la ciudadanía y el derecho al voto!

La Cuarta Ley de Reconstrucción impuso restricciones aún mayores a las votaciones en los estados del sur ocupados militarmente.

Debido a que se opuso a las cuatro Leyes de Reconstrucción, que eran claramente inconstitucionales, los Republicanos Radicales pidieron que se procesara al Presidente Johnson y se le destituyera del cargo. Esta ha sido una de las tácticas favoritas de aquellos que han sido derrotados en las urnas, como los presidentes Nixon y Reagan descubrieron más tarde. La decisión de destituir a Johnson se perdió por un solo voto. Los Republicanos Radicales habían aprobado las cuatro Leyes de Reconstrucción sólo porque habían tomado previamente la precaución en julio de 1866 de reducir el número de jueces del Tribunal Supremo de diez a siete, temiendo que el Presidente Johnson pudiera nombrar a jueces que mantuvieran su opinión sobre las Leyes de Reconstrucción. Esa es la "ley de la tierra". En abril de 1869, después de que Grant fuera elegido Presidente, el Congreso volvió a aumentar el número de jueces a nueve, que sigue siendo el número actual. Posteriormente, el Congreso denunció a los presidentes por sus intentos de"empaquetar" el Tribunal Supremo, un privilegio que parece reservado para ellos mismos. Grant nombró a los jueces que unánimemente dictaminaron a favor de la inconstitucionalidad de las Leyes de Reconstrucción. Como Presidente del Tribunal Supremo, Salmon P. Chase, el banquero neoyorquino, se resistió a todas las impugnaciones a las Leyes de Reconstrucción por parte de los estados cautivos del Sur, declarando que estas Leyes eran de hecho ''constitucionales''. De 1830 a 1860, había sido conocido en Ohio por su trabajo en la ayuda a los esclavos fugitivos; se le llamaba "el fiscal general de los esclavos fugitivos". Más tarde fundó el Banco Chase, que ahora está aliado con la Compañía Manhattan de Aaron Burr para formar el Banco Chase Manhattan.

Los Republicanos Radicales en el Congreso estaban encabezados por el ardiente Thaddeus Stevens, un abogado de Pennsylvania que, a través de juiciosas inversiones en bienes raíces, se había convertido en el mayor contribuyente de Gettysburg. Era un lisiado grotesco, de pies zambos, descrito por sus contemporáneos como "zorro", con voz hueca y una mueca permanente. "Era calvo por los efectos de alguna enfermedad, y llevaba una peluca de color castaño. Durante muchos años su única compañera había sido su amante mulata, Lydia Smith; murió en su cama.

La ocupación militar fue la principal fuerza que sostuvo la depredación de los "carpetbaggers" en los estados del sur. Se habían apiñado para amasar rápidamente grandes fortunas en tierra al confiscar la propiedad de los empobrecidos sureños, incapaces de pagar los ruinosos aumentos votados por las escabrosas legislaturas. Durante la Reconstrucción, seis millones de acres en el estado de Mississippi fueron vendidos por impuestos atrasados. Las escabrosas legislaturas se embarcaron en grandes juergas de gastos, acumulando enormes deudas estatales con los banqueros. Durante la Reconstrucción, la deuda del estado de Louisiana aumentó de catorce a cuarenta y ocho millones de dólares; en Carolina del Sur de siete a veintinueve millones; en Florida de apenas 524,000 a cinco millones de dólares. El Fairfield Herald de Carolina del Sur escribió editorialmente, el 20 de noviembre de 1872, "Reconstrucción... una política infernal, que ha pisoteado al más bello y noble de los estados, nuestra gran estadidad bajo los cascos impíos de los salvajes africanos y de los bandidos atados de hombros -la política que ha renunciado a millones de nuestros hermanos y hermanas de almas elevadas y nacidos libres-, de Washington, Rutledge, Marion y Lee, a la regla de los bárbaros que adoran al diablo, de las selvas de Dahomey, y perpetuados por los bucaneros de Cape Cod, Memphremagog, Hell, y Boston. Nótese que incluso un editor sureño sabía de la adoración al diablo de los cananeos. Sorprendentemente, esto fue escrito durante la ocupación militar, o mejor dicho, durante su cierre. Los descendientes de los "carpetbaggers" ahora son dueños de toda la prensa del Sur, y tal editorial no puede ser leído en ningún lugar del Sur hoy en día."

La ocupación militar del Sur se reforzó aún más cuando el presidente Grant aprobó la Ley de la Fuerza de 1870. Este acto suspendió el hábeas corpus y puso el poder total en manos de los ocupantes militares de los estados del sur. Sus leyes de aplicación de la ley de 1871 pusieron las elecciones del Congreso en el Sur bajo el control de las autoridades federales, un método que se reavivó en las décadas de 1960 y 1970, cuando las autoridades federales invadieron de nuevo los estados del Sur para poner las elecciones bajo su supervisión. Estos fueron los auspicios bajo los cuales la Constitución de los Estados Unidos fue reescrita y anulada. En 1877, doce años después del final de la Guerra Civil, doce años después de la ratificación de la Decimotercera Enmienda, nueve años después de la ratificación de la Decimocuarta Enmienda y siete años después de la ratificación de la Decimoquinta Enmienda, el Presidente Hayes retiró las tropas federales de los estados del Sur.

El saqueo escandaloso del empobrecido Sur se caracterizó por la carrera de Franklin Israel Moses Jr. en Carolina del Sur. Su padre había sido nombrado Presidente de la Corte Suprema de Carolina del Sur durante el período de la Reconstrucción, sirviendo en esa oficina desde 1868 hasta 1877. Significativamente, terminó su mandato cuando se retiraron las tropas federales. En 1866, Moses Jr. comenzó a publicar un periódico, Sumter News, que apoyaba con entusiasmo las cuatro leyes de reconstrucción. Fue elegido Presidente de la Cámara de Representantes por la "Liga Leal", un grupo escandaloso. Durante más de una década, gastó millones de dólares en una vida lujosa, dinero que acumuló al aceptar sobornos en el cargo y al presentar vales de pago estatales falsos para cientos de empleados estatales inexistentes. También se ocupó en gran medida de los contratos estatales fraudulentos. Compró una mansión de $40,000 (el equivalente a $10 millones en dinero de hoy), y fue reconocido como el mayor gastador de Carolina del Sur. Con la retirada de las tropas federales, que protegían celosamente los "derechos" de tales sinvergüenzas, fue sometido a escrutinio por sus actos criminales. En 1878, para evitar ser procesado, huyó a Massachusetts, donde finalmente murió en 1906. Durante el resto de su vida, fue conocido como un adicto a las drogas y embaucador de confianza. La saga de Moisés recuerda el aroma que acompañaba cada acto de los scalawags y carpetbaggers en el Sur.

En *La Era Trágica* de Claude Bowers, uno de los muchos libros que han documentado los excesos del período de la Reconstrucción, Bowers escribe en la p. 29, "... en Louisiana, Sheridan sacudiendo la espada, salpicaba epítetos en un intento de salvar a los Radicales que sirvió de la destrucción que merecían... Bowers describe la reconstrucción como 'cromwelliana', una buena descripción. La revolución en el Sur que sirvió para introducir fue en esencia una interpretación cromwelliana de la Orden Cananea Masónica. La burla de las leyes electorales y, de hecho, del sistema legal bajo la Reconstrucción fue notablemente expuesta por Bowers cuando escribió sobre el episodio de Durell. Un grupo conservador había elegido a John McEnery como Gobernador, pero una junta que regresaba ilegalmente había ignorado su elección y dado la Gobernación a su oponente, W. P. Kellogg, sin siquiera contar los votos, aunque una junta que regresaba legalmente ya había certificado la elección de McEnery. Bowers escribe, "El borracho Juez Federal Durell, con los temblorosos dedos de la embriaguez, había escrito su mandato de medianoche en contra de la junta de regreso legal, e instruyó al Mariscal Packard, el gerente republicano, para que tomara posesión de la Casa de Estado... A la mañana siguiente, el juez que estaba borracho declaró que la junta legal era ilegal y le impidió contar los resultados de las elecciones." Bowers señaló que la audacia del crimen sacudió a la nación. Llamando a Durell 'tirano borracho', Bowers relata la amplia protesta contra su acto vicioso. Hoy en día, el nombre de Durell sigue siendo despreciado en el estado de Luisiana como sinónimo de tiranía judicial federal. Durell era típico de los déspotas orientales enamorados, actuando con el respaldo de las tropas federales, como lo hacen todavía hoy, que utilizan la Constitución de los Estados Unidos como papel higiénico mientras aplastan al pueblo de Shem bajo los talones de su orden masónica judicial de la tiranía cananea. Son los Durells quienes han hecho de las cortes federales las instituciones más odiadas de la vida estadounidense hoy en día, en 1987, tal como Durell las hizo despreciar en 1872.

Debido a las depredaciones de escabullidores como Durell y Moses, los derrotados sureños habían perdido más de 500 millones de dólares en efectivo durante la Guerra Civil, como resultado de sus compras patrióticas de bonos confederados, que fueron repudiados al cien por cien por las escabrosas legislaturas. Sólo quedaban sus tierras. Casi la mitad de sus activos fueron computados en sus posesiones de esclavos, y estos ya no estaban. Gran parte de su tierra fue ahora confiscada, debido a los fuertes impuestos impuestos impuestos por la autoridad de las tropas federales. De una población total de sesenta millones de habitantes, los diez estados del sur habían sufrido cinco millones y medio de víctimas, aproximadamente el 10%; en 1865, una cuarta parte de la población masculina estaba muerta o incapacitada. Parecería imposible que incluso la gente de Sem continuara después de tales pérdidas, pero sobrevivieron, a pesar de que los crueles doce años del Período de Reconstrucción fueron diseñados para asegurar que ninguno de ellos sobreviviera.

Es un hecho de derecho que la legislación promulgada durante los períodos de la ley marcial es válida sólo durante el período para el cual se declara y mantiene la ley marcial. Sorprendentemente, las Enmiendas Decimotercera, Decimocuarta y Decimoquinta nunca han sido cuestionadas sobre esta premisa básica de la ley. La Decimotercera Enmienda abolió la esclavitud, a pesar de que el Presidente Johnson informó al Congreso que no tenían poder para interferir con la esclavitud; la Decimocuarta Enmienda cambió los requisitos para la ciudadanía, a pesar de que el Congreso no tenía poder para actuar sobre esta cuestión. Johnson instó a los estados del Sur a rechazar la Decimocuarta Enmienda; vetó las cuatro Leyes de Reconstrucción, demostrando que la rama ejecutiva del gobierno se oponía de manera inalterable a los excesos de los Republicanos Radicales en el Congreso.

El Oxford Companion to Law dice, "En la Edad Media, ley marcial significaba ley administrada por el Tribunal del Condestable y el Mariscal - ahora significa ley aplicable en virtud de la Prerrogativa Real a territorio extranjero ocupado por el momento por las fuerzas armadas de la Corona."

Así, las tropas federales que ocuparon los estados del sur estaban ejerciendo una prerrogativa real, que no tenía nada que ver con la Constitución de los Estados Unidos, de ahí el veto del

Presidente Johnson a las Leyes de Reconstrucción. Es el ejercicio del poder absoluto sobre la población por un oficial militar que responde directamente ante el Presidente. No se ha impuesto ninguna ley marcial en Gran Bretaña desde el siglo XVII. La ley marcial podrá, excepcionalmente, establecerse dentro del propio Estado, en sustitución del gobierno organizado y la administración de justicia, cuando exista un estado de guerra, o rebelión, invasión u otro disturbio grave; en tal caso, la justicia será administrada por sus tribunales de derecho marcial y militar.

No puede haber dos gobiernos que ejerzan la misma autoridad en la misma área; cuando los gobiernos militares fueron establecidos por las Leyes de Reconstrucción en los diez estados del Sur de 1865 a 1877, ningún otro gobierno tenía soberanía en esos estados; por lo tanto, no se podía promulgar ninguna legislación excepto bajo el paraguas de la ley marcial; por lo tanto, cuando la ley marcial terminó, toda la legislación promulgada bajo la ley marcial era nula.

El Diccionario de Leyes de Black dice de la ley marcial, "la autoridad militar ejerce control sobre los civiles o la autoridad civil dentro del territorio nacional. Ochikubo contra Bonesteel, D.C.Cai. 60 F supp. 916, 928, 929, 930."

El diccionario Webster dice de la ley marcial: "De Marte, Dios romano de la guerra". La ley se aplica a todas las personas y bienes en territorio ocupado por las autoridades militares. El Diccionario de Inglés de Oxford dice de la ley marcial: "1548 Hall Chron". HenIV 7b. Él hizo que los hombres lujuriosos de los dyvers apelaran a los hombres mayores de los dyvers sobre asuntos determinables como el derecho consuetudinario de la corte marcial. La Diaconía Ecuménica también declara la ley marcial, "Ese tipo de gobierno militar de un país o distrito, en el que se suspende la ley civil y las autoridades militares están facultadas para arrestar a todas las personas sospechosas a su discreción y castigar a los delincuentes sin un juicio formal". 1537 Hen VIII. Let, Dk Norfk St Papr ii 537... El curso de nuestras leyes debe dar lugar a los ordinaunces y estados marciall, nuestro placer es que usted causará tales ejecuciones lúgubres que se harán en un buen nombre de thinhabitantes o euery towne, aldea y aldea que han ofendido en esta rebelión y pueden ser un espectáculo ferefull a todos los demás de aquí en adelante, que practicará cualquier materia similar. La Diaconía Ecuménica cita a Wellington diciendo en 1851, sobre la ley militar en Hansard: "La ley marcial era ni más ni menos que la voluntad del general que comanda el ejército. De hecho, la ley marcial no significaba ninguna ley."

Por lo tanto, estas tres enmiendas a la Constitución fueron ratificadas mientras los diez estados del Sur estaban bajo la ley marcial, y 'no tenían ninguna ley en absoluto'. Las Leyes de la Fuerza, las cuatro Leyes de Reconstrucción y la Ley de Derechos Civiles fueron aprobadas por el Congreso, mientras que a los estados del sur no se les permitió celebrar elecciones libres, y todos los votantes estaban bajo la estrecha supervisión de las tropas federales. Incluso la Rusia soviética nunca se ha burlado tanto de los procedimientos electorales!

El Congreso de 1987 fue aún más lejos al cambiar los requisitos para la ciudadanía. The Washington Post, 17 de marzo de 1987, informó que el Congreso ahora ofrecía ventas de ciudadanía por $185 cada uno, con una tasa de negociación de $420 para familias enteras. Se espera que unos dos millones de extranjeros compren estas ofertas de negociación de ciudadanía. El único requisito es que sean criminales, es decir, que estén presentes en los Estados Unidos en abierta violación de las leyes de los Estados Unidos. Es la mayor amenaza para el pueblo de Shem desde que el presidente Carter persuadió a Castro para que le permitiera tener muchos miles de homosexuales cubanos y Marielitos criminalmente locos para importar a los Estados Unidos. La subsiguiente ola de crímenes en todo el país ha aterrorizado a nuestras ciudades. El acuerdo Carter-Castro violó abiertamente todos nuestros procedimientos de inmigración obligatorios.

Hay dos conclusiones ineludibles que se pueden sacar de este registro -primero, que las Enmiendas Decimotercera, Decimotercera, Decimocuarta y Decimoquinta, que cambiaron drásticamente las calificaciones para la ciudadanía en los Estados Unidos, los derechos de voto y otros asuntos fundamentales-fueron ratificadas mientras los diez estados del Sur estaban bajo la ley marcial, y sus gobiernos legítimos habían sido reemplazados por la fuerza militar; y, segundo, que la legislación aprobada durante los períodos de la ley marcial en efecto finaliza, o es revocada automáticamente cuando la ley marcial finaliza, y las tropas son retiradas. Los gobiernos de Reconstrucción, que, como señala Collier, sólo podían ser sostenidos por la fuerza, terminaron cuando esa fuerza fue retirada.

Por lo tanto, estas enmiendas a la Constitución no han tenido estatus legal desde 1877, cuando el Presidente Hayes retiró las tropas federales de los estados del sur. Estas enmiendas son y han sido inválidas desde 1877.

CAPÍTULO 8

EL ESTADO DE VIRGINIA

Los tentáculos del pulpo cananita masónico no están más profundamente arraigados que en el estado de Virginia. Conocida por la tradición americana como la "Madre de los Presidentes", es conocida por haber establecido los estándares de vida y cultura del Sur. En realidad, Virginia es un estado degradado y atrasado que desde el principio de la historia había sido invadido y superado por "los hombres decididos de la masonería". Desde la Guerra Civil, el estado ha sido gobernado por una sucesión de masones, y más tarde invadido por una multitud de millonarios, la mayoría de ellos masones, que compraron y desalojaron a la última de las antiguas familias de Virginia, las legendarias"Primeras Familias de Virginia", de sus casas históricas. En la mayoría de los casos, estos showplaces se han convertido en publicidad para el tipo de decoración que aparece en 'Better Homes and Gardens'.

El estado de Virginia está dominado por tres grandes áreas residenciales, el noreste, que es una comunidad de dormitorio para los trabajadores del gobierno federal en Washington, D.C.; el eje de Richmond, que está totalmente dominado por la floreciente burocracia estatal, y el área de Norfolk, que está dominada por una enorme base naval, y la burocracia de defensa. Así pues, el Estado no es más que un vasallo de la burocracia. Al examinarla de cerca, su tan cacareada "cultura" se desvanece como la niebla matutina. Sus "grandes" escritores consisten en dos ricos diletantes, James Branch Cabell y Ellen Glasgow, cuyos libros ilegibles y no leídos languidecen en los estantes de las bibliotecas hasta que se les dispone con misericordia en las ventas de garaje.

Estas dos figuras del establishment causaron poca o ninguna impresión en el mundo literario. Cabell produjo unos dieciocho volúmenes sobre un lugar imaginario al que llamó "Poictesme"; su significado aparentemente no era conocido por nadie más que por él mismo. La tradición literaria de Virginia fue enterrada con Edgar Allen Poe. En el siglo XX, jóvenes escritores y artistas huyen del estado como refugiados de pandillas que huyen a través de un pantano fétido, antes de que sus talentos sean irrevocablemente dañados y envenenados por los vapores nocivos emitidos por el estado carcelario de Virginia, el resultado de su dominación por la burocracia. Estos jóvenes nunca regresan; por lo tanto, Virginia alimenta la vida cultural de otros estados, pero nunca la suya propia.

Como en los días más temidos del reinado del terror durante la Revolución Francesa, el estado de Virginia está invadido por hordas de agentes y espías, la mayoría de los cuales no tienen idea de que en realidad están siendo "dirigidos" por el Servicio de Inteligencia Británico, que controla totalmente a los altos funcionarios del estado. El FBI mantiene su escuela de entrenamiento en la base de la Marina en Quantico, Virginia. Aquí se les enseñan técnicas para seguir a los "subversivos", que en la mayoría de los casos resultan ser cualquiera que profesa creer en la Constitución de los Estados Unidos. La CIA también tiene su enorme cuartel general babilónico en McLean, Virginia, así como varias escuelas de entrenamiento y "casas seguras" en todo el estado, áreas cerradas como Vint Hill y otras reservas sagradas. Estas agencias mantienen una estrecha relación (leer el control) sobre las agencias de policía estatales y locales en todo el estado de Virginia. Al policía le resulta muy emocionante que le digan que puede vigilar mientras los agentes del FBI o de la CIA roban, o "bolsa negra", la casa de "disidentes", robando lo que sea que puedan suponer de valor para inculparlo de una acusación criminal o internarlo en una institución psiquiátrica. Algunas de las cosas que toman, por supuesto, son simples "objetos de valor", que enriquecen el bolsillo privado de los agentes. Aunque ha habido miles de incidentes de este tipo en los últimos cincuenta años, sólo unos pocos casos que han desafiado a estos extraños intrusos se han presentado ante los tribunales controlados, donde los jueces que han cumplido con sus obligaciones los han desestimado rápidamente como "paranoicos".

El estado también tiene un gran número de espías en agencias tales como la Junta Estatal de Control de Licores, el Departamento de Impuestos y otras agencias cuyo celo proviene directamente de los peores días del Reino del Terror. Durante el Imperio Bizantino, el Emperador utilizó las ganancias de su monopolio de licores y vinos para pagar los enormes gastos de su casa. En el estado de Virginia, un emperador bizantino local, el senador Harry Byrd, que entonces era gobernador, aprobó la Ley ABC en 1933 en un plebiscito típico de Virginia; más tarde se descubrió que había sido copiado del estatuto que estableció el Soviet Liquor Trust en Rusia. El patrocinio y las ganancias del Fideicomiso de Licores se han convertido desde entonces en el pilar de la Máquina de Fiesta. La red estadounidense de agentes de ABC aterroriza a los pequeños empresarios con sus tácticas cuidadosamente desarrolladas, como las de la Gestapo, y su vigilancia constante.

Cualquier informe desfavorable significa la pérdida del negocio, después de que la importantísima "licencia" sea suspendida. Este poder crea un clima político ideal para el control totalitario, continuas sacudidas, que eufemísticamente se llaman "contribuciones", ya sea a la máquina política o a los "coleccionistas" que prometen pasar los fondos a los partidos adecuados. El hecho de que esto ocurra no se puede rastrear de ninguna manera. Con estos beneficios, Byrd construyó la mayor burocracia estatal socialista per cápita de Estados Unidos, que sin esfuerzo perpetuó su dominio de la máquina a lo largo de su larga carrera política. Para mantener la ilusión de una "democracia bipartidista", Byrd solía permitir una oposición simbólica en las campañas políticas para los cargos estatales, pero nunca permitió que ningún oponente serio desafiara su reinado. Como resultado, nunca tuvo que hacer campaña, ni tuvo que gastar los millones que se habían recaudado para pagar los gastos de su campaña. Rutinariamente llenaba las oficinas estatales con hombres de apariencia parecida a Byrd, ancianos, de voz suave, pelo blanco y bebedores que hablaban despacio y con cuidado, con las modulaciones del Viejo Sur de un guardabosques con tapa de lana en el baño de hombres de un exclusivo club de campo.

El mismo Byrd era simplemente el heredero de una corrupción anterior de larga data. Después de la Guerra Civil, los "carpetbaggers" se habían apiñado en Virginia, arrebatando los lamentables restos de la propiedad a los Virginianos derrotados y empobrecidos. La corrupción alcanzó su apogeo en 1893, cuando el control de la legislatura estatal fue comprado abiertamente, como en una subasta de ganado, por el senador Thomas Martin. Martin había sido durante mucho tiempo el abogado de los intereses de Morgan-Behnont en Virginia, y representaba a sus importantes holdings ferroviarios, los ferrocarriles de Chesapeake y Ohio, y los ferrocarriles de Norfolk y Western.

El testimonio del Congreso mostró que J. P. Morgan y Kuhn Loeb Co. controlaban el noventa y dos por ciento de todo el kilometraje ferroviario en los Estados Unidos. Ambos eran fachadas de los intereses de los Rothschild. Los fondos adelantados a tal fin por los intereses de Morgan-Behnont (Behnont era el representante autorizado de los Rothschild en los Estados Unidos) fueron utilizados por Martin en 1893 para comprar nueve miembros de la legislatura por 1.000 dólares cada uno, lo que le dio el control total de ese órgano. Su asistente en este soborno fue William A. Glasgow, Jr. el abogado principal de Norfolk y Western Railway. El principal aliado de Martin en el control de la legislatura estatal fue su hábil ayudante, el senador Hal Flood, abuelo del senador Byrd. Con tales perspectivas políticas ante él, el joven Harry Byrd dejó la escuela a la edad de quince años. En 1919, Martin murió y Byrd se hizo cargo de la máquina. Lo gobernó con mano de hierro durante más de medio siglo. Políticamente, Byrd tenía acceso a todos los fondos que necesitaba para controlar el estado, es decir, los fondos políticos que los agentes de Rothschild distribuían rutinariamente por todo Estados Unidos para mantener su control de la nación. Los fondos procedían de Kuhn, Loeb Co. de Nueva York, la mayor entidad bancaria que gestiona las inversiones de Rothschild en Estados Unidos. Byrd había nacido en Martinsburg, Virginia Occidental; un compañero de clase había sido Lewis Lichtenstein Strauss. Más tarde, Strauss se convirtió en un vendedor itinerante de zapatos. Con el advenimiento de la Primera Guerra Mundial, de repente apareció en Washington como "secretario" de la Administración de Alimentos de los Estados Unidos, siendo nombrado asistente de Herbert Hoover, un antiguo agente de Rothschild que había sido nombrado por ellos como director de su empresa familiar, Rio Tinto. Después de la Primera Guerra Mundial, Strauss fue nombrado socio de Kuhn, Loeb Co. y Byrd, con el dinero de Strauss detrás, se convirtió en Gobernador de Virginia. Strauss compró una gran finca en Brandy Station, Virginia, escenario de la última carga de caballería en los Estados Unidos. Continuó su larga asociación con Byrd durante sus años juntos en Washington. Cuando Byrd se retiró, Strauss se convirtió en el director de campaña de su hijo.

Después de la dominación de Martin del estado de Virginia durante unos treinta años, Byrd estaba en el lugar para tomar el poder, justo cuando Stalin estaba esperando cuando Lenin misteriosamente se enfermó y murió. Durante los siguientes cincuenta años, Virginia sufrió de lo que no fue llamado humorísticamente "la plaga de Byrd", mientras que los sacrificios financieros de toda la vida de Byrd para servir a su país en el Senado le trajeron un vasto imperio familiar de huertos, almacenes, bancos, periódicos y carteras de acciones. Todo esto se había ganado desde que entró en el Senado de Virginia en 1915. Los millones de Byrd fueron sudados históricamente por la mano de obra barata, lo que arrojó alguna luz sobre por qué convirtió vastas áreas de Virginia en regiones desesperadas de pobreza; al mismo tiempo, los estados vecinos como Carolina del Norte disfrutaron de una prosperidad sin precedentes. El tizón de Byrd, que dio lugar a la famosa zona rural de pobreza conocida como los Apalaches, aseguró al imperio de Byrd un amplio suministro de mano de obra barata; él y sus secuaces lucharon amargamente contra los esfuerzos del gobierno para intervenir con sus diversos programas. Byrd se negó a permitir que los fondos federales se gastaran en Virginia a menos que mantuviera el control absoluto sobre su asignación; debían ir a sus partidarios políticos; ninguna otra necesidad se aplica. Byrd se dio cuenta de que la dispensación de fondos federales traería una horda de supervisores federales a su dominio, mientras luchaba por permanecer en posición de nombrar a cada receptor de estos fondos, garantizándose a sí mismo el apoyo futuro de aquellos que habían recibido "la generosidad de Byrd".

Aunque siempre dependió de las contribuciones de los agentes de los Rothschild, la máquina de Byrd permaneció políticamente inatacable debido a la red estatal de logias masónicas, que había estado en funcionamiento durante unos doscientos años. Ellos controlaban cada negocio y cada oficina estatal y local en cada uno de los condados y caseríos de Virginia. Nadie podía esperar ningún avance o preferencia, ni siquiera un préstamo bancario, sin la aprobación masónica. El historiador Allen Moger escribe que "el poder de Byrd asombró a los observadores"; "fue explicado por los amigos como una asociación de hombres de ideas afines." Moger no nos dice a qué se dedicaban las mentes similares, o que eran "los hombres decididos de la masonería". El libro de Moger, *'Virginia: Bourbon to Byrd*, Universidad de Virginia, 1968, ni siquiera menciona la masonería en el índice. No sólo eso, sino que Moger sólo menciona la Ley de la Reserva Federal dos veces al año, sin dar crédito al hecho de que este proyecto de ley fue originado en la Cámara por Carter Glass de Lynchburg, co-autor por el senador Owen de Lynchburg, y firmado como ley por el presidente Woodrow Wilson de Staunton. De hecho, el Virginiano Woodrow Wilson, dejó un legado insuperable a la nación; nos dio el impuesto sobre la renta, la Primera Guerra Mundial y la Ley de la Reserva Federal. Ningún otro Presidente puede decir que ha ensillado a sus desafortunados compatriotas con tantas cargas aplastantes.

Mientras que Byrd mantuvo el estado de Virginia en la pobreza, los periódicos mantuvieron el estado en la ignorancia. Habiendo sido totalmente tomados por la Orden Masónica de los Cananeos, cuidadosamente se abstuvieron de imprimir cualquier cosa que el Pravda (o Verdad) de Byrd desaprobara. No era necesaria la censura; todos los editores y reporteros del estado sabían lo que se requería de su periodismo imparcial. El área "federal", la comunidad de dormitorios al noreste de la frontera con Washington, estaba dominada por el *Washington Post*, la propiedad familiar de la familia Meyer. Eugene Meyer, socio de los banqueros internacionales de Lazard Freres, había comprado el periódico a bajo precio, y poco a poco fue sacando a toda su competencia del negocio. El activista político, Lyndon LaRouche, también operaba en el área de Washington. Se le dio rienda suelta hasta que publicó una historia que decía que "la viuda negra", Katharine Graham, hija de Eugene Meyer, había matado a su marido, Philip Graham, para impedir que le entregara el correo a su actual novia. Poco después de que LaRouche publicara esta historia en su periódico, 648 agentes federales se apiñaron en su cuartel general en Leesburg, Virginia, confiscando todos sus documentos y llevando a muchos de sus asistentes a la cárcel. Si buscaban el certificado de defunción de Philip Graham, la razón ostensible de la redada, no lo encontraron; las agencias involucradas se habían negado firmemente a entregarlo, o incluso a dejar que nadie lo viera. Si LaRouche había tenido alguna duda sobre el poder detrás del Washington Post, pronto se iluminó; toda su operación parecía haber quedado destrozada.

Byrd mismo tradicionalmente estableció la línea del partido para el estado en su cadena de periódicos, que se dirigía desde Winchester. Una encuesta realizada por profesores de periodismo clasificó al estado de Virginia en el puesto 49 de la nación en el registro de las campañas de servicio público de su prensa. Los periódicos de Byrd, al igual que la mayoría de los demás periódicos de Virginia, eran generalmente considerados por la profesión como "el final del camino" debido a sus salarios y condiciones de trabajo más bajos. La mayoría de los editores de Virginia, Masones para el hombre, se conformaban a la imagen que Byrd cultivaba, y sólo aspiraban a ser aceptados en la "escudería" local. Al mismo tiempo, publicaban continuamente editoriales negando cínicamente que hubiera habido una "máquina Byrd" en el estado de Virginia.

La prensa oriental del estado está totalmente dominada por Media General, un conglomerado formado por los periódicos de Richmond y una publicación de Norfolk. Los periódicos de Richmond tenían fuertes conexiones con los scalawag y los carpetbagger; después de la Segunda Guerra Mundial mostraron una poderosa dirección de la CIA. Su presidente, Joseph Bryan, había servido en la Inteligencia Naval durante la Primera Guerra Mundial, y como presidente del 5° distrito de la Reserva Federal. Para probar sus credenciales liberales estelares, fue nombrado miembro de la junta de supervisores de la Universidad de Harvard. Su hijo se casó con la fortuna de Standard Oil, la familia Harkness Davidson. También es director de la Hoover Institution, un grupo de reflexión supuestamente derechista, y miembro del exclusivo Bohemian Club de San Francisco. El vicepresidente senior de Media General es James A. Linen IV. Anteriormente fue vicepresidente del National Enquirer, que es ampliamente reputado como una operación de la CIA o de la mafia, o de ambas, es hijo de James A. Linen III, el editor de la revista Time desde hace mucho tiempo. James A. Linen IV es también presidente de la American Thai Corporation, que opera en el área de marketing del imperio de la droga conocida como 'el Triángulo Dorado', un área que ha estado dominada por la CIA durante años. El fundador de ass (posteriormente la CIA), William J. Donovan, fue nombrado embajador en Tailandia en 1953.

Durante muchos años, Richmond Newspapers tuvo como presidente de la junta a Paul Manheim, socio de Lehman Brothers en Nueva York. Los Lehman ganaron millones durante la Guerra Civil, cuando operaron como agentes y arregladores para ambos beligerantes, moviéndose fácilmente de un lado a otro a través de las zonas de guerra. Paul Manheim también fue director de Bankers Trust en Nueva York y de Paramount Pictures en Hollywood. Su hermano Frank Manheim, también socio de Lehman Brothers, fue director de Warner Brothers. Ejercieron control financiero sobre estos estudios gigantescos durante los años en que los productores producían sin descanso imágenes de izquierdas; esto no podría haberse hecho sin su aprobación.

El fallecimiento de Harry Byrd no trajo ningún cambio significativo a la mano de hierro que gobernaba Virginia; los mismos oficiales de la Orden Masónica de Cananeos continuaron ejerciendo el poder absoluto. El estado se deprimió aún más, su gente se desanimó aún más, y cada vez más desconfiaba unos de otros, sumida en el odio a sí misma y la tristeza. La excrecencia de Byrd no fue más que la manifestación en el siglo XX de un cáncer que ha podrido la vida en Virginia desde el primer asentamiento. La obra definitiva de Vernon Stauffer, "New England the Bavarian Illuminati", reproduce un discurso pronunciado por el Reverendo Jedediah Morse, pronunciado en Charleston el 25 de abril de 1799, del cual extractos: Desde hace mucho tiempo se sospecha que en algún lugar de este país existían sociedades secretas, bajo la influencia y dirección de Francia, con principios subversivos de nuestra religión y gobierno... Tengo, mis hermanos, una lista oficial y autentificada de los nombres, edades, lugares de nacimiento, profesiones, etc. de los oficiales y miembros de una Sociedad de Iluminati (o como son ahora más general y apropiadamente Iluminados) que consiste en cien miembros, instituidos en Virginia, por el Gran Oriente de Francia... La fecha de su institución es 1786... Morse tradujo entonces una carta en francés para beneficio de la audiencia, del Maestro francés a los discípulos de Virginia, Al este de la Logia de Portsmouth en Virginia, el 17 del 5° mes, en el año de (V. L.) Luz Verdadera 5798: La (R. L. Pte...Pte...Fse...) respetable logia provincial francesa, nombrada regularmente bajo el título distintivo de SABIDURÍA, n° 2660 por la GRAN ORIENTE DE FRANCIA. A la (T... R... L...) muy respetable Logia Francesa, la Unión, No. 14, constituida por el Gran Oriente de Nueva York. S.. F.. V.. TT.. CC... y RR... FF. Estas abreviaturas son aparentemente un código secreto. La carta continúa informando sobre el establecimiento de dos nuevos talleres masónicos en Petersburgo, Virginia, y en el este de Port de Paix en la isla de Santo Domingo. Concluye con el saludo: "Que el Gran Arquitecto del Universo bendiga vuestros trabajos y los corone todo tipo de éxitos". P.. L.. N... M... Q... V... S... C... TT... CC... y TT... RR... FF... Por orden de la muy respetable Logia Provincial de la Sabiduría, Guieu, Secretario. Morse declaró que en ese momento había por lo menos mil diecisietecisietecientos Illuminati en los Estados Unidos, "conduciendo sistemáticamente el plan de revolucionar este país... Los cambios que pueden producir por influencia e intriga secretas, las artes novedosas que así pueden exhibir ante los ojos de los hombres, son sin duda medios eficaces para enseñar a los hombres el nuevo sistema de la filosofía, que pone en tela de juicio, y condena todas las viejas y establecidas opiniones, por las cuales se han dirigido hasta ahora los gobiernos de las naciones y la conducta de los individuos."

Así encontramos de la investigación del Rev. Morse que el estado de Virginia había sido infiltrado durante mucho tiempo, y estaba siendo "dirigido" como una colonia por los Illuminati franceses. Mientras tanto, el pueblo de Virginia suponía que tenía un gobierno estatal compuesto de políticos dedicados que sólo deseaban servir a este estado. Este nunca ha sido el caso. La sociedad secreta siempre ha estado en control. Desde el principio, los cananeos masónicos de Virginia siempre ocuparon los cargos más altos. La carrera de Edmund Randolph ilustra bien este punto. La Winchester Lodge No. 12 fue establecida por la Gran Logia de Pennsylvania en 1768. (Winchester fue el cuartel general de toda la vida de Harry Byrd durante sus cincuenta años de gobierno en Virginia; era el dueño del periódico Winchester). La Gran Logia de Virginia fue establecida en Williamsburg, que era entonces la capital de Virginia, el 13 de octubre de 1768, y se dice que es la Gran Logia más antigua de América. El primer Gran Maestre de la Gran Logia de Virginia fue John Blair. En ese momento, era el Gobernador en funciones del Estado de Virginia. El 27 de octubre de 1786, Edmund Randolph fue elegido por unanimidad Gran Maestre de la Gran Logia de Virginia. En ese momento era el Fiscal General del Estado de Virginia. Desde ese día, el sistema legal de Virginia ha estado continuamente en manos de la Orden Masónica. Al día siguiente de su elección como Gran Maestre, Edmund Randolph firmó el acta constitutiva de la Logia de Staunton, Virginia, que se convirtió en la Logia n° 13. El número 13, como hemos señalado, es de gran importancia en la Orden Masónica. Desde entonces, la Logia No. 13 ha jugado un papel fundamental en la conducción de los asuntos de estado. De hecho, la Corte Suprema de Virginia estableció sus oficinas en el Edificio Masónico del Lodge No. 13.

Edmund Randolph tuvo una carrera sobresaliente, moviéndose fácilmente de un alto cargo a otro, como suele ocurrir cuando uno tiene el poder mundial de la jerarquía masónica detrás de él. Su camino fue considerablemente más fácil después de unirse a la Logia de Williamsburg de la Antigua Orden de los Masones de York a la edad de 21 años, en 1774. Unos meses más tarde, se le dio la señal de honor de ser nombrado ayudante de campo al propio General George Washington. Al año siguiente, fue nombrado primer Procurador General del Estado de Virginia. Fue nombrado Sub-Gran Maestre de la Gran Logia de Virginia en 1785, y luego colocó la piedra angular de la nueva Logia Masónica en Richmond. Al año siguiente, fue nombrado Gran Maestro. Edmund Randolph no sólo era un símbolo del poder masónico, sino que él y su familia también representaban el poder tradicional de la Corona Británica en las colonias. Su padre, John Randolph, era abogado del Rey, al igual que su abuelo, Sir John Randolph.

El padre de Edmund Randolph, un importante conservador, demostró su lealtad al Rey al dejar Virginia con el gobernador británico saliente, Lord Dunmore, y regresar a Inglaterra con él. Nunca regresó a Estados Unidos, pero su hijo desempeñó un papel crucial en la redacción de la Constitución. Edmund Randolph fue adoptado por su tío, Peyton Randolph, después de la deserción de su padre; su tío también era abogado del Rey. Peyton Randolph fue también Gran Maestre de la Orden Masónica; pronto fue nombrado primer Presidente del Primer Congreso Continental. Así vemos que el poder británico en las colonias, ejercido a través de los abogados de su rey, también fue ejercido a través de los miembros de la Orden de los Masones, el Rito de York que tradicionalmente estaba encabezado por un miembro de la familia real. Peyton Randolph no tuvo hijos; Edmund heredó sus vastas propiedades.

La lealtad de Edmund Randolph a la causa estadounidense no sólo se vio ensombrecida por la deserción de su padre, sino que él mismo mostró fuertes signos de lealtad a Inglaterra. Thomas Jefferson informó que cuando Patrick Henry pronunció su famoso discurso, "Dame la libertad o dame la muerte", fueron Edmund Randolph y su profesor de derecho, George Wythe, quienes se pusieron de pie, gritando "¡TRAYECTORIA!" Más tarde, Edmund Randolph y Patrick Henry estuvieron a punto de batirse en duelo para decidir si Virginia debía unirse a la Unión. El gobernador George Clinton de Nueva York, miembro de los

Illuminati y destacado masón, ofreció a Randolph un acuerdo para unirse a Nueva York y oponerse a la ratificación de la Constitución. En cambio, Randolph se mantuvo callado sobre el asunto, y fue recompensado por Washington con el puesto de primer Procurador General de los Estados Unidos; Washington entonces lo nombró segundo Secretario de Estado, después de la renuncia de Thomas Jefferson. Virginia fue el décimo estado en ratificar la Constitución; Nueva York fue el undécimo.

Fue Edmund Randolph quien en realidad fue la mano invisible detrás de la redacción de la Constitución. Se había convocado una convención para enmendar los artículos de la Confederación hasta el punto de que fueran aceptados por los estados. En lugar de hacer esto, Edmund Randolph, que entonces era gobernador de Virginia, dirigió hábilmente a los delegados a la idea de escribir un nuevo conjunto de leyes, la Constitución, como una entidad federal que incorporaría a los estados. Él lanzó la agenda para esta nueva causa de acción sobre los delegados sin previo aviso, y pronto los persuadió de que este sería el mejor curso a seguir. Así, fue el Gran Maestre de Virginia, Edmund Randolph, en alianza con Aaron Burr y la Inteligencia Británica, quien impuso a la nación el concepto de un gobierno federal que pudiera gobernar por encima de las soberanías de los estados. Todos nuestros juicios políticos posteriores, incluida la Guerra Civil, surgieron de esta conspiración masónica, que perfeccionó la técnica de poner fin a la soberanía de los diversos estados y ponerlos bajo el despotismo masónico oriental de un gobierno federal central.

Esto se hizo como una típica conspiración cananea masónica. Las "Actas de la Convención Federal" muestran que el contingente de Virginia está formado por "Su Excelencia George Washington, George Wythe, el Gobernador Edmund Randolph, John Blair, James Madison, George Mason y James M. McClurg". Blair fue Gran Maestre de la Gran Logia de Virginia; Edmund Randolph fue el actual Gran Maestre.

George Wythe leyó las reglas que debían seguirse durante la convención. El 29 de mayo de 1787, se estipuló "que el gobierno federal no podía controlar las disputas entre estados, ni una rebelión en ningún estado que tuviera poder constitucional ni medios para interponerse de acuerdo a la exigencia."

El Gobernador Edmund Randolph abrió el caso lanzando un ataque total contra los Artículos de la Confederación. Observó que la confederación no cumplía con ninguno de los objetivos para los que fue creada. [Luego las enumeró; citamos el número 5.] 5. No es superior a las constituciones estatales. Por lo tanto, vemos que la confederación es incompetente para cualquier objeto para el que fue instituida. Nuestro principal peligro proviene de las partes democráticas de nuestra constitución. Randolph planteó entonces el espectro de la falta de defensa, alegando que los estados no tenían defensa contra los ataques, y llamando a un plan de defensa nacional. Ignoró el hecho de que los Estados acababan de concluir con éxito una revuelta contra la mayor potencia militar del mundo. Como parte de la conspiración masónica, Randolph usó este espectro para imponer a la convención una nueva constitución, que estableció una legislatura nacional, un ejecutivo nacional y un poder judicial nacional, creando así lo que nunca había sido deseado o imaginado por los otros delegados, un poder federal supremo que tenía el control de los varios estados.

Como sucede a menudo con los masones prominentes, la carrera pública de Randolph se vio empañada por repetidos escándalos, debido a su relación con las potencias alienígenas. Se había involucrado profundamente con el aventurero Illuminati, Edmond Genet, quien había sido enviado como el primer embajador francés a la nueva República. Genet aterrizó en Charleston el 8 de abril de 1793, para ser recibido con entusiasmo por sus compañeros masones de la Logia de Charleston, la Logia Madre del Mundo. Genet inmediatamente comenzó a actuar como un general conquistador, emitiendo comisiones y cartas de marca a sus colegas masones.

Cuando llegó a Washington, en lugar de presentar sus credenciales inmediatamente al Presidente Washington, como lo exigía el protocolo, lo ignoró. En cambio, Genet dio un gran banquete, durante el cual recibió demostraciones y delegaciones como un monarca visitante. Durante las ceremonias, la simbólica gorra Frigia roja de los revolucionarios Iluminati fue reverentemente pasada de mesa en mesa. Los observadores pronto notaron que "la insolencia prepotente de Genet crecía día a día más intolerable." Thomas Jefferson, que entonces era Secretario de Estado, se veía asediado diariamente por las demandas de que se anularan las credenciales de Genet y se le pidiera que abandonara la capital. Jefferson rechazó estas demandas. A medida que aumentaban, y se ejercía más presión sobre él, Jefferson, en lugar de actuar contra un masón, renunció como Secretario de Estado. Washington designó a Edmund Randolph para sucederlo. En 1794, Genet estaba organizando un ejército para invadir Florida y Louisiana y tomar estos territorios de España. Este fue un elemento clave de un complot masónico para establecer una república separada en las fronteras de las trece colonias, y posiblemente más tarde, para invadir y reconquistar los Estados Unidos para Inglaterra.

Cuando se le informó de estos objetivos militares de Genet, el presidente Washington no tuvo otra alternativa que ordenar al secretario de Estado Randolph que se apoderara de las credenciales de Genet y lo expulsara. Increíblemente, Randolph no actuó a petición directa del Presidente. Para proteger a Genet, retrasó el procedimiento. Sin embargo, Genet era miembro de la facción girondista en Francia, que ahora había sido derrotada por Marat; se le ordenó que fuera retirado del servicio, y un nuevo embajador, Joseph Fouchet, ahora llegó de Francia. El presidente Washington también emitió una proclamación que detenía la expedición propuesta por Genet contra Florida y Louisiana. Este documento, fechado el 21 de febrero de 1794, también fue retenido por Randolph para ayudar a Genet. El 24 de marzo, exasperado por los repetidos retrasos de Randolph, Washington emitió personalmente la proclamación. Mientras tanto, Genet había ido a Charleston, donde fue aclamado como un héroe conquistador por los miembros de la Logia de Charleston, incluyendo a Stephen Morini, Abraham Israel, Isaac y Abraham da Costa, Samuel de la Motta, Israel Delieben y Abraham Alexander.

En agosto de 1795, los envíos de Fouchet a Francia fueron incautados por corsarios; los documentos encontraron su camino de regreso al Presidente Washington. Estos documentos diplomáticos contenían una serie de documentos que implicaban claramente a Edmund Randolph en tratos financieros con fouchet, mostrando evidencia de soborno y traición. Una vez que había visto estos documentos, el presidente Washington no tenía otra alternativa que exigir la renuncia de Randolph. Es el único Secretario de Estado que ha tenido que dimitir bajo tales cargos. Randolph nunca más volvió a ocupar cargos públicos, aunque vivió treinta y ocho años después de su desgracia, muriendo en 1813.

Después de que Edmund Randolph enviara su renuncia, las cuentas del Secretario de Estado mostraron que faltaban 49.000 dólares de los fondos del departamento. Una investigación posterior del Departamento del Tesoro mostró que faltaban $61,000 adicionales, de los cuales Edmund Randolph era el único responsable. Así, el Gran Maestre de la Masonería de Virginia dejó el cargo bajo una nube de acusaciones de soborno, traición y malversación de fondos. Esto no era sorprendente en un hombre que había jurado rebelarse contra Dios e imponer la adoración demoníaca de Baal a sus confiados conciudadanos. Los fondos del gobierno que faltaban nunca fueron recuperados.

Edmund Randolph dedicó sus últimos años a la práctica del derecho. Debido a sus conexiones masónicas, nunca quiso tener clientes. También trabajó durante años en la redacción de una Historia masiva de Virginia, que comenzó en 1786 y terminó en 1810. Por alguna razón, no intentó que se publicara. El manuscrito fue almacenado durante muchos años en el Staunton Lodge No. 13, y finalmente fue publicado por la University of Virginia Press en 1970. Aunque es una obra bien investigada y factual, no contiene ni una sola referencia a la masonería ni al papel que esta organización desempeñó en el control del estado desde detrás de las escenas.

Durante su carrera legal, Edmund Randolph recibió considerable publicidad debido a su defensa de dos criminales controversiales, George Wythe Sweeney y Aaron Burr. Sweeney era sobrino de George Wythe, a quien generalmente se considera el padre de la profesión legal en los Estados Unidos, debido a su larga permanencia como profesor de derecho en el College of William and Mary en Williamsburg. Entre sus alumnos se encontraban Thomas Jefferson, Edmund Randolph y muchas otras figuras políticas. Al igual que su amigo íntimo, Edmund Randolph, el compromiso de George Wythe con la causa de la Revolución siempre fue sospechoso. Fueron Wythe y Randolph los que gritaron: "¡Traición!" en Patrick Henry. En 1793, George Wythe, que actuaba como juez del Tribunal de Equidad de Richmond, falló en contra de los estadounidenses y otorgó a los acreedores británicos el pago total de todos los préstamos de los deudores de Virginia anteriores a la Guerra de la Independencia, manteniéndolos en la valoración completa de los préstamos. Muchos virginianos exigieron que se linchara a Wythe a causa de esta decisión tory, aunque lo más probable es que fuera masónica.

Wythe tenía una joven esposa que murió después de sólo un año de matrimonio; sólo tenía dieciséis años. Henry Clay se convirtió en secretario de Wythe en el Chancery Court y durante algunos años fue como un hijo para él.

El ama de llaves de Wythe, una esclava llamada Lydia Broadnax, se convirtió en su consorte, y tuvo un hijo junto a ella, a quien liberó. El Dr. John Dove reportó los eventos subsecuentes en un documento ahora conocido como "Memorándum de Paloma": Wythe tenía una mujer amarilla de nombre Lydia que vivía con él como esposa o amante, como era bastante común en la ciudad. Por esta mujer tuvo un hijo llamado Mike. En 1806, Wythe llamó a Edmund Randolph para que escribiera un codicilo en su testamento, siempre y cuando parte de sus acciones en el Banco de Virginia quedaran en manos de su hijo, Mike. Wythe tenía un sobrino nieto llamado Sweeney que iba a ser su principal heredero. Wythe afirmó que el sobrino le había estado robando, y llamó a Randolph para que escribiera un segundo codicilo dejando a Mike el resto de sus acciones bancarias. De hecho, la decisión de Wythe fue motivada por su pasión por la juventud, que durante algún tiempo le había servido como catamita, según la Maldición de Canaán.

A través del proceso natural de envejecimiento, Lydia, que tenía más o menos la misma edad que la ahora venerable Wythe, ya no era una pareja de cama satisfactoria. Wythe, todavía lujurioso más allá de sus años, ahora comenzó a satisfacerse con su guapo bastardo mulato. Superado por su pasión por la juventud, cometió un error fatal. La tradición del Viejo Sur era que un dueño podía engendrar tantos hijos mulatos como quisiera, ya que eran una mercancía comercial deseable, y cuanto más liviana era la piel, mayor era el precio; una tradición igualmente poderosa era que esa descendencia nunca podría heredar dinero o propiedades. A menudo se les dejaba algo de ropa, tal vez un reloj de oro, pero nunca se esperó que el propietario les concediera el estatus de tales al desearles grandes sumas de dinero o de tierras en propiedad.

Como violó este principio fundamental, Wythe fue asesinado por su legítimo heredero. Wythe's proveerá que si Mike lo precede en la muerte, Sweeney recibirá todo el patrimonio. Sweeney preparó café para su tío abuelo y Mike, y lo roció con arsénico. Ambos murieron en agonía. Sweeney fue acusado de asesinato, y se presentó mucha evidencia dañina en su contra; que había comprado arsénico, y el testimonio de Lydia de que ella lo había visto poner algo en el café. Sin embargo, Edmund Randolph, que defendió a Sweeney, fue absuelto por el jurado. Así, George Wythe, el padre de la profesión legal en los Estados Unidos, tenía una historia personal plagada de mestizaje, homosexualidad y asesinatos por envenenamiento con arsénico. Una vez más, sólo podemos conjeturar que muchas de las últimas payasadas de la profesión legal en Estados Unidos serían igualmente coloridas si su verdadera historia pudiera ser revelada al público. Wythe había violado un principio básico por el que vivía su sociedad, por lo que su asesinato quedó impune. La escena es digna de un drama turgente en la antigua Roma, tal vez musicalizado por Verdi; un aristócrata anciano resuelve dejar su estado a su catamita complaciente, y es rápidamente envenenado por un pariente enojado. De alguna manera, uno no se sorprende de encontrar que el actor principal en este sudoroso drama es también el reconocido fundador de la profesión legal en Estados Unidos.

Edmund Randolph hizo otra aparición para defender a un conocido criminal; después de haber retrasado la acción del gobierno contra Edmond Genet, Genet fue finalmente deportado. El complot para establecer una república rival en Louisiana fue luego asumido por los líderes masónicos Edward Livingston y Aaron Burr. Burr fue finalmente llevado a juicio por traición en un sensacional proceso que se llevó a cabo en Richmond, Virginia. Aquí de nuevo, los masones trajeron a su antiguo Gran Maestro, Edmund Randolph, para defender a Burr. No es de extrañar que el juez en funciones fuera el Presidente del Tribunal Supremo John Marshall, que en ese momento era Gran Maestre de la Logia de Virginia. Burr fue absuelto. De hecho, para condenarlo, se habría necesitado la fuerza para desafiar toda la conspiración cananea masónica en los Estados Unidos. No apareció ninguna persona así.

La sorprendente absolución de Burr por sus compañeros masones se ha repetido miles de veces en los tribunales de Virginia. Stephen King informa en *La Hermandad* que en Inglaterra, del cincuenta al setenta por ciento de todos los jueces son masones, y que el noventa por ciento de los miembros de la Laws Society (correspondiente a nuestra Asociación de Abogados) son masones. El sistema legal en los Estados Unidos, de todas las apariencias, tiene una preponderancia aún mayor de los masones. Por lo tanto, no tenemos tribunales federales, estatales o locales; sólo tenemos tribunales masónicos. El resultado es que las decisiones judiciales sobre las Reglas de Evidencia, las mociones a favor o en contra del descubrimiento y otros procedimientos legales, se deciden únicamente sobre la base de si ayudarán o perjudicarán a un masón involucrado en la demanda. El Manual Masónico ordena (p. 183-184): "Siempre que veas alguna de nuestras señales hechas por un hermano Masón, y especialmente la gran señal de granizo de angustia, debes estar seguro de obedecerlas, incluso a riesgo de tu propia vida. Si estás en un jurado, y el acusado es un masón, y hace la gran señal de granizo, debes obedecerla; debes estar en desacuerdo con los jurados de tu hermano, si es necesario, pero debes asegurarte de no traer al masón como culpable, pues eso traería desgracia a nuestra orden."

Fue por estas razones que el congresista Thaddeus Stevens patrocinó una resolución exigiendo que se suprimiera la masonería, denunciándola como "una institución secreta, bajo juramento y asesina que pone en peligro la continuidad del gobierno republicano", y además exigió que ser un masón sería causa de un desafío perentorio en la corte, e hizo ilegal que un masón se sentara como juez en un juicio que involucrara a otro masón. Durante años, miles de estadounidenses han estado desconcertados por las extrañas decisiones dictadas en nuestros tribunales. No saben lo que ha ocurrido; las víctimas de estas injusticias no tienen forma de saber que han sido sometidas a los supuestos de un despotismo oriental que se disfraza bajo el color de la ley; que no se puede administrar justicia si el Juez ha prestado juramento, bajo pena de muerte, de fallar siempre a favor de un hermano masón. Pero, pregunta el incrédulo, ¿qué pasa si ambas partes en una demanda son masones, y el juez es un masón qué? En ese caso, amigo mío, el caso será juzgado por sus méritos. Sin embargo, si un no-Mason es parte de la demanda, está obligado a perder.

El Manual continúa: "Si se le llama testigo contra un hermano masón, asegúrese siempre de protegerlo" (1 Corintios 5:10). "Prevaricar, no decir la verdad en este caso, guardar sus secretos, olvidar las partes importantes. Puede ser perjurio hacer esto, es cierto, pero usted está cumpliendo con sus obligaciones."

Este escritor sabe de casos en los que un masón fue llamado a un caso para cometer perjurio contra su propio hermano, con el fin de defender a otro masón. Este escritor ha estado involucrado en muchas demandas en las que la subrogación del perjurio por parte de abogados masónicos estaba a la orden del día; registros alterados, documentos legales que los secretarios de la corte negaron haber recibido a pesar de haber sido entregados personalmente a ellos, jueces que ni siquiera se molestan en leer las mociones presentadas por una persona que no es de la Masonería, y documentos importantes que respaldan sus cargos y que son robados de su casa, incluyendo copias de cheques, recibos, y otros documentos vitales. La Voluntad de Canaán instruye a estos criminales, "Nunca digas la verdad", y son fieles a la amonestación de Canaán. Esto es justicia, ya que se imparte en un sistema legal dominado por los masones, y Virginia es uno de los principales delincuentes. Este escritor ha enviado con frecuencia quejas contra abogados y jueces masónicos a los fiscales de los Estados Unidos; en todos los casos, el

Departamento de Justicia respondió a pruebas documentadas de chantaje y extorsión, 'Debería contratar a un abogado privado'. En otras palabras, búscate un abogado masónico y hazlo desde ahí. El Manual Masónico dice, "Si usted engaña, se equivoca, o defrauda a cualquier otra sociedad o individuo, es asunto suyo. Si engañas al gobierno, la masonería no puede y no te tocará; pero ten mucho cuidado de no engañar, equivocarte, o defraudar a un hermano masón o logia. A quien sea que puedas defraudar, cumple con tus obligaciones masónicas."

Esto de nuevo es meramente una reafirmación de la Voluntad de Canaán. Los tribunales de Virginia son particularmente viciosos en los procedimientos legales que involucran el descubrimiento antes del juicio o el interrogatorio del oponente. En muchas demandas civiles, este escritor ha visto sus demandas de descubrimiento ignoradas por el oponente sin pena, pero en todos los casos, cuando el oponente y sus abogados masónicos hacen las demandas más escandalosas a este escritor, el juez nunca deja de ponerlo bajo orden judicial para que proporcione lo que el oponente pida. En una demanda reciente en la que este escritor demandó para recuperar una malversación sustancial de las ganancias de su historia del Sistema de la Reserva Federal, el malversador hizo que sus abogados pusieran a este escritor bajo orden judicial para que presentara todas sus cuentas de gastos y declaraciones de impuestos sobre la renta de los últimos treinta y tres años. Cuando no pudo hacerlo, se enfrentó a una sentencia de prisión indeterminada, con la alternativa ofrecida por los abogados de que podía entregar toda la cuenta bancaria del producto de la venta de su libro. Esto se hizo; el resultado de treinta y cinco años de trabajo fue para una persona sin principios que había tenido la previsión de contratar a dos de los bufetes de abogados más influyentes de Virginia para que lo defendieran. En cualquier caso, este escritor, al no ser masón, no esperaba obtener justicia en ningún tribunal estadounidense, y nunca lo ha hecho.

El sistema americano de jurisprudencia, tal como se practica, es la consagración de un sistema de despotismo oriental para obligar a los no masones a acceder a la esclavitud de los masones. Este sistema, que no tiene relación con la Constitución de los

Estados Unidos, deriva su autoridad del libro de leyes hindú de Manu, "El mundo entero se mantiene en orden mediante el castigo." Esto es todo lo contrario de la ley del pueblo de Sem, consagrada en el derecho consuetudinario anglosajón, que se basa en la suposición de que, dado que los hombres son básicamente buenos, nunca deben ser obligados a realizar actos contrarios a su voluntad.

Karl Wittfogel expone el sistema en su obra "La Sociedad Hidráulica", en la que define nuestro sistema legal como un sistema de despotismo oriental basado en el control de los suministros de agua por parte del gobierno, su posterior asignación de estos suministros a los adherentes favorecidos, y la condena de todos los demás a sufrir por la falta de agua para las labores agrícolas o las necesidades del hogar. Por lo tanto, las agencias gubernamentales han hecho grandes progresos en la toma del control del agua, el último de los cuales ha sido el desesperado esfuerzo de la burocracia de Virginia para poner todos los pozos rurales bajo control estatal, y para medirlos, ¡cargando al agricultor por el agua de su propia tierra! Este plan soviético es apoyado frenéticamente por "expertos" agrícolas, universidades y otros burócratas.

La consiguiente falta de respeto por la ley y el orden crea un clima en el que el ciudadano ya no puede creer ni confiar en nadie ni en ningún funcionario. Esto produce desesperación, que a su vez pronto producirá un cambio social. Hemos alcanzado el apogeo de la manipulación cínica de nuestro sistema legal por perjuradores y conspiradores criminales que actúan bajo las instrucciones de su orden cananea masónica. O restableceremos el estado de derecho, o estos déspotas orientales nos reducirán a todos a siervos obedientes a todas sus órdenes. Entrar en un tribunal de Virginia y escuchar las risitas de los abogados y jueces masónicos, despreciando a cualquiera que no haya tenido la visión de alistarse en su siniestra conspiración, es darse cuenta de la degradación final de un estado una vez orgulloso y de su pueblo. La dignidad del cargo de Gobernador de Virginia puede medirse por el hecho de que una vez fue comprado por una heredera de DuPont como regalo de cumpleaños para su marido. Más tarde me explicó en un té del Capitolio: "Quería comprarle algunos muebles antiguos para su cumpleaños, y cuando fui de compras, me di cuenta de que la silla del gobernador era la más barata del mercado".

Un hombre de negocios de Ohio que se había establecido en Virginia se dio cuenta de que necesitaba una cierta medida aprobada por la legislatura estatal para proteger su empresa. Le preguntó nerviosamente a un prominente terrateniente de Virginia: "¿Puedo buscar a alguien allí que necesite ayuda financiera? "¡No seas ridículo!" resopló su amigo. "No podrías comprar ni una sola de esas personas. Todos fueron comprados y pagados antes de llegar allí!"

El legado de Byrd vive en el férreo control que se mantiene sobre cada aspecto de la vida en Virginia, la prensa, los gobiernos estatales y locales, la educación y el control masónico del sistema judicial. La tradición del "carpetbagger" se mantuvo en el área cuando dos ricos "carpetbaggers", Rockefeller de Nueva York y Robb de Texas y puntos del oeste, no encontraron ninguna dificultad en comprar oficina. Rockefeller compró la gobernación de Virginia Occidental (que había sido arrancada ilegalmente del territorio de Virginia durante la Guerra Civil). Robb se convirtió en Gobernador de Virginia, después de afirmar que descendía de un tal John Lewis, que huyó de Irlanda después de haber cometido un asesinato. Como un joven y apuesto oficial de la Marina, Robb había captado la atención del presidente Lyndon Johnson, quien más tarde lo casó con su hija. Así, Robb se convirtió en el beneficiario de los millones de Johnson, que, al igual que el imperio Byrd, se habían acumulado durante toda una vida de servicio dedicado al público. Como gobernador, Robb creó su propia revolución, despidiendo despiadadamente a los virginianos con buenos antecedentes y reemplazándolos con negros y feministas. Sus políticas socialistas crearon estragos en muchos departamentos, sobre todo en el departamento de correccionales, donde los disturbios generalizados en las cárceles destruyeron las esperanzas de Robb de obtener un cargo público más alto. Como parte de su esquema cananita para degradar aún más a los virginianos, ofreció $1,000 en efectivo a cualquier negro que se inscribiera en las escuelas de Virginia, pero había pocos interesados. Con el estado de Virginia en ruinas como resultado de las políticas de Robb, el Partido Republicano era un candidato ideal para recuperar las oficinas estatales. Sabiendo que perderían de todos modos, los demócratas decidieron postularse como vicegobernadores, el primer candidato de este tipo para un cargo a nivel estatal. Sorprendentemente, los líderes nacionales republicanos dieron instrucciones a los republicanos de Virginia para que no organizaran una campaña en oposición, alegando que podrían ser interpretados como "anti-negros". Los republicanos abandonaron su campaña, y los sorprendidos demócratas ganaron fácilmente, sin oposición. Inmediatamente impusieron un aumento de impuestos de $426 millones a todos los virginianos; los republicanos se opusieron firmemente a cualquier aumento de impuestos. Se estimó que cada voto para los demócratas en esta elección le costaría a los desafortunados contribuyentes de Virginia $1,000 adicionales por año.

En este considerando del poder masónico y sus operaciones en el estado de Virginia, no hemos querido menospreciar a ningún otro estado. En Nueva York, Illinois y otros estados, los conspiradores masónicos dictan la elección de los candidatos políticos, cómo serán financiados y si serán elegidos. Los criminales están comprometidos a mantener el control masónico a través de su demoníaco sistema monetario babilónico, que les da poder absoluto; ellos controlan cada aspecto del sistema económico a través de sus técnicas de impuestos e intereses. Todo acto de gobierno se legisla con este programa a la vista.

En 1967, este escritor hizo un llamamiento público al pueblo de Virginia, titulado "Cincuenta años de vergüenza", que concluyó con la demanda: "5. Restauración del gobierno de Virginia al pueblo de Virginia. Abolición de todos los fideicomisos de tipo soviético, como la Junta ABC, y restablecimiento de la libre empresa y de las pequeñas empresas de propiedad individual. Pronto la era Byrd será sólo una mancha oscura en la historia de este bello estado. Trabajemos juntos para lograr la Virginia que amamos, la Virginia que queremos, la Virginia de nuestras grandes tradiciones".

A pesar de la distribución estatal de este llamamiento, los ciudadanos de Virginia, cobardes y desmoralizados, temían dar una sola respuesta.

CAPÍTULO 9

LAS GUERRAS MUNDIALES

Albert Pike había prometido a sus aliados masones en Europa que tendrían tres guerras mundiales para consolidar el poder mundial de los cananeos. Ahora hemos visto dos de esas guerras mundiales y, como se prometió, la primera guerra mundial fue para establecer un régimen comunista, la segunda guerra mundial fue para elevarlo a la condición de potencia mundial, y la tercera guerra mundial está planeada para destruir tanto al comunismo como al cristianismo en una gran orgía de aniquilación. Esta guerra venidera está destinada a ser la sentencia de muerte final del pueblo de Sem; después de su conclusión, los cananeos reinarán sin oposición en todo el mundo.

Las dos guerras mundiales que ya han tenido lugar en el siglo XX no han sido más que guerras de exterminio, como lo demuestra el hecho de que la mayor parte de los ataques se han dirigido contra mujeres y niños. Los millones de jóvenes de Sem que han sido asesinados en estas guerras no tuvieron la oportunidad de casarse y formar familias. Todo esto fue hecho de acuerdo al plan de los cananeos. Trabajando entre bastidores durante muchos años para colocar a sus agentes en posiciones de guía y poder en las diversas naciones del mundo, han podido llevar a cabo sus propios designios, a menudo en violación directa de los intereses de las naciones en las que se han infiltrado. De todos los países, esto ha sido lo más cierto de los Estados Unidos. Es difícil pensar en un solo acto de política exterior en los últimos cincuenta años que las agencias de Washington han dirigido como un beneficio para el pueblo estadounidense. Al lograr papeles dominantes en todas las facciones y partidos en Estados Unidos, los cananeos no han enfrentado ninguna oposición seria en la planificación y ejecución de sus programas. Como resultado, las guerras y revoluciones del siglo XX no han sido más que grandes celebraciones ante la imagen de Baal, sacrificios humanos a gran escala en cantidades nunca vistas en el mundo. El énfasis en las masacres de mujeres y niños son las observancias actualizadas del siglo XX de los asesinatos de niños y la inmolación de mujeres que marcaron los festivales de Baal hace más de tres mil años. Esto será un choque para aquellos eruditos que han trabajado pacientemente durante décadas con la esperanza de encontrar alguna explicación lógica de las dos guerras mundiales pasadas, alguna causa económica o política que han buscado como prospectores podría trabajar pacientemente a través de las áridas colinas del oeste, buscando la Mina del Holandés Perdido. La Mina del Holandés Perdido no ha sido encontrada; tampoco los eruditos han descubierto ninguna causa lógica de la Primera y Segunda Guerra Mundial. Intentemos, entonces, poner fin a su búsqueda, y permitámosles un respiro.

En la Guerra de los Bóer, por primera vez en una guerra dirigida por una gran potencia europea, los británicos utilizaron los campos de concentración, el hambre y las enfermedades como armas cruciales para someter al enemigo. Estas atrocidades fueron dirigidas por Sir Alfred Milner, un agente de Rothschild que había fundado las Mesas Redondas (que más tarde se convirtió en el Consejo de Relaciones Exteriores). Las apuestas eran altas; los Rothschild necesitaban el enorme capital representado por las riquezas de oro y diamantes de Sudáfrica para financiar su impulso final hacia la potencia mundial. Debido a estas riquezas, Sudáfrica sigue siendo una de las principales áreas de contención del mundo en la actualidad. El furor sobre el "apartheid" y los "problemas raciales" proporciona una cubierta conveniente para la lucha real de los Rothschilds para proteger sus propiedades de diamantes, DeBeers, y su tesoro de oro, Anglo-American Corporation. Los Rothschilds también han conseguido ganar unos cuantos miles de millones de dólares especulando con el rand sudafricano. Debido a su campaña mundial en los medios de comunicación, el rand bajó de 1,45 dólares a 25 centavos.

El sistema monetario babilónico se basa en un gobierno central fuerte, es decir, un despotismo oriental no representativo, que a su vez depende de su financiación continua por un banco central fuerte. El banco central ejerce el poder obteniendo el monopolio de todo el dinero y el crédito del pueblo; luego lo utiliza para saquear a la nación con enormes gastos.

Los Rothschilds establecieron bancos centrales en toda Europa, como una de las ciruelas que cayeron ante ellos tras su victoria sobre Napoleón. Luego programaron estos bancos centrales para lanzar a las naciones de Europa en una costosa y ruinosa "carrera armamentista", a pesar de que ninguna nación de Europa tenía planes de atacar a ninguna otra nación. Fue un tiempo de paz continua. Para el año 1886, era evidente que estas naciones ya no podían sobrevivir a estos enormes gastos; o bien colapsaban en una revolución interna, o bien se embarcaban en una guerra externa a gran escala.

Las economías europeas se tambaleaban durante casi tres décadas, sin alivio a la vista. Éstos fueron los años, tal vez recordemos, que se han denominado los "años dorados" de Europa. El arte, la música y las instituciones culturales florecieron a pesar de las conspiraciones cananeas. Sin embargo, pronto iba a ser arrojada al bloque. La salida de su dilema fue concedida por un estadounidense curioso, de orígenes indefinidos, un académico adusto que convenció a los banqueros de Wall Street de que él era su hombre. Woodrow Wilson fue elegido Presidente, y firmó la Ley de la Reserva Federal como ley. Unos meses más tarde, la Primera Guerra Mundial estaba en marcha.

Durante los años inmediatamente anteriores a la Guerra Mundial, hubo un flujo continuo de emigrantes de Europa a los Estados Unidos. Habían descubierto que "los años dorados" no eran dorados para los que no tenían oro. Los amos de la Orden, los cananeos, flotaban de país en país y de gran finca en gran finca en un mar de champán, pero para la mayoría de los europeos, la vida era brutal y corta. No huyeron "de la buena vida", sino que la buscaban.

En un club de millonarios en la isla de Jekyl, Georgia, en noviembre de 1910, se resolvió el problema de financiar una guerra mundial. Paul Warburg, de Kuhn, Loeb Co. y Henry P. Davison, de J. P. Morgan Co. se reunieron con el senador Nelson Aldrich (en honor del cual se le dio el nombre a Nelson Rockefeller) para redactar en secreto un plan para un banco central estadounidense. Setenta y cinco años después, es imposible encontrar a ningún erudito o historiador del Establecimiento que haya oído hablar de la reunión de Jekyl Island. Se ganan sus cómodos salarios ocultando al público lo que ha ocurrido.

La gente de Sem siempre se había opuesto a un banco central, temiendo su poder sobre ellos. Ahora los congresistas, encabezados por el congresista Charles A. Lindbergh, Sr., libraron una lucha valiente contra el poder del dinero de Wall Street. El dinero de Wall Street ganó. El 23 de diciembre de 1913, un año significativo en la masonería, Wilson firmó la Ley de la Reserva Federal como ley. El pueblo estadounidense estaba listo para un gran viaje en la montaña rusa, de la depresión a la prosperidad y viceversa, y de la guerra mundial a la guerra mundial.

La planificación real para el estallido de la Primera Guerra Mundial había estado en funcionamiento durante algunos años. La mecha se encendería con el asesinato del Archiduque Fernando, heredero del trono del Imperio Austrohúngaro. Su asesinato fue cometido en Sarajevo el 28 de junio de 1914. En pocas semanas, las naciones de Europa estaban en guerra.

Sorprendentemente, el destino que se avecinaba del archiduque había sido ampliamente conocido durante algún tiempo por los políticos europeos, incluido el propio archiduque. La "Guerra Mundial" de Cassell, pág. 45, cita al conde Ottkar Czernin, ministro de Asuntos Exteriores austríaco:"Una buena cualidad del Archiduque era su audacia. Tenía muy claro que el peligro de un intento de suicidio siempre estaría presente, y a menudo hablaba de esa posibilidad de forma sencilla y abierta. Un año antes del estallido de la guerra, me informó de que los masones habían decidido matarlo. No es una revelación tan sorprendente como parece. La Orden Masónica de los Cananeos siempre se ha basado en el asesinato y el asesinato como elementos clave en su marcha hacia el poder mundial; muchas cabezas reales han caído ante su deseo de venganza.

El 11 de julio de 1914, Horatio Bottomley publicó en John Bull un documento obtenido de la Legación Serbia en Londres, fechado el 14 de abril de 1914, que fue encontrado en 'español crudo', y que fue decodificado para revelar una oferta de dos mil libras por 'eliminar' a Ferdinand.

El Prof. R. W. Seton-Watson, en su libro *Sarajevo*, p. 127, señala que "el español crudo es realmente el dialecto empleado por los judíos de Salónica, y que el hombre que vendió este documento en varias oficinas de periódicos londinenses y que finalmente fue aceptado por el sensacionalista Bottomley, era un judío de Salónica. Esto sugiere alguna conexión con el Comité para la Unión y el Progreso, que se había centrado en las logias judías de Salónica hasta la expulsión de los turcos dieciocho meses antes, y cuyo curso era activamente hostil a Serbia."

El Honorable W. F. Bailey, en su libro, *Judíos de la Zona de Guerra*, p. 227, señala que "Los judíos de Bosnia se llaman "Spagnolo"."

C. H. Norman anota en *A Searchlight on the World War*, pág. 42, que "los originales fueron redactados en español. Está dentro del conocimiento del escritor[ya que estaba conectado con un esfuerzo por formar una Logia Inglesa del Gran Oriente, de la que se retiró al enterarse de la naturaleza real de esta confederación en contra de la seguridad europea] que el idioma utilizado por el Departamento Polaco del Gran Oriente para la comunicación con sus agentes en los Balcanes es el español."

El embajador Gerard, en su libro *Mis cuatro años en Alemania*, pág. 137, señala: "Pude conversar con algunos serbios en los primeros días de la guerra en su lengua materna, que, curiosamente, era el español."

De hecho, el idioma no era el español, sino una lengua definida en la Enciclopedia Judaica como 'Ladino', también conocido como 'Latino', una lengua judeo-española hablada y escrita de judíos de origen español después de la expulsión en

1492 por Fernando e Isabel[La ejecución de Fernando pudo haber sido una venganza simbólica por este evento histórico. Ed.]. La Enciclopedia Judaica observa varias formas de ladino: "Ladino Oriental" hablado en Constantinopla y Esmirna, y"Ladino Occidental" hablado en Salónica, Bosnia y Serbia. Muchos de los refugiados de España se establecieron en Serbia, donde posteriormente conversaron en su lengua privada, el ladino occidental. El libro de Pozzi, *La mano negra sobre Europa*, anotaciones de "Un Sr. Stevens, que hablaba español, cuyo trabajo era disparar a los asesinos de Sarajevo después de haber cometido el asesinato, para que no pudieran revelar el complot".

Estas revelaciones confirman la insistencia de Albert Pike a Mazzini, unos cuarenta años antes, de involucrar a las naciones del mundo en tres guerras mundiales. Grant Richards, en *The Cause of World Unrest*, 1920, p. 144, comentarios sobre el Comité para la Unión y el Progreso: En efecto, puedo decir que la Unión para el Progreso nació prácticamente en la Logia Masónica llamada "Macedonia Risorta", fundada por el judío salonikano Emannuele Carass... aunque la francmasonería estaba prohibida en Turquía, había dos logias en Salónica bajo el Gran Oriente de Italia. Mathias Erzberger, en "Experiencia en la Gran Guerra", subraya que el Gran Oriente de Italia estaba completamente bajo el control del Gran Oriente de Francia; se refiere a la transferencia de 700.000 francos de París a Roma entre los Grandes Orientes en nombre de la fundación benéfica judía Alliance Israelite Universelle; esta es la financiación que se proporcionó para el asesinato en Sarajevo.

El libro de McCurdy, *The Truth About the Secret Treaties*, 1925, cita en la página 45 el artículo publicado en 1914, "After Vivordan", por Ljuba Jovanovitch, presidente del Parlamento serbio y ministro de Educación, "No recuerdo si fue a finales de alcalde a finales de junio cuando un día, M. Pashitch nos dijo que algunas personas se preparaban para ir a Sarajevo, para matar a Franz Ferdinand, que era esperado allí el domingo 28 de junio en Vivordan. Nos dijo esto a nosotros y a otros, pero actuó más allá en la oficina sólo con Stefan Protitch, entonces Ministro del Interior; esto fue preparado por una sociedad de hombres organizados en secreto. Protitch y todo el gabinete de Serbia sabían del complot. El rey Alejandro, el ministro ruso Hartwig y el agregado militar ruso Artmanov estaban en el complot. El sobrino de M. Pashitch era miembro de la Mano Negra; él era el vínculo entre Protitch y los conspiradores. El agente de la Mano Negra en Sarajevo era Gatchinovitch. La Mano Negra, donde los planes de asesinato se habían establecido desde hacía mucho tiempo, era conocida y alentada por el gobierno de Serbia. Printzip confesó que fue a través de Ciganovitch que habían sido remitidos al Mayor Tankositch, a quien se le habían suministrado armas y se le habían dado clases de tiro.

Después del juicio de Salónica, el gobierno de Pashitch envió a Ciganovitch, como recompensa por sus servicios, a América con un pasaporte falso bajo el nombre de Danielovitch. Después de la guerra, Ciganovitch regresó y el gobierno le dio tierras cerca de Usakub, donde residió... Dimitryevitch, que era el jefe de la inteligencia, quien lideró el asesinato de los reyes Alejandro y la Reina en 1903, fue ejecutado en Salónica en 1918 para silenciarlo sobre Sarajevo."

Así pues, había muchas personas, tanto conspiradores como altos funcionarios del gobierno, que sabían de antemano que se iba a producir el asesinato del archiduque Francisco Fernando. Probablemente ninguno de ellos deseaba interferir en el complot, debido a la certeza de represalias inmediatas.

Había muchos francmasones en los círculos gubernamentales de toda Europa que también debían haber sido informados de la trama; sin duda esperaban el resultado con gran anticipación. Una vez que Fernando fue eliminado, fue cuestión de unos pocos días para lanzar la Gran Guerra. Lord Grey, Ministro de Asuntos Exteriores británico, escribió en su libro, *Veinticinco años*, v. 2., p. 25, "Si las cosas hubieran descansado con él[el Káiser], no habría habido una guerra europea que surgiera de la disputa austro-serbia." Esto parece negar la acusación, a menudo repetida, de que fue el káiser Wilhelm quien insistió en la guerra; también puede explicar por qué nunca fue juzgado como 'un criminal de guerra', a pesar de las repetidas demandas de que se celebrara un juicio de este tipo. Declaraciones como la de Grey (que, después de todo, era su 'enemigo') lo habrían exonerado.

Lord Fisher, Primer Señor del Almirantazgo, declaró en la revista *London Magazine*, enero de 1920, "La nación fue engañada en la guerra." Esta afirmación también sería perjudicial para la"culpabilidad de guerra" del Káiser.

La urgencia de involucrar a Estados Unidos en la participación directa en la Primera Guerra Mundial era necesaria para que los cananeos adquirieran la autoridad necesaria para infligir leyes aún más opresivas contra el pueblo de Sem. En 1916, el cincuenta y cuatro por ciento del pueblo estadounidense era de origen alemán: un voto para hacer del alemán el idioma oficial de la República había fracasado por un solo voto durante la formación de la República. Durante los primeros cien años de esta nación, el alemán fue el único idioma que se escuchó en muchas áreas. Una encuesta de 1916 preguntó al pueblo estadounidense: "Si entráramos en la guerra, ¿elegiría usted entrar por el lado de Alemania o de Inglaterra?" Una abrumadora mayoría respondió que preferían entrar en la guerra del lado de Alemania. Esto no fue sorprendente; las políticas de Inglaterra, su interferencia y sus continuos intentos de destruir la República Americana no eran un secreto para el pueblo estadounidense, a pesar de los esfuerzos de nuestros historiadores por ocultar o encubrir estas campañas. Grupos pro-británicos como los Peregrinos, la Unión Inglesa y otras operaciones bien financiadas en el área de Nueva York lanzaron propaganda británica, pero ésta tuvo poco o ningún efecto en el resto de la nación.

Hasta ahora no hay ninguna razón concebible para que los Estados Unidos se involucren en nombre de ninguno de los dos beligerantes. Nunca se presentó ninguna amenaza contra ninguno de sus territorios; por lo tanto, el resultado deseado debía lograrse por los medios más habituales. La firma de J. P. Morgan, que se originó en Londres con el nombre de George Peabody and Company, había concedido grandes préstamos a Inglaterra a partir de las enormes sumas puestas a disposición por las operaciones del recién creado Sistema de la Reserva Federal. J.P. Morgan dirigió el Consejo Federal Consultivo, que se reunió con el Consejo de Gobernadores de la Reserva Federal. Un veterano de la reunión de Jekyl Island, Paul Warburg, fue Vicepresidente de la Junta de Gobernadores. Todo parecía estar bajo control.

William Jennings Bryan, que había hecho campaña contra la Cruz de Oro en la que los banqueros internacionales planeaban crucificar al pueblo estadounidense, ahora dirigía el movimiento "Mantennos fuera de la guerra". El 3 de febrero de 1917, se dirigió a una reunión masiva de cinco mil personas en Nueva York. Todo el procedimiento se repetiría en 1940, como de memoria, y con el mismo resultado; entraríamos en guerra. No nos faltaba que los líderes religiosos nos instaran a esta guerra"piadosa". Esta fue una gran blasfemia, porque en realidad era una celebración ritual de la orgía de sacrificio humano de Baal. Frank North, presidente del Consejo Federal de la Iglesia de Cristo, declaró: "La guerra por la justicia será ganada." Los clérigos fueron instruidos en propaganda para promover los Préstamos Liberty por oficiales bancarios especiales del Segundo Distrito de la Reserva Federal (Nueva York). El Obispo William Alfred Quayle gritó que "los alemanes han violado a las mujeres de Bélgica, Serbia, Rumania, Polonia; los alemanes asesinaron a los pasajeros de la Lusitania; los alemanes envenenaron pozos, crucificaron a habitantes y soldados, y desnaturalizaron a hombres y niños."

Todo esto fue parte de una campaña de propaganda bien financiada por parte de agentes británicos. Como de costumbre, el gobierno de los Estados Unidos estaba siendo"dirigido" por el Servicio de Inteligencia Secreto Británico. Se pretendía que la propaganda fuera puramente incendiaria, y ninguna acusación era demasiado salvaje como para negarle una cobertura de primera plana en la prensa estadounidense. El libro de Alfred Ponsonby, *Falsehood in Wartime*, E. P. Dutton, 1928, fue uno de una serie de libros que más tarde expuso las fantásticas mentiras que se utilizaron para incitar a los estadounidenses a ir a la guerra contra Alemania. El libro de Ponsonby estaba dedicado a sus amigos, el marqués de Tavistock y el historiador Francis Neilson. El método de Northcliffe en el frente es distribuir a través de los aviadores un número cada vez mayor de folletos y panfletos; las cartas de los prisioneros alemanes son falsificadas de la manera más escandalosa, se elaboran folletos y panfletos en los que se falsifican los nombres de los poetas, escritores y declaraciones alemanes. En la p. 19, *"Mientras los pueblos estén armados unos contra otros, habrá estadistas mentirosos, así como habrá cañones y ametralladoras.*"

Uno de los golpes de propaganda más notorios de la Primera Guerra Mundial fue la "Fábrica de cadáveres" alemana, la Kadaver. El 16 de abril de 1917, el *Time* informó que "Los alemanes están destilando glicerina de los cuerpos de sus muertos, quemando cuerpos para obtener grasa, convertida en aceites lubricantes, polvo de huesos"; la historia resultó ser muy popular y se repitió durante semanas en el *Times* (Londres). El 22 de octubre de 1925, el *Times* culpó tardíamente al General Charteris por la historia, que había demostrado ser la mayor falsedad propagandística de todos los tiempos. Charteris, en una carta al *Times*, el 4 de noviembre de 1925, negó cualquier relación con la historia.

Basándose en gran medida en documentos falsos y fotografías falsificadas, los agentes británicos inundaron a los crédulos periodistas estadounidenses con una "copia caliente". El resultado fue que las turbas norteamericanas comenzaron a atacar a los viejos comerciantes alemanes, culpándolos de las "atrocidades" cometidas en Europa. En la mayoría de los casos, estos comerciantes eran los residentes más serios, así como los más patrióticos, de sus áreas. El principal vehículo utilizado por Woodrow Wilson para justificar su declaración de guerra contra Alemania fue la "guerra submarina" contra el transporte marítimo estadounidense; la piedra angular de esta afirmación fue el hundimiento de la Lusitania. De hecho, el gobierno alemán había publicado advertencias a los estadounidenses en la prensa de Nueva York, advirtiéndoles que no viajaran en la Lusitania, porque se sabía que llevaba municiones. George Sylvester Viereck le mostró a este escritor el recorte real de este anuncio, que había guardado en sus archivos. Hasta el día de hoy, el gobierno de Estados Unidos se ha negado a admitir que el Lusitania llevaba armas, consignadas al ejército británico. En su edición de noviembre de 1920, la Nación citó a D. F. Malone, Recaudador del Puerto de Nueva York, afirmando que el Lusitania llevaba 4200 cajas de cartuchos de rifles Springfield en su manifiesto, consignado al gobierno británico. La administración Wilson había rechazado el permiso para que

Malone publicara este informe. Cuando el senador LaFollette se refirió a ella, intentaron expulsarlo del Senado. Malone declaró que testificaría en defensa de LaFollette, y el intento fue desestimado. Registros posteriores revelaron que había 5400 casos de municiones en el Lusitania.

La Guerra Mundial concluyó satisfactoriamente con la masacre de unos cincuenta millones de personas, la mayoría de ellas representantes principales del pueblo de Sem. Con este feliz resultado, la Orden Masónica de Cananeos decidió ir por cien millones de víctimas en su próxima salida. Con este propósito, reunieron a los miembros más siniestros de las logias masónicas del mundo en la Conferencia de Paz de Versalles. Como Ezra Pound señaló más tarde en Radio Roma, "El verdadero crimen es poner fin a una guerra para que la siguiente sea inevitable." Woodrow Wilson se hizo famoso como el creador de los Catorce Puntos y de la Sociedad de las Naciones; de hecho, se limitó a leer el guión que le habían preparado. Los Catorce Puntos y la otra agenda de la Conferencia de Paz de Versalles se habían elaborado previamente en una reunión secreta del Gran Oriente de Francia y de la Conferencia Masónica Internacional en su sede, 2 Rue Cadet, París, del 28 al 30 de junio de 1917.

La Conferencia de Paz de Versalles consistió en realidad en un sistema de tres niveles, cada uno distinto de los demás. La primera fue la conferencia pública, muy visible, a la que asistieron enjambres de reporteros de todo el mundo, y a la que se informó ampliamente; la segunda, las conferencias secretas de los Cuatro Grandes, que se reunieron en privado para comparar notas y repasar las instrucciones de sus maestros ocultos; la tercera, las conferencias masónicas nocturnas, conocidas sólo por unos pocos elegidos, en las que se discutían y tomaban decisiones sobre las decisiones reales de toda la agenda de la Conferencia. Los ministros de las victoriosas Potencias Aliadas fueron bien tratados por su cooperación. El propio Woodrow Wilson regresó a Estados Unidos con donaciones privadas de un millón de dólares en oro y gemas preciosas para asegurar sus esfuerzos en nombre de la Sociedad de las Naciones. Cuando se dio cuenta de que el Congreso nunca aprobaría este desmantelamiento de la soberanía estadounidense, se sintió perseguido por el temor de tener que devolver estos sobornos, y sufrió una crisis nerviosa, de la que nunca se recuperó.

Acompañando a la delegación de Wilson a París había una serie de banqueros de Wall Street, entre ellos Bernard Baruch, Thomas Lamont de la firma J. P. Morgan, y Paul Warburg, de Kuhn, Loeb Co. Cuando llegaron a París, Paul Warburg se sorprendió gratamente al descubrir que su hermano, Max Warburg, era el jefe de la delegación general. Al lado de Wilson estaba su viejo asesor, el Coronel Edward M. House y el yerno de House, el abogado de Wall Street Gordon Auchincloss.

El Secretario de Estado Robert Lansing estuvo acompañado por sus dos sobrinos jóvenes, John Foster y Allen Dulles. Eran descendientes directos de las familias de la inteligencia suiza de Mallet Prevost, que habían instalado el Rito Escocés en los Estados Unidos. Una obra definitiva sobre John Foster Dulles, *El camino al poder*, de Ronald Pruessen (publicada por Macmillan) no menciona la masonería en todo el libro. Los hermanos Dulles desempeñaron más tarde un papel crucial en el establecimiento del régimen de Hitler en Alemania, preparando el camino para la Segunda Guerra Mundial, y respectivamente como Secretario de Estado y fundador de la CIA en el período de posguerra. Allen Dulles seguía siendo director del Banco Schroder, que manejaba los fondos personales de Hitler; Dulles consignó muchos millones de dólares al Schroder como fondos "encubiertos" para la CIA. Nunca se hizo ninguna contabilidad.

Otra decepción para Woodrow Wilson en París fue su resolución de lograr un reconocimiento diplomático a gran escala para los terroristas bolcheviques empapados de sangre en Rusia, un objetivo que fue fervientemente compartido por el Primer Ministro de Inglaterra, Lloyd George. Estaban consternados al ver que otros diplomáticos europeos, temiendo la insurrección comunista en sus propios países, eran inflexibles en cuanto a que no se diera reconocimiento a la Rusia soviética. Lamentando su derrota como una victoria para el"fanatismo y la intolerancia", Wilson y Lloyd George se volvieron hacia otros asuntos en la agenda. Su programa para hacer inevitable la próxima guerra fue considerablemente facilitado por Bernard Baruch, quien, como Asesor Económico de la Conferencia de Paz, impuso la aplastante carga de las reparaciones a Alemania, imposible de pagar para ellos, y los obligó a buscar alivio político. Una inflación ruinosa aniquiló a la clase media y preparó el terreno para un programa revolucionario; que fuera comunista o de alguna otra facción no era una preocupación primordial para los conspiradores. Quienquiera que sea, tendría un control firme. El camino estaba ahora despejado para el surgimiento de Adolf Hitler en Alemania. Su partido político, los nacionalsocialistas, recibió la denominación mundial de "nazi" porque era el partido político de los ashkenazim, los judíos alemanes (ashkenazim significa Alemania en hebreo). Existen documentos con la firma de Adolf Hitler justo por encima de la de Max Warburg, quien, junto con los Oppenheimers, fue el principal patrocinador de los "nazis". Hitler también tenía un considerable apoyo oculto de los adeptos de Ostara; una sociedad que practicaba los principios de la magia tibetana, adaptados a las teorías raciales arias. El culto se centraba en Ostara, la diosa anglosajona de la primavera, a la que se dedicaba el mes de Oster, o abril. El cumpleaños de Hitler fue el 20 de abril, lo que puede explicar por qué fue elegido para dirigir este movimiento. Durante el período nazi, fue un día de gran celebración en toda Alemania. El 20 de abril de 1935, la S.A. le presentó a Hitler cuarenta y un aviones, con la siguiente dirección: "¡Mi Führer! La S.A. ruega a su líder, en celebración de su cumpleaños, el día 20 del mes de Pascua (el pagano Ostermond-Ed.) de 1935, que acepte su contribución al rearme del pueblo alemán, el escuadrón de combatientes de la S.A."

La magia tibetana afirma que no está manchada por su principal rival, el Kabbalismo; también afirma ser más poderosa que cualquier otra escuela conocida de ocultismo, ya sea egipcia, cabalística o magia hindú. Algunos de los adeptos de Ostara cercanos a Hitler se practicaron en los principios más elevados del lamaísmo oculto. Fue el exceso de confianza producido por los primeros éxitos del régimen, que había seguido el consejo de estos adeptos, la expansión a Austria y Checoslovaquia, y los éxitos militares inesperadamente fáciles en los dos primeros años de la Segunda Guerra Mundial, lo que los llevó a su caída. Puede que nunca se sepa si Ostara es realmente superior al Kabbalismo y a sus otros rivales, pero cualquiera que sea el apoyo mágico que Hitler y su círculo hayan podido solicitar, no eran rivales para la organización internacional de la Orden Masónica de los Cananeos. El mayor defecto de Hitler fue su falta de experiencia en un escenario más grande; es dudoso que en toda su vida haya oído hablar de los cananeos. Tanto Hitler como Mussolini, al principio de sus regímenes, se apresuraron a prohibir a los masones, sin darse cuenta de que la masonería y los Illuminati siempre han sido movimientos clandestinos. Habían sido proscritos en numerosas ocasiones en numerosos países; estas prohibiciones sólo daban un mayor estímulo a su conspiración furtiva. Ni Hitler ni Mussolini se dieron cuenta del impresionante poder de los "decididos hombres de la masonería" que ejercían el control total sobre los poderes "democráticos".

Otra influencia considerable en los primeros tiempos de los nacionalsocialistas fueron los ariosofistas, la rama aria de los teósofos. Con sede en Viena, los Ariosofistas ejercieron una influencia dramática en los escritos de Hitler durante sus años de formación. Es dudoso que alguna vez supiera que la Teosofía era simplemente una extensión del Kabbalismo, o que estaba involucrado con aquellos a quienes consideraba sus enemigos jurados.

Una vez iniciada satisfactoriamente la Segunda Guerra Mundial, parecía que nada podría detener la progresión triunfante de Hitler a través de los campos de batalla de Europa. No se dio cuenta de que Napoleón también había caminado victorioso sobre esos mismos campos, sólo para morir miserablemente envenenado con arsénico en una isla remota. Nadie en Alemania podía ver que se trataba del primer acto de un drama cuidadosamente escenificado. El segundo acto se abriría con la entrada de Estados Unidos en la guerra, una posibilidad nunca imaginada por Hitler, y el tercero sería Gotterdammerung, la melodramática inmolación de Alemania y Brunnhilde.

Involucrar a Estados Unidos en la Segunda Guerra Mundial se basaba en el éxito de la operación de una jugada de fin de carrera, que Hitler nunca consideró. No tenía intención de provocar a Estados Unidos; cuando el director de la inteligencia británica, Sir William Stephenson, asesinó repetidamente a jóvenes marineros alemanes en las calles de Nueva York, el gobierno alemán ignoró los incidentes. A pesar del gasto de millones de dólares en propaganda bélica frenética, el pueblo estadounidense siguió siendo insensible a la "amenaza" del nazismo. Charles Lindbergh, Jr. lideró una campaña nacional de "America First" que parecía segura de mantenernos fuera de la guerra. La respuesta al dilema Roosevelt-Churchill fue Pearl Harbor, una de las matanzas de soldados, marineros y marines estadounidenses planeadas con más arte de nuestra historia. Parecía que todo el mundo en una posición de autoridad en Londres y Washington sabía que los japoneses tenían la intención de atacar Pearl Harbor, lo que no era de extrañar, porque los códigos secretos japoneses se habían roto meses antes. La pesadilla de los conspiradores era que los comandantes japoneses podrían descubrir inadvertidamente que sus códigos habían sido descifrados y cancelar el ataque a Pearl Harbor, ya que sabrían que los defensores serían advertidos. Los conspiradores de Washington, mientras seguían sin aliento el lento curso de la flota japonesa hacia Pearl Harbor, evitaron intimidar a Kimmel y Short, los comandantes estadounidenses en Hawaii, de que estaban en peligro. Alertarlos, por supuesto, advertiría a los japoneses y haría que regresaran. Los comandantes japoneses dijeron más tarde que a la primera señal de alarma, estaban preparados para volver a Tokio sin presionar su ataque.

Una reunión de los conspiradores en la Casa Blanca en la noche de Pearl Harbor los encontró repletos de suspense; sólo unas pocas horas más, y sabrían si habían "ganado", es decir, si los japoneses atacarían y destruirían la flota y las instalaciones estadounidenses en Pearl Harbor. Nunca un grupo ha esperado las "malas noticias" con tanta intensidad. El presidente Franklin Delano Roosevelt, que vivió durante toda su vida con las limosnas de su madre, el dinero del opio amasado por su padre, Warren Delano; Bernard Baruch, que había impuesto la deuda de reparaciones a Alemania; el general George Marshall, a quien el senador McCarthy más tarde llamaría "una mentira viviente"; estos eran los hombres que habían apostado todo en esta apuesta para involucrar a Estados Unidos en la Segunda Guerra Mundial;

si fracasaba, no tenían un plan de respaldo. Hitler se negó a representar una amenaza para los Estados Unidos.

Un libro que describe las hazañas de Stephenson en los Estados Unidos, *Un hombre llamado Intrepid*, en la página 329, proporciona pruebas irrefutables de que los conspiradores sabían lo que iba a suceder. Roosevelt usó a su hijo, el Coronel James Roosevelt, para transmitir sus comunicaciones privadas a Stephenson para asegurar el secreto. De la información proporcionada por James Roosevelt, Stephenson envió un telegrama a Churchill en Londres, 'Negociaciones japonesas fuera. Los servicios esperan que se actúe en un plazo de dos semanas.' Este mensaje fue entregado en Londres el 27 de noviembre, diez días antes de Pearl Harbor.

El Jefe de Gabinete de Roosevelt, el General George Marshall, un director en la sombría reunión de medianoche en la Casa Blanca, testificó más tarde ante el Congreso que no podía recordar dónde estaba en el momento del ataque a Pearl Harbor; sin embargo, un artículo en el Washington Post mostró que se había dirigido a una organización de veteranos unas pocas horas antes; luego se había dirigido a la Casa Blanca. Marshall, una persona de carácter totalmente amorfo, es presentado a nuestra juventud como un gran líder moral.

En la campaña para llevar a Estados Unidos a la Segunda Guerra Mundial, Roosevelt confió casi por completo en la ayuda del Servicio de Inteligencia Secreta Británico. Su Ejecutivo de Operaciones Especiales había sido fundado en julio de 1940 bajo la dirección de 'C', un tal Sir Steward Menzies. Menzies tenía fama de ser el hijo ilegítimo del rey Eduardo VII; educado en Eton, siempre se había movido en los círculos más altos de la aristocracia británica. Fue galardonado con el DSO en la Primera Guerra Mundial. Lady Menzies of Menzies había sido una de las fundadoras del movimiento fascista británico en 1923, con algunos de los mayores terratenientes de Inglaterra: el Conde de Glasgow, de 2.500 acres; el Duque Abercorn, de 2.000 acres; el Marqués de Ailsbury, de 40.000 acres; el Conde de Cardigan, de 10.000 acres. Un grupo posterior, el Anglo-German Fellowship, había sido financiado por F. C. Tiarks, socio del Schroder Bank, y director del Bank of England, que proporcionó una financiación crucial para el régimen de Hitler. También estaban en la Comunidad el Duque de Wellington, el Almirante Sir Barry Domvile, y Lord Mount-Temple, presidente de la Liga Naval.

Las sucursales de cifrado y señalización de SOE se instalaron en el edificio de la sede de Marks and Spencer; su presidente, Israel Sieff, había sido uno de los fundadores del movimiento Fabian Political Economic Planning. Con Menzies fueron los cofundadores de SOE, Hugh Dalton, criado en el castillo de Windsor (su padre había sido tutor de George V), Sir Frank Nelson, posteriormente Director General en funciones de las Naciones Unidas, Sir Robin Brooke, posteriormente Director del Banco de Inglaterra, Hugh Gaitskell, posteriormente Primer Ministro, y Lord Christopher Mayhew.

Los operadores de SOE tomaron en sus manos al General William Donovan para crear su organización subsidiaria, la American Office of Strategic Services. Los británicos, que fueron maestros en todo tipo de espionaje y acción encubierta, encontraron estudiantes dispuestos, aunque ineptos, entre los hijos de los millonarios que se ofrecieron como voluntarios para la OSS. El presidente Lyndon Johnson comentó más tarde sobre sus sucesores en la CIA: "¿Se dan cuenta de que esos chicos son todos hijos de millonarios cuyos padres estaban aterrorizados de que entraran en el negocio de corretaje familiar?" Aparentemente, todos los londinenses pasaron un buen rato durante la Segunda Guerra Mundial: Paul Mellon, su cuñado David Bruce, Henry Morgan, de la familia J.P. Morgan, y muchos otros hermanos de la fraternidad de Yale, Harvard y Princeton.

La Segunda Guerra Mundial logró alcanzar su cuota de cien millones de víctimas, muchas de las cuales eran familias enteras del pueblo de Shem, como las víctimas de los ardientes holocaustos de Dresde y Colonia. Debido a que ellos fueron los vencedores, nunca se llevó a cabo ningún juicio de los autores de estas atrocidades. Los cananeos masónicos habían logrado otro gran triunfo, sacrificios humanos masivos ante el altar de Baal. Una de las primeras tareas que se les exigió a los oficiales del ejército estadounidense cuando entraron en Alemania fue que reestablecieran las logias masónicas, que habían sido cerradas por Hitler. En Italia, los vencedores reabrieron rápidamente las Logias del Gran Oriente en todo el país. Fueron financiados en gran medida con fondos encubiertos de la OSS, y más tarde recibieron grandes pagos de operativos de la CIA en Italia.

CAPÍTULO 10

LA AMENAZA DEL COMUNISMO

Durante treinta y cinco años, el escritor actual escribió y habló sobre el"comunismo" sin saber lo que era. Después de consultar cientos de obras de referencia sobre el comunismo, no había encontrado ni una sola mención del hecho de que el comunismo era más que una rama de las fuerzas revolucionarias mundiales de la Orden Masónica de los Cananeos. Hemos señalado anteriormente que los miembros de la Primera Internacional Comunista fueron Lionel de Rothschild, Karl Marx y Heinrich Heine. Karl Marx no sólo mantuvo estrechos lazos con los jesuitas y la masonería a lo largo de su carrera, sino que también estuvo directamente relacionado con la aristocracia británica a través de su matrimonio con Jenny von Westphalen, descendiente de la Condesa de Balcarras y Argyll, dos de los títulos más antiguos de Inglaterra. La Condesa había sido institutriz de Guillermo de Orange antes de invadir Inglaterra y fundar el Banco de Inglaterra. Fue la conexión masónica la que obtuvo un ingreso estable para Karl Marx, a través de comisiones por escribir para periódicos neoyorquinos. Lenin también mantuvo estrechos lazos masónicos durante sus años en Suiza, antes de regresar a Rusia para dirigir la Revolución Bolchevique. En Suiza, se había convertido en miembro de una logia secreta bajo el nombre de 'Ulianov Zederbaum'. Recibió apoyo financiero regular, así como visitas ocasionales, de Sir Alfred Milner (fundador de las mesas redondas y del Consejo de Relaciones Exteriores) y Lord Palmerston, ministro de Asuntos Exteriores de Inglaterra. Tanto Milner como Palmerston habían alcanzado el grado 33, o grado revolucionario.

Mientras tanto, el hombre más rico del mundo, el Zar de Rusia, parecía impotente ante la lenta caída de su país en la anarquía. Mucho antes del advenimiento de Rasputín, su corte había estado llena de ocultistas. El Tribune de Geneve tituló un despacho el 21 de diciembre de 1902, "RUSIA: Un ocultista en la corte. El corresponsal del *Daily Mail* en Odessa telegrafió en ese papel los hechos reales relativos a la presencia del ocultista Phlippe en la corte del Zar. Philippe ha adquirido una gran influencia sobre el Zar. El despacho declaró además que Philippe Nizier de Lyon había sido presentado a Nicolás por el Gran Duque Nicolás Nicolaevitch. Anteriormente, en Lyon, Nizier había sido demandado por la práctica ilegal de la medicina. Un médico francés, Gerard Encausse, había escrito voluminosamente sobre la Cábala y la magia. Había sido presentado por Philippe al Gran Duque. Encausse escribió sus tratados de magia bajo el nombre de"Papus". Pocas personas saben que existe en París una especie de pequeña Universidad del Ocultismo, donde se inscriben los estudiantes, se aprueban los exámenes y se otorgan los títulos académicos. Por ejemplo, uno puede obtener un diploma de Bachillerato en Ciencias Ocultas o de Doctor en Cábala. Papus es Presidente y organizador."

Así, la influencia oculta en la Corte del Zar Nicolás se remonta directamente a una escuela de ocultismo en París. No es demasiado imaginativo conjeturar que esta escuela funciona con el apoyo del Gran Oriente de París, ya que la francmasonería siempre se preocupa por lo oculto. La posterior incapacidad del zar para actuar con decisión en tiempos de crisis, que condujo directamente a la caída de su gobierno, puede deberse a las drogas o al hipnotismo. El autócrata más poderoso del mundo fue descrito por los observadores como "notablemente pasivo" e incapaz de tomar medidas directas cuando su régimen estaba amenazado de revolución. De hecho, el rey Luis había reaccionado de manera muy similar al inicio de la Revolución Francesa durante las semanas anteriores a su deposición y envío a la guillotina. Es difícil creer que estos autócratas absolutos se resignen mansamente a "la voluntad del pueblo" y no se resistan a su muerte.

Aparentemente a merced de las influencias ocultas de su corte, el zar Nicolás fue arrestado y se estableció un gobierno provisional. **Este gobierno estaba encabezado por Kerensky, un masón de 32° grado, que había sido elegido como jefe del Gobierno Provisional por Josef Sliozberg, el Gran Maestre de la Orden Internacional de B'Nai B'Rith en Rusia.** Kerensky sólo tenía una misión: mantener el fuerte hasta que Lenin llegara en el tren sellado desde Suiza. Después de la Revolución Bolchevique, a Kerensky se le permitió emigrar pacíficamente a los Estados Unidos, donde se convirtió en un profesor bien pagado en las principales universidades. La Orden Masónica de los Cananeos siempre cuida de los suyos.

La Princesa Paley, esposa del Gran Duque Paul, declaró que el Embajador inglés en San Petersburgo, Sir George Buchanan, fomentaba y dirigía la Revolución Rusa por instrucciones directas de Lloyd George, jefe del Partido Liberal en Inglaterra.

A los bolcheviques se les proporcionaron amplios fondos para su adquisición de Rusia. El 21 de septiembre de 1917, Trotsky recibió un telegrama de Estocolmo: 'La gerencia del Bank of Max Warburg & Co. le informó que se le había abierto una cuenta corriente en Estocolmo para los fines de su compromiso.' Trotsky había recibido previamente 10.000 dólares en efectivo de los Rockefeller cuando zarpó de Nueva York; otros fondos le fueron enviados desde Berlín a través de la Disconto Gesellschaft, el Nya Bank y el Siberian Bank, entre otros intermediarios, como HelphandParvus, Ganetsky, Koslousky y Krassin. Después de la Revolución, Krassin volvió a trabajar para Siemens, la gigantesca compañía eléctrica alemana; como representante ruso, fue apoyado por Hugo Stinnes, Félix Deutsch, gerente de A.E.G., y Walter Rathenau.

Aunque todos los enormes depósitos del Zar en bancos extranjeros fueron retenidos por esos bancos sin pagar a ningún miembro de su familia, el nuevo gobierno bolchevique destinó una pequeña parte de sus posesiones rusas a un fondo secreto que ejerció el control final en el gobierno soviético durante las décadas siguientes. Este fideicomiso estaba compuesto por Dzerzhinsky, fundador de la Cheka, el agente secreto británico Sidney Reilly y W. Averell Harriman. El fideicomiso era una continuación del fondo Parvus que había llevado al poder a Lenin, una operación que había sido dirigida por la influyente figura detrás de escena, el conde veneciano Volpi di Misurata, una figura de la nobleza negra que había puesto a Mussolini en el poder, orquestado las numerosas guerras de los Balcanes y dirigido secretamente la Revolución Rusa.

Curiosamente, la Revolución Bolchevique fue recibida con la aprobación entusiasta de muchos de los principales financistas del mundo. Uno de los más destacados de ellos, Jacob Schiff, socio principal de Kuhn, Loeb Co. de Nueva York, telegrafió sus saludos, tal como se relata en el New York Times, el 19 de marzo de 1917: Un enemigo persistente de la autocracia tiránica, los perseguidores despiadados de mis correligionarios, permítanme felicitar a través de ustedes al pueblo ruso por lo que ahora han logrado tan maravillosamente y desearles a ustedes y a sus colegas del nuevo gobierno mucho éxito. El ministro Milioukoff, amigo de Schiff desde hace mucho tiempo, respondió:"Estamos unidos en el odio y la antipatía hacia los antiguos regímenes que han sido derrocados. Aquí también hay una cita directa de la Voluntad de Canaán:"odia a tus amos".

Uno de los acontecimientos más incomprendidos de la historia es la "invasión" aliada de Rusia después de la Revolución Bolchevique. Esta "invasión" de nuevo fue presentada recientemente en la prensa soviética como una razón urgente para no"confiar" en los Estados Unidos. De hecho, las tropas aliadas fueron enviadas a Rusia para desviar la exitosa Contrarrevolución de las fuerzas blancas, y al mismo tiempo, para dar a los propagandistas del Ejército Rojo, principalmente Trotsky, un grito de guerra a la tambaleante campaña roja, de que 'Madre Rusia' estaba siendo invadida por 'tropas extranjeras'. Esto resultó ser una llamada irresistible a los campesinos rusos, que inmediatamente se unieron al Ejército Rojo y les dieron la victoria total. De hecho, varias divisiones, la mayoría británicas y estadounidenses, fueron enviadas a Siberia, donde permanecieron durante un año y medio, sin participar en ninguna acción. Ninguna de las tropas tenía idea de lo que estaban haciendo allí; regresaron a casa tan desconcertados como cuando se habían ido. Si hubieran sido asignados a "invadir" Rusia, por supuesto, habrían aterrizado en la costa europea y marchado directamente hacia Moscú, lo que podría haber sido fácilmente tomado por estas divisiones bien armadas y entrenadas.

Habían sido enviados a Siberia para traicionar a los rusos blancos. Esta maniobra fue expuesta en el New York Times, el 15 de febrero de 1920, cuando Vladivostok fue liberado de la facción de Kolchak. "Hay un pronunciado sentimiento pro-estadounidense evidente. Líderes revolucionarios montaron los escalones de los edificios al otro lado de la calle, pronunciando discursos que llamaban a los estadounidenses verdaderos amigos, quienes, en un momento crítico, salvaron al movimiento actual."

El "misterio" de la presencia militar estadounidense en Rusia nunca fue un misterio para sus partidarios masónicos cananeos secretos. Los tres directores del Banco de la Reserva Federal de Nueva York que financiaban el esfuerzo bolchevique se dieron cuenta de que bajo Trotsky el Ejército Rojo estaba perdiendo la guerra. Su orgía de terrorismo sin sentido y matanzas había vuelto al campesinado en contra de los "libertadores", y el Ejército Blanco ganaba cada día más apoyo. Para revertir la situación, los directores del Banco de la Reserva Federal ordenaron a las tropas aliadas que entraran en Rusia. Acantonados cerca de las fuerzas de Kolchak, dieron la impresión de que estaban allí para apoyar a la facción blanca. Al pueblo ruso se le dio a entender que las fuerzas aliadas fueron enviadas para restaurar la vieja autocracia. La prensa de Estados Unidos y Gran Bretaña unió ahora al campesinado ruso detrás de los revolucionarios, y el ejército de Kolchak pronto se retiró por completo. Esta fue la explicación del "sentimiento pro-americano" en Vladivostok. La presencia aliada en Siberia aseguró el triunfo del Ejército Rojo y la imposición de una brutal dictadura sobre el pueblo ruso.

Hay amplia documentación para los posteriores actos de terrorismo que horrorizaron al pueblo ruso y lo volvieron permanentemente en contra de los bolcheviques. La Comisión Rohrbach estadounidense informó sobre algunas de las atrocidades revolucionarias: "Todo el piso de cemento de la sala de ejecución de la Cheka de Kiev estaba inundado de sangre;

formaba un nivel de varios centímetros. Era una mezcla horrible de sangre, cerebros y trozos de cráneo. Todas las paredes fueron destrozadas con sangre. Trozos de cerebro y de cuero cabelludo se pegaban a ellos. Un canalón de 25 centímetros de ancho por 25 centímetros de profundidad y unos 10 metros de largo estaba lleno de sangre a lo largo de su longitud hasta la cima. Algunos cuerpos fueron destripados, a otros les cortaron las extremidades y a otros, literalmente, los cortaron en pedazos. A algunos les sacaron los ojos de la cabeza, la cara, el cuello y el tronco estaban cubiertos de heridas profundas. Más adelante, encontramos un cadáver con una cuña clavada en el pecho. Algunos no tenían lengua. En un rincón, descubrimos una cantidad de brazos y piernas desmembrados que no pertenecían a ningún cuerpo que pudiéramos localizar."

Una vez que la amenaza rusa blanca de venganza había desaparecido, los bolcheviques desataron toda la furia de su sed de sangre cananea. Convirtieron a toda la nación rusa en un gigantesco campo de concentración, con el fin de torturar y matar lentamente a los descendientes del pueblo de Sem, que los había gobernado durante mil años. Solzhenitsyn informó más tarde a un mundo incrédulo de que los soviéticos habían asesinado a sesenta y seis millones de personas en Rusia entre 1918 y 1957. Citó la Orden de la Cheka No. 10, emitida el 8 de enero de 1921: "Para intensificar la represión de la burguesía." Esto, por supuesto, se refería a la gente de Sem. Bajo esta orden, los campos de concentración se establecieron de forma permanente. Típico de los jefes de estos campos era Lazar Kogan, quien tranquilamente vio morir a miles de trabajadores esclavos durante su período como supervisor de la construcción del Canal del Mar Blanco. Saludó a un nuevo recluso con esta increíble declaración: "Creo que usted personalmente no es culpable de nada. Pero, como persona educada, hay que entender que la profilaxis social se aplicaba ampliamente. "Profilaxis social" era un típico eufemismo cananeo para la masacre del pueblo de Sem. Las posibles víctimas ya no se consideraban seres humanos, sino sólo cadáveres que esperaban ser arrojados al montón de chatarra. Eran conocidos simplemente como "zeks", la jerga del término ruso para prisionero,"zakluchenny"."

Después de medio siglo de barbarie inigualable, el "experimento ruso" fue expuesto con todo su horror por Solzhenitsyn. Él escribe sobre los campos, "Muchos puntos del campo eran conocidos por sus ejecuciones y fosas comunes; Orotukan, y Polyarny Spring, y Svistoplas, y Annuskha, e incluso el campo agrícola Dukcha, pero los más famosos de todos por este motivo fueron los Zolotisty Goldfields... En Zolotisty solían convocar a una brigada de la cara de la mina a plena luz del día y derribar a los miembros uno tras otro. Cuando el jefe de Yuglag, Nikolai Andreyevich Aglanov, llegó, le gustaba, en la rueda de reconocimiento, escoger alguna brigada que hubiera tenido la culpa de algo o de otra cosa y ordenar que se la llevara a un lado. Y luego solía vaciar su pistola en la atemorizada y atestada masa de gente, acompañando sus disparos con gritos de alegría. Los cadáveres fueron dejados sin enterrar."

Solzhenitsyn continúa durante muchas páginas describiendo los horrores de los que nuestros liberales no sabían nada, "Pero algunos transportes de zeks condenados llegaron demasiado tarde, y continuaron llegando con cinco a diez personas a la vez. Un destacamento de asesinos los recibía en la Old Brickyard Station y los llevaba a la antigua casa de baños hasta una cabina forrada con tres o cuatro capas de mantas en su interior. Allí se ordenó a los condenados que se desnudaran en la nieve y entraran desnudos al baño. Dentro, les dispararon con pistolas. En el transcurso de un mes y medio, unas doscientas personas fueron destruidas de esta manera. Los cadáveres fueron quemados en la tundra."

Solzhenitsyn continúa, "A. B. V. ha contado cómo se llevaron a cabo las ejecuciones en Adak - un campo en el río Pechora. Sacaban a los miembros de la oposición 'con sus cosas' del campamento en un transporte de prisioneros por la noche. Y fuera del recinto estaba la pequeña casa de la Tercera Sección. Los condenados fueron llevados a un cuarto uno a la vez, y allí los guardias del campo se abalanzaron sobre ellos. Sus bocas estaban llenas de algo suave y sus brazos estaban atados con cuerdas detrás de sus espaldas. Luego los llevaron al patio, donde les esperaban carros con arneses. Los prisioneros atados se amontonaban en los carros, de cinco a siete a la vez, y eran conducidos al "Gorka", el cementerio del campo. A su llegada fueron vertidos en grandes fosas que ya habían sido preparadas y enterradas vivas. No, no por brutalidad. Se ha comprobado que al arrastrarlos y levantarlos, era mucho más fácil tratar con personas vivas que con cadáveres. El trabajo continuó durante muchas noches en Adak."

Solzhenitsyn no es la única persona que describe la vida en los campos de concentración soviéticos. Considere la siguiente descripción de la vida en un gulag: Sergei Grigoryants dice que los prisioneros se despiertan a las 5:30 a.m. y sirven una sopa de pescado acuosa y pan integral para el desayuno; a las 10:30 la comida principal, que es sopa acuosa; la cena es avena. Grigoriant dice que los prisioneros son torturados constantemente por la falta de comida y el frío en las celdas. La ley soviética exige que la temperatura en las celdas sea de al menos 64,4 grados Fahrenheit; esto es probado solemnemente por los inspectores del campo. Traen un calentador eléctrico a la celda, lo encienden hasta que la temperatura alcanza los 64.4 grados, hacen la anotación apropiada en su informe, y luego llevan el calentador a la celda siguiente. La temperatura vuelve entonces a sus cuarenta grados habituales. Una lámpara se mantiene encendida toda la noche en las celdas, para que los prisioneros nunca descansen realmente. Grigoriant dice que unos 500.000 prisioneros al año son liberados para regresar a la sociedad soviética, y que su presencia tiene un efecto muy alarmante en todo el país. Una vez más, ¿qué tan pertinente es este informe? Fue publicado como una entrevista con Grigoryants en el New York Times del 22 de febrero de 1987!

Sería lógico suponer que esta sociedad socialista se construyó sobre la fortuna confiscada del difunto zar Nicolás II, pero no es así. En 1913, el zar era sin duda el hombre más rico del mundo, con una fortuna personal que ascendía a unos treinta mil millones de dólares en 1913. Personalmente poseía 150.000.000.000 de acres de tierra, y tenía unos 30.000 sirvientes, 500 automóviles en su flota personal, 6.000 caballos, 2 yates, una reserva personal de oro de mil millones de dólares en el Banco Imperial, con quinientos millones de dólares en joyas, incluyendo el diamante Great Mogul de 200.000 dólares, una Corona valorada en 75 millones de dólares y 32.000 diamantes. Controló una sexta parte de la superficie de todo el mundo. En la noche del 6 de noviembre de 1917, a las 2:00 a.m., los Guardias Rojos condujeron un camión hasta el Banco Imperial y se llevaron todo el oro y las joyas Romanoff. Mucho del oro fue enviado más tarde directamente a Kuhn, Loeb Co. en Nueva York. Recordemos que el socio mayoritario de Kuhn, Loeb Co., Jacob Schiff, había aportado unos 20 millones de dólares de sus propios fondos para financiar la Revolución. Aparentemente fue una buena inversión. Victor Hammer vendió muchas de las joyas de la Corona a coleccionistas de Europa y Estados Unidos.

La emperatriz viuda María escapó con las considerables joyas de su colección personal. Tanto el Rey Jorge V como el Rey Cristiano de Dinamarca intentaron repetidamente que les confiara sus joyas para que las custodiaran o, al menos, para que las tasaran. Se negó rotundamente, sabiendo que probablemente no volvería a verlos. Cuando murió en 1928, agentes especiales se apoderaron de las joyas e inmediatamente las llevaron al Palacio de Buckingham. Sus piezas más importantes más tarde fueron vistas en la colección personal de la Reina María.

Después de la Revolución de 1905, el Zar se había preparado prudentemente para nuevos brotes transfiriendo unos 400 millones de dólares en efectivo a los bancos de Nueva York, Chase, National City, Guaranty Trust, J. P. Morgan Co. y Hanover Trust. En 1914, estos mismos bancos compraron el número de control de las acciones del recién organizado Banco de la Reserva Federal de Nueva York, pagando las acciones con los fondos secuestrados del Zar. Por lo tanto, la familia Romanoff es propietaria de la participación mayoritaria en los bancos de la Reserva Federal hoy en día.

Otros depósitos del Zar incluyeron $35-50 millones en el Banco de Inglaterra, $25 millones en Barclay's, $30 millones en Lloyd's Bank, $100 millones en el Banco de Francia, $80 millones en el Rothschild Bank de París y $132 millones en el Mendelssohn Bank de Berlín. Desde 1917, una nube se cierne sobre la estructura financiera de las democracias occidentales, amenazando su estructura financiera, el temor de que algún tribunal, en algún momento, dictamine que los fondos del Zar deben ser entregados a los herederos legítimos. Esto afectaría no sólo a la propiedad de las acciones del Banco de la Reserva Federal, sino que, con el pago de intereses, significaría el fin de nuestras diez instituciones financieras más grandes. ¿Alguien se pregunta por qué el gobierno de Estados Unidos, que está bajo la dirección total de los Grandes Diez Bancos, continuamente hace todo lo posible para financiar y alimentar al desmoronado imperio soviético? ¿Puede alguien predecir la calamidad financiera que se produciría si los Romanoff fueran restaurados al trono de Rusia y pidieran la devolución de su dinero, o si obtuvieran un fallo judicial en cualquier parte del mundo a tal efecto?

Esta catástrofe se vislumbraba en el horizonte en un momento dado. El New York Times del 20 de julio de 1929, informó sobre el progreso de una demanda presentada por la madre del Zar y treinta y dos de los herederos de Romanoff contra Guaranty Trust y National City Bank. F. Dudley Kohler, un abogado que representa a James Egan, Administrador Público, emitió el siguiente Aviso Legal que apareció en el Law Journal, "Se notifica a todas las personas, corporaciones, bancos, fideicomisarios que tengan activos, depósitos y valores del difunto Nicolás II, que se exige inmediatamente un estado de cuenta y una cuenta de los mismos, y en el caso de que no se entregue dicho estado de cuenta, todas esas personas serán responsables de los montos, más los intereses y el costo de los procedimientos de descubrimiento." Tanto el caso como Kohler desaparecieron de las páginas del *New York Times*. Aparentemente, nunca se dio ninguna cuenta o estado de cuenta. Si lo hubiera hecho, habría proporcionado pruebas legales de la deuda y habría hecho inevitable el reembolso. Charles Recht, abogado de la Unión Soviética, contrató a Edward H. Fallows para representar al gobierno soviético, pero no se encuentran más procedimientos legales.

Sin embargo, la demanda de Romanoff tuvo repercusiones tremendas. La amenaza de una tremenda retirada de dos de los bancos más sobreextendidos y precarios de Nueva York provocó una presión clandestina contra la llamada de dinero, o efectivo, en Wall Street, que luego precipitó el crack de 1929. Aunque los cananeos masónicos controlaban las cortes de los Estados Unidos, no podían estar seguros de que los Romanoffs no encontraran una corte en otro país que les concediera una sentencia, o incluso un mandato judicial contra Guaranty Trust, un banco controlado por J. P. Morgan, y National City Bank, los bancos Rothschild y Rockefeller en Nueva York. Esta amenaza, que se produjo en el punto álgido del auge bursátil de la década de 1920, ensombreció las actividades de los especuladores y provocó una presión inmediata sobre los fondos a corto plazo, lo que dio lugar a la Gran Depresión.

Para evitar tales amenazas en el futuro, los acuerdos Roosevelt-Litvinoff fueron concluidos entre los Estados Unidos y Rusia en 1933 y 1934. En esos acuerdos, los Estados Unidos reconocieron unilateralmente todas las reclamaciones del Gobierno soviético a los fondos del Gobierno Imperial ruso. Si esto podría ser aplicable a los fondos del zar Nicolás nunca ha sido probado en la corte.

El Pacto Roosevelt-Litvinoff también puso en conocimiento de los diplomáticos del mundo que Roosevelt había formalizado el amplio apoyo que antes prestaban al gobierno soviético 'intereses privados' como el Banco de la Reserva Federal de Nueva York y J. P. Morgan Co. desde 1917. No todo esto fue de bancos privados. Incluía una donación de 20 millones de dólares del Fondo Especial de Guerra de Woodrow Wilson, que había sido votado por el Congreso; el dinero fue enviado a Rusia por medio de Elihu Root. La Cruz Roja, Kuhn, Loeb. Co. y muchas otras empresas de Wall Street habían participado activamente en la financiación del gobierno soviético; de ahora en adelante, esa carga sería soportada directamente por los contribuyentes estadounidenses, a través de subsidios proporcionados a los comunistas por el gobierno de los Estados Unidos.

El dedicado apoyo financiero de los comunistas por parte de los principales banqueros del mundo no pasó desapercibido. François Coty, fundador de la perfumería, escribió, en *Tearing Away the Veils*, publicado por la *Revue Internationale des Sociétés Secrètes*, 1930, París, "Los términos capitalismo, socialismo, comunismo, son tantos temas distribuidos entre demagogos bien pagados que crean confusión en las mentes de las masas destinadas a convertirse en esclavos. La Esclavitud Universal es el objetivo inmediato del Grupo Bleichroder que se esfuerzan por alcanzar a través de una nueva guerra." Los Bleichroder eran los representantes alemanes de la Casa de Rothschild.

Wyndham Lewis, que durante la Primera Guerra Mundial había coeditado Blast and Vortex con Ezra Pound, escribió en su libro, *Cuenta tus muertos; ¡están vivos!* "Un Rothschild o un Morgan ganan su dinero de una manera muy diferente a un Nuffield o un Ford. El primero trata con dinero como una mercancía. Su negocio está esencialmente aliado al de un prestamista. Él no hace nada... No se esfuerza, ni hace girar. Pero por todo eso, no es un lirio, por regla general. Estos últimos, en cambio, del tipo Nuffield-Ford, son creativos en el sentido de que al menos hacen algo... Sin Loan Capital no habría comunismo. El bolchevique hetero -dice un Pollitt o un Strachey- aunque perfectamente ideológico -no entiende el capitalismo... Incluso Henry Ford es sólo un gigantesco kulak [Ezra Pound lo llamó 'el epítome del jornalero americano.' Ed.], y de todas las cosas que el marxista odia más en la tierra, odia más al kulak. Con Loan Capital; por otro lado, tiene muchas afinidades. De hecho, si se permitiera que Loan Capital siguiera su camino sin interferencias, se produciría automáticamente el comunismo... Sentí que los soviéticos estaban demasiado unidos a los capitalistas. Comenté que estos Señores del Capital que no parecen odiar el comunismo tanto como cabría esperar no nos pertenecen. Nosotros no sacamos nada de esta gente, pero ellos sacan mucho de nosotros. Cuanto más ricos se hacen -y son muy pocos- más pobres nos volvemos."

Las observaciones de Wyndham Lewis pueden haber sido inspiradas por las actividades del club del Libro de la Izquierda, que fue dirigido por Víctor Gollancz durante la década de 1930, con Harry Pollitt, jefe del Partido Comunista de Gran Bretaña, John Strachey del Daily Worker, y Claud Cockburn, alias Frank Pitcairn, editor de The Week, quien fue corresponsal especial para el Daily Worker en los campos de batalla de la Guerra Civil Española. Gollancz encabezó muchos grupos de frente, como Amigos de la Unión Soviética, la Liga de Jóvenes Comunistas y el Comité para las Víctimas del Fascismo. Ningún intelectual ha creado nunca un Comité para las Víctimas del Comunismo.

Después de la Revolución Bolchevique, se produjeron abortivas revueltas comunistas en Alemania y Hungría. La revolución alemana fue rápidamente erradicada, pero Bela Kun, en Hungría, en realidad estableció un efímero reino comunista del terror. Sus asesinatos en masa y orgías lunáticas (antes había sido un enfermo mental) dejaron a la nación en bancarrota y devastada. Cuando se restauró un gobierno legal, el gobierno húngaro publicó los archivos de las logias masónicas, demostrando que la "Revolución Comunista" se había originado completamente como obra de los francmasones. El gobierno húngaro cerró entonces todas las logias masónicas del país. Más tarde, el gobierno húngaro solicitó un préstamo a Estados Unidos para reconstruir su destrozada economía. Sus funcionarios fueron informados rápidamente de que el "gobierno de los Estados Unidos" sólo había estipulado una cosa antes de conceder el préstamo: que todas las logias masónicas debían ser restauradas y reabiertas. Esto prueba que incluso en la década de 1920, los cananeos masónicos ya habían asumido el control total del gobierno de los Estados Unidos.

Otra gran matanza del pueblo de Sem durante el siglo XX ocurrió durante la Revolución Española (1936-1939). Las masacres fueron significativas porque fueron una guerra de los cananeos contra los cristianos, y porque tuvieron lugar en la Península Ibérica (desde Heber, del pueblo de Sem).

La matanza de cristianos en España comenzó con el traslado del ex delegado de paz de la Rusia soviética en Ginebra, Rosenberg, también conocido como Moses Israelssohn, con su séquito de ciento cuarenta asesinos entrenados a la oficina del Embajador en España en agosto de 1936. Este cuadro de especialistas altamente capacitados en tortura y asesinato inauguró una de las campañas más brutales de la historia de Europa. Sus atrocidades fueron ignoradas en gran medida por el mundo porque el cuerpo de periodistas que cubrían la Guerra Civil estaba totalmente dedicado al éxito del comunismo; sólo informaron sobre noticias desfavorables para los "fascistas", como los cananeos habían llamado despectivamente a sus oponentes desde que los romanos habían destruido su capital mundial en Cartago.

Los equipos de asesinato de Rosenberg fueron eufemísticamente llamados"Escuadrones de Purificación del Movimiento Revolucionario Mundial". Su trabajo de purificación consistía principalmente en masacrar a sacerdotes, monjas, escolanos y mujeres, que eran los grupos que tenían menos probabilidades de ofrecer resistencia armada. Arthur Bryant, en su bien documentado "Atrocidades Comunistas en España", habla de un escuadrón de la muerte que fue al Convento Dominicano de Barcelona e informó respetuosamente a la Madre Superiora que"debido a la posible violencia de la turba", las monjas deberían acompañar al escuadrón a un lugar seguro. Luego fueron llevados a los suburbios y asesinados. El líder comunista justificó su acción de la siguiente manera: "Necesitábamos el edificio. No queríamos despeinarlo antes de ocuparlo. E. M. Godden, en su libro *Conflicto en España*, dice, p. 72," Durante la última semana de julio de 1936, los cuerpos de las monjas fueron exhumados de sus tumbas y apuntalados fuera de las paredes de sus conventos. Se colocaron pancartas obscenas y ofensivas en sus cuerpos. En Madrid, se estimaba que una décima parte de la población de España fue asesinada por los escuadrones comunistas de 'purificación' en 1939. De Fonteriz en *Terror Rojo en Madrid*, describe cómo los equipos de asesinos de la Cheka organizados por Dimitrov y Rosenberg llevaron a cabo un programa de tortura y asesinatos tan obsceno que no puede ser reimpreso aquí.

A principios de la Segunda Guerra Mundial, los equipos de asesinos soviéticos capturaron a 15.000 oficiales polacos, el elemento más educado y responsable de la población; nunca más se les volvió a ver. Fueron llevados a tres campos operados por la KGB, Starbiesk, Kozielsk y Ostashkov, donde fueron sistemáticamente asesinados y arrojados a tumbas sin nombre. Cuando el ejército alemán capturó esta zona, conocida como el Bosque de Katyn, fueron conducidos a las tumbas. En los juicios de Nuremberg, los soviéticos afirmaron que los alemanes habían cometido estas masacres; sin embargo, un comité del Congreso informó el 2 de julio de 1952 que el NKVD soviético había cometido las masacres, que habían sido planeadas personalmente por Stalin ya en el otoño de 1939.

La dominación del pueblo de Sem por los cananeos masónicos siempre resulta en un aura de total desesperanza; toda justicia, todo honor y toda esperanza para el futuro desaparece ahora. El eminente periodista, Don Cook, afirma en su libro *Inundaciones en Europa*, que todos los periodistas que van a los países comunistas están impresionados por el 'olor del comunismo'. "Lo peor de todo para mí era el olor peculiar e inconfundible de Rusia y el mundo comunista que invadió Leipzig. Todos los que han pisado la Unión Soviética conocen ese olor, un olor rancio, pesado y sucio". Lo llama "el olor de los viejos lavabos, jabón carbólico, cuerpos sin lavar". Los soviéticos nunca se han molestado en producir artículos de primera necesidad como guías telefónicas, jabón y papel higiénico en su 'economía socialista'."

Debido a que es un desperdicio casi total de las energías y talentos de su pueblo cautivo, la Unión Soviética sólo puede existir mediante infusiones masivas de capital de las democracias occidentales. Pocos estadounidenses se dan cuenta de cuánto dinero extorsionado de sus salarios por el Servicio de Impuestos Internos es transferido directamente a los bancos de la Reserva Federal, y de ahí a Suiza, donde es transferido a cinco bancos soviéticos. Un desertor de la Unión Soviética informó en el New York Journal American, el 2 de marzo de 1964, que de una remesa de 1.200.000 dólares enviada por el gobierno de los Estados Unidos a la oficina de la CIA en Viena, el fondo se distribuyó de la siguiente manera: un tercio a la Policía Secreta Soviética; un tercio al Partido Comunista de Italia; y un tercio enviado de vuelta a los Estados Unidos para financiar al Partido Comunista de los Estados Unidos. Desde la Segunda Guerra Mundial, cuando el OSS estaba repartiendo oro a los comunistas en Italia, el proceso se ha formalizado más. James Angleton, jefe de acción encubierta de la CIA y ex jefe de la CIA en Italia, creó organizaciones en las que los fondos se canalizaban a grupos masónicos en Italia, siendo el primero el P-2, que incluía a la mayoría de las principales figuras del gobierno y empresarios italianos; el P-2 fue penetrado por Andropov después de que asumió el control de la KGB. Lord Sackville de Inglaterra había introducido la masonería en Italia en 1733; se convirtió en el vehículo a través del cual el Servicio Secreto Británico 'unificó' Italia a través de Garibaldi y Mazzini para producir 'la nueva Italia'. El Subsecretario de Estado italiano, alarmado por el control que los francmasones ejercieron sobre el gobierno italiano en 1913, pidió una ley que prohibiera a los masones ejercer cualquier cargo delicado, comprometido por cualquier vínculo oculto y por lo tanto incontrolable, y por cualquier motivo de sospecha o falta de confianza por parte del público. La medida nunca fue aprobada, y el desafortunado subsecretario desapareció de su oficina. Sin embargo, una década más tarde, Mussolini proscribió las logias masónicas en Italia, haciendo que los cananeos gritaran en todo el mundo imprecaciones contra 'el brutal dictador' y 'el fascismo'.

Hoy en día, el 'multimillonario rojo', Jean-Baptiste Doumeng, de Francia, continúa con la vital tarea de alimentar a la indefensa Unión Soviética con los mejores productos de las "democracias libres" europeas. Es socio de Guy de Rothschild en la distribución de verduras, la empresa Sragri. Doumeng también dirige las empresas Inter-Agra y SOCOPA, que recientemente suministraron un millón de toneladas de trigo blando a la Unión Soviética a un precio muy inferior al del mercado. Doumeng envía regularmente carne y mantequilla a los comunistas a precios un cuarto de los que se cobran a los consumidores europeos. La Unión Soviética con frecuencia vuelve a enviar estas comodidades para su reventa al doble del precio pagado por ellas, obteniendo así divisas de las economías europeas. Nada de esto sería posible excepto el poder internacional de la Orden Masónica de los Cananeos.

CAPÍTULO 11

LA PROMESA

A pesar de los tremendos derramamientos de sangre del pueblo de Sem durante el siglo XX, en 1983, Robert Lacey, en su libro *Los Aristócratas*, señaló que las naciones que él llamaba "blancas" pero que son predominantemente naciones termitas, continuaron liderando el mundo en cuanto a ingresos per cápita. Enumera 1) los Emiratos Árabes Unidos; 2) Kuwait; 3) Liechtenstein; 4) Suiza; 5) Mónaco; 6) Luxemburgo; 7) Dinamarca; 8) Alemania; 9) Suecia; 10) Jersey; 11) Bélgica; 12) Qatar; 13) Estados Unidos.

Notamos que ningún país asiático o africano hizo la lista; también, que los Estados Unidos, probablemente el país más dominado del mundo, gimiendo bajo el talón de los parásitos cananeos, ocupa el número masónico de trece en la lista. Estados Unidos también ocupa un lugar muy inferior en la lista de preocupaciones primarias como la mortalidad infantil, la calidad de la atención médica, la educación y otros indicadores importantes. La causa principal de la caída precipitada de la clasificación mundial de Estados Unidos es el saqueo y la violación continuos de la nación por parte de los conspiradores cananeos masónicos. Por ejemplo, de un presupuesto de defensa de 248.000 millones de dólares en nuestra economía de paz, unos 140.000 millones de dólares se pagan directamente a las naciones europeas de la OTAN, nuestros "aliados" en la lucha contra el comunismo mundial. Estados Unidos entrega anualmente unos 200.000 millones de dólares adicionales en "ayuda" a otros países como el Estado de Israel, de los cuales unos 50.000 millones se canalizan a la Unión Soviética y sus satélites a través de subvenciones alimentarias y manipulaciones monetarias. El banco central soviético, Gosplan, envía sistemáticamente funcionarios a Suiza para reunirse con los representantes de la Reserva Federal en el Banco de Pagos Internacionales, donde planean nuevas redadas contra el Tesoro de Estados Unidos. Una red de bancos europeos transfiere regularmente a la Unión Soviética los fondos que les son enviados por una serie de agencias del gobierno de los Estados Unidos.

Toda la planificación de nuestro gobierno está dirigida a mantener enormes regalitos, lo que a su vez crea la"necesidad" de un impuesto cada vez mayor para los ciudadanos estadounidenses. Nuestro elemento más productivo, la gente de Shem, paga regularmente entre el 80% y el 90% de sus ingresos brutos a las agencias tributarias federales, estatales y locales, a menudo a través de impuestos "ocultos" sobre todo lo que compran y consumen. Ciertamente, ningún pueblo de la tierra ha sido nunca evaluado con una carga tributaria tan onerosa como la que la gente de Sem ha pagado desde 1913.

Gran parte del presupuesto de Estados Unidos se carga a partidas como el mantenimiento de 340.000 soldados en Alemania Occidental. Melvyn Kraus, de la Institución Hoover, en su reciente libro *Cómo la OTAN debilita a Occidente*, afirma, "Los alemanes ven a las tropas estadounidenses como un ejército de ocupación continuo que las convierte en un socio inferior de la Alianza Atlántica". Ike escribió en 1951 que en diez años todas las tropas americanas deberían ser devueltas a los Estados Unidos. Sin embargo, treinta y seis años después de esa amonestación, el contingente estadounidense sigue con toda su fuerza. Si estas tropas están estacionadas allí para 'proteger a Occidente contra un ataque de los soviéticos', como se suele decir (los líderes militares informan que nuestras tropas sólo pudieron retrasar un ataque soviético tres horas antes de ser aniquiladas), o si están estacionadas allí para proteger las líneas de suministro soviéticas, que les traen un flujo constante de carne, mantequilla y trigo de las naciones europeas, así como la ayuda financiera transmitida a través de 'Suiza neutral', nunca se discute en 'la publicación de la prensa libre'."

Cabe destacar que estas políticas se originan en los edificios babilónicos del Congreso de Estados Unidos. También cabe destacar que estas estructuras multimillonarias están plagadas de ratas y cucarachas de arriba a abajo. El Washington Post informó el 17 de marzo de 1987 que las oficinas del Congreso estaban comprando trampas especiales para cucarachas por $99 cada una, para que los empleados pudieran comer sus almuerzos sin tener que luchar contra los enjambres de enormes cucarachas marrones voladoras. Estas manifestaciones físicas de decadencia total en nuestra estructura de gobierno nos advierten claramente de lo que nos espera: el caos moral total.

Los observadores políticos siempre han sido conscientes de la pesadilla de los líderes soviéticos: una repentina escasez de pan en Moscú u otras grandes ciudades soviéticas. Dado su corrupto sistema de distribución, esto no es una fantasía ociosa. El escenario continúa con disturbios por alimentos, la policía se une a los alborotadores y la caída del gobierno soviético en cuestión de horas. En una sociedad donde sólo unos pocos privilegiados disfrutan de las necesidades de la vida, menos de lo que el pueblo francés tenía cuando participó en la Revolución Francesa, este gobierno nunca puede contar con el apoyo de su pueblo.

Para aliviar esta pesadilla de los funcionarios soviéticos, cada funcionario del gobierno de Estados Unidos trata de prevenir esta calamidad. Pocos estadounidenses se dan cuenta de que el principal objetivo de nuestro programa político no es "defender" a este país contra el comunismo, sino defender al gobierno soviético contra su propio pueblo. Del mismo modo, el objetivo principal de todo programa del gobierno de Estados Unidos no es mejorar la economía o garantizar la libertad del pueblo estadounidense, sino defender el enjambre de parásitos cananeos masónicos contra la creciente ira del pueblo estadounidense. Una tiranía cada vez mayor es infligida a la gente de Shem; el aumento de los impuestos; el aumento de las regulaciones; el aumento de las demandas a los ciudadanos por parte de los funcionarios federales, estatales y locales; y todo este tremendo esfuerzo tiene un solo objetivo: la prevención de los disturbios por alimentos en Moscú. Sólo el poder internacional de los cananeos masónicos podía esclavizar al pueblo de una nación de tal manera que se convirtieran en cómplices involuntarios de la continua esclavitud de otra nación.

La función de los medios de comunicación es oscurecer lo que está sucediendo; nunca se puede ocultar del todo. Por lo tanto, la "prensa libre" continuamente conduce al público hacia los falsos olores --Watergate, Irangate, San Salvador, Sudáfrica. Cualquier congresista que pase un momento en cualquiera de estos "problemas" debe ser arrestado y sacado de su oficina para enfrentar cargos de alta traición. Estas no son las preocupaciones del pueblo estadounidense ni de ninguno de sus representantes legalmente elegidos, que han prestado juramento de defender la Constitución de los Estados Unidos. La revelación ocasional de un almuerzo gratis es aclamada como un caso de corrupción, pero los sobornos importantes, desde $10,000 en adelante, nunca son reportados en la prensa. Por ejemplo, el 9 de mayo de 1934, la organización masónica B'Nai B'Rith, que celebraba su reunión nacional en Washington, entregó un cheque por un millón de dólares al presidente Roosevelt como regalo personal. En 1987, la historia del año es la controversia sobre la venta de armas en Irán. También en este caso, el B'Nai B'Rith desempeña un papel central. El 3 de diciembre de 1986, el Washington Post señaló que el Primer Ministro Yitzhak Shamir de Israel había autorizado la venta de armas por 42 millones de dólares con Seymour Reich, presidente de B'Nai B'Rith International, el 'escándalo' que amenaza a la presidencia de Reagan.

Reagan tiene menos poder para defenderse revelando la operación B'Nai B'Rith. Todos los involucrados están violando el 18 USC 794, "Recopilación o entrega de información de defensa para ayudar a un 'gobierno extranjero'... será castigado con la pena de muerte o prisión por cualquier período de años o cadena perpetua."

La propia presidencia de Reagan representa la marca de agua alta para la nobleza negra, el control cananeo de nuestro gobierno. Los jesuitas se habían jactado de que se iba a dar una señal secreta al mundo cuando el movimiento ecuménico hubiera superado con éxito su oposición mundial. Esta señal sería el juramento de un presidente de los EE.UU. mientras se enfrenta al simbólico obelisco oculto. El 20 de enero de 1981, por primera vez en la historia, las ceremonias de juramento se trasladaron al frente oeste del Capitolio. Reagan prestó juramento mientras se enfrentaba al Monumento a Washington, el símbolo místico de los cananeos y los babilonios.

Maltratados por la inflación y las políticas extremistas de la Administración Carter, un pueblo estadounidense cansado aclamó las elecciones de Reagan como un verdadero cambio de rumbo para su gobierno. El personal de Reagan fue seleccionado de organizaciones de "derecha" como Hoover Institution, Heritage Foundation y American Enterprise Institute. Los directores de estos grupos resultaron ser los mismos financieros y traficantes de ruedas que controlaban las fundaciones de "izquierda", Rockefeller, Ford y Brookings.

La Heritage Foundation fue dirigida por Sir Peter Vickers Hall, el principal socialista de Inglaterra, quien encargó al inglés Stuart Butler que se encargara de la elaboración de las políticas de Heritage. Hall, de la familia de las municiones, también es prominente en el Club de Roma.

Cuando Reagan dio una cena en la Casa Blanca para el Príncipe Carlos, la lista de invitados incluía a Gloria Vanderbilt, Brooke Astor (que controla la fortuna de John Jacob Astor), Betsy Bloomingdale, Jerome Zipkin, William Buckley (de Skull and Bones and the National Review), y Rupert Hambro, presidente de los banqueros londinenses Hambros; su primo Charles había sido jefe de SOE durante la Segunda Guerra Mundial.

Estos "líderes" elegidos manipulan todos los aspectos de la sociedad americana, entre los que destaca su control de la música y las bellas artes. Lincoln Kirstein fue citado en el *New Yorker*, el 15 de diciembre de 1986, sobre la manipulación de la escena artística americana, "La noción de John D. Rockefeller del Lincoln Center era que era una pieza de bienes raíces que él controlaba. No tenía ningún interés en las artes escénicas, ni en ningún otro tipo de arte. Por otro lado, tenía un enorme interés en el control" Los Rockefeller crearon por sí solos el Museo de Arte Moderno, el cual impuso el arte 'moderno' al público estadounidense, ganando millones en el proceso. Las reproducciones de latas de sopa y de cerveza se vendían por miles de dólares, mientras que los museos más tradicionales, también controlados por personas designadas por Rockefeller, recogían los símbolos más valiosos de nuestra cultura. También promovieron a los pintores impresionistas a la clase multimillonaria, siendo los precios más altos los que se pagan por Picasso y Manet. La mayoría de los críticos coinciden en que Picasso no produjo ninguna obra importante después de 1915, sin embargo, pintó miles de cuadros durante los siguientes sesenta años. Comentarios de Kirstein sobre Manet, op. cit. "Manet es torpe, inacabado, una patética transposición de tres pintores, Goya, Velásquez y Tiziano. Una de las peores influencias de la historia cultural es el Museo de Arte Moderno. Es una combinación corrupta del gusto de los comerciantes, el marketing y el periodismo... muestra el efecto general de la personalización y la idiosincrasia."

La autoridad en simbolismo en el arte moderno es Margaret Stucki. Señala que Josef Albers, que llegó a Estados Unidos como refugiado sin dinero, logró un éxito notable gracias a la promoción nacional de su pintura, una serie llamada "Homenaje a la Plaza", siendo la plaza el lado plano del cubo, que, como señaló el general Albert Pike, era el símbolo básico de la francmasonería. Albers se estableció como presidente de una escuela de arte en Black Mountain, Carolina del Norte; este colegio recibió el nombre de Mt. Blocken en Europa, donde se celebraba el Sábado de las Brujas; se trata de una montaña de cima plana que se representa en el Gran Sello como una pirámide con la parte superior cortada. El actual escritor estudió arte en el Instituto de Arte Contemporáneo; un compañero de estudios, Noland, cuyas obras ahora requieren grandes sumas de dinero, comenzó a pintar símbolos masónicos, el chevron, el blanco y otros símbolos 'abstractos'. El llamado arte no-representacional no es no-representacional en absoluto; es la reproducción secreta de símbolos ocultos. Salvador Dalí pasó años estudiando simbolismo oculto en el ya mencionado Instituto Papus de París. Siempre llevaba un bastón bifurcado que había reproducido de antiguos dibujos del bastón de un mago; fue promocionado en los Estados Unidos por Caresse Crosby, de la Black Sun Press (el sol negro es un símbolo oculto que representa el lado opuesto del sol).

El arte abstracto fue promovido por los Rockefeller porque es la representación moderna de los cultos del mundo antiguo, principalmente la adoración demoníaca de Baal. Estos símbolos místicos son entendidos por sólo unos pocos cognoscitivos, los gnósticos, o conocedores, que perpetúan las organizaciones secretas y se meten en sus poderes místicos. Estos mismos símbolos se pueden ver en el fondo de muchas pinturas del Renacimiento, cuando la adoración a Baal fue esterilizada como 'NeoPlatonismo'. Aby Warburg, del Instituto Warburg, pasó su vida estudiando estos símbolos ocultos del Renacimiento, excepto por una crisis nerviosa fortuita que duró cuatro años y que lo mantuvo fuera del servicio militar durante la Primera Guerra Mundial. Warburg trazó el desarrollo por el cual la representación clásica de las deidades en el arte fue transformada en símbolos ocultos por los artistas del Renacimiento, en los que ahora aparecen en un mien demoníaco. Warburg pudo rastrear este simbolismo a través de los emblemas reproducidos en la heráldica y los trajes utilizados en estas pinturas. Este simbolismo oculto es ahora el pilar de la moderna escuela de pintura "abstracta".

El arte abstracto también representa a las fuerzas cananeas que trabajan para degradar deliberadamente el alto nivel de vida alcanzado por el pueblo de Shem en el mundo clásico. Los símbolos ocultos que se infiltraron en el arte renacentista fueron un paso importante en este programa, pero su verdadero éxito no llegó hasta el siglo XX, cuando los trapos sumergidos en la pintura y arrojados sobre el lienzo, o los pedazos de chatarra, se convirtieron en la nueva versión de 'high art'. Este no era más que un aspecto de la campaña en curso contra el pueblo de Sem, que estaba consagrada en los principios del "liberalismo". Harold Laski definió al liberalismo como la contraparte política del capitalismo. El liberalismo es también el programa político de la francmasonería, que siempre ha sido anticapitalista. Se opone especialmente al desarrollo de la tecnología moderna, que supuso el golpe mortal al lucrativo comercio de esclavos de los cananeos, ya que las máquinas reemplazaron el uso de la mano de obra esclava.

Los Estados Unidos están ahora a la vanguardia de la conspiración cananea masónica para desmantelar la industria moderna que ha sido desarrollada por el pueblo de Shem. Como resultado, ahora tenemos el Cinturón del Óxido, millas de edificios de fábricas desiertas desde la Costa Este hasta la Costa Oeste; miles de granjeros independientes expulsados de sus granjas con capital de préstamo, arruinados porque eran productores independientes, o kulaks, y una amenaza para el control masónico del capital por parte de los cananeos.

El eje del programa cananita para destruir la industria estadounidense fue el asalto a nuestras producciones automotrices, que proporcionaron uno de cada siete empleos en Estados Unidos. Esto se logró alistando a nuestros derrotados enemigos "fascistas", Alemania e Italia, en un complot para inundar los Estados Unidos con autos extranjeros. Cualquiera que sugiriera tal posibilidad en 1948 habría sido considerado demente. Todo el programa fue implementado por un hombre, el General William Draper, de Dillon Read. Su firma había manejado previamente el financiamiento del programa de rearme de Alemania para hacer posible la Segunda Guerra Mundial; fue nombrado zar del programa económico de la Alemania de la posguerra, donde organizó. Volkswagen y otros productores para montar un serio desafío a la producción estadounidense. Después de establecer este programa, en 1947 fue trasladado a Tokio como Subsecretario del Ejército, donde creó por su cuenta el 'milagro japonés'. Mientras que el general MacArthur se presentaba como el "nuevo emperador" de Japón, fue Draper quien gobernó el país entre bastidores. Él comisionó a Joseph Dodge para controlar el desarrollo de la industria automotriz japonesa; Dodge más tarde se convirtió en el presidente del banco más grande de Detroit. El PLAN DRAPER resultó en un ataque masivo en dos frentes contra la producción automotriz estadounidense. El resultado fue la quiebra de miles de pequeños productores en todo Estados Unidos, que fabricaron piezas para la producción en masa de Detroit. Hasta el día de hoy, el nombre de Draper es desconocido en Detroit, a pesar de que él puso a la ciudad de rodillas. Era una operación típica de los cananeos masónicos.

Todas las agencias del gobierno federal han sido reclutadas en la campaña para destruir la industria y la producción estadounidenses. El arma principal es el Servicio de Impuestos Internos, que busca y destruye a cualquiera que se dedique al uso productivo del capital. El IRS se muda y confisca todos los activos, por lo que el negocio no puede volver a entrar en producción. Esta es una política deliberada; los grupos que están cooperando en la campaña para destruir a los Estados Unidos son automáticamente concedidos 'Exención de impuestos' por el IRS, ya sea mediante la reducción de nuestra capacidad de producción, el fomento de la homosexualidad para reducir la reproducción, o para defender a los Estados Unidos contra sus enemigos internos o externos que tienen su sede en Washington. La furia especial del IRS se desata contra cualquier estadounidense que sea considerado un "patriota" o incluso un "conservador". Las iglesias y escuelas que enseñan el cristianismo son cerradas con candado por agentes federales y sus propietarios encarcelados. Aquellas iglesias que predican la doctrina de los cananeos masónicos son inmunes a tales ataques. Estas iglesias y escuelas"patrióticas" representan una seria amenaza para la "solución final" que los cananeos han planeado para el pueblo de Sem. El"Plan Naamah", llamado así por el ser demoníaco que introdujo por primera vez el sacrificio humano y el canibalismo en el mundo, es un plan documentado para el exterminio sistemático de todo el pueblo de Shem en los Estados Unidos.

El Plan Naamah es simplemente la versión americana de las masacres perpetradas durante las revoluciones francesa, rusa y española. El plan es sencillo: los periódicos, la radio y la televisión anunciarán un ataque inminente (la reciente serie de televisión Amerika fue un paso importante para condicionar al pueblo estadounidense a la no resistencia en tal caso; los "rusos" tomaron el país sin luchar). Todos serán instruidos para reunirse en escuelas y auditorios en cada pueblo y ciudad de los Estados Unidos. Sólo la gente de piel clara de Sem obedecerá este mandamiento; a otros, de extracción cananea, se les dirá que deben regresar a sus hogares. Una vez que hayan sido conducidos a estos edificios, la gente de Sem será asesinada, pero sólo de acuerdo con los procedimientos regulados, es decir, con hachas, garrotes y cuchillos.

El uso de armas estará prohibido, probablemente porque no había armas en la época de Naamah. Su uso violaría los principios "religiosos". Además, el uso de armas más primitivas asegura un flujo de sangre mucho mayor, que es siempre un objetivo básico de la matanza ritual. Si algún cananeo está presente inadvertidamente, estará protegido usando la contraseña secreta, "Tubal Caín", el hermano de Naamah, y la contraseña de los francmasones.

El Plan Naamah permanecerá en vigor hasta que el pueblo de Shem haya sido completamente eliminado en todos los Estados Unidos. Los equipos de asesinos especialmente entrenados serán proporcionados por las hordas de "inmigrantes" que han sido importados a los Estados Unidos durante los últimos años específicamente para este programa. El pueblo de Sem será seleccionado para el exterminio principalmente por sus características físicas, piel clara, ojos azules, aunque esta no será la única calificación; se habrán elaborado listas de los habitantes de Sem en cada área; estas listas serán el medio final de 'selección'. Este será el golpe final contra los "azules", término que se originó después de que los moros invadieran y conquistaran España (la Península Ibérica, hogar de los hebreos, el pueblo de Sem). Los españoles acuñaron el término 'sangre azul', o sangre azul, para marcar a aquellas familias antiguas que se negaban a ser contaminadas con aditivos moriscos o cananeos. Aquellos con piel muy clara podían verse con venas azules sobre este fondo, mientras que los de apariencia más morena no mostraban "sangre azul".

Hasta que el Plan Naamah pueda finalmente implementado, los cananeos masónicos visitarán al pueblo estadounidense con varias otras plagas, como la actual plaga del SIDA. El 30 de enero de 1987, la prensa publicó los titulares del director nacional de salud pública, Otis Bowen, de que el SIDA podría matar a millones de personas. En la siguiente página había una entrevista con el Obispo John Spong, Obispo Episcopal de

Newark, instando a los ministros a bendecir y reconocer las relaciones homosexuales como "parejas comprometidas"; él anunció que traería el asunto a discusión en el Congreso de Obispos en Chicago. Unos días después, un ministro unitario, el Rev. Carl Thitchener, distribuyó condones el domingo a su congregación; más tarde se reveló que había sido condenado por asalto, y también fue acusado de desfilar desnudo ante un grupo de Brownie Scouts. Estos ministros representan a un grupo muy amplio que promueve activamente la promiscuidad y la homosexualidad, lo que es fomentado activamente por los tribunales. El presidente del Tribunal de Apelaciones del Estado de Nueva York, Sol Wachtler (compañero de clase del actual escritor de la Universidad de Washington Lee en la década de 1950), dictaminó recientemente que no se podía cerrar una librería para adultos porque sus clientes cometían actos sexuales de manera rutinaria en la historia. "La libertad de expresión en los libros, el cine y las artes, en general, es una de esas áreas en las que existe una gran diversidad entre los estados... Nueva York tiene una larga tradición en el fomento de la libertad de expresión."

El héroe de los cananeos es Freud, quien promovió activamente el uso de la cocaína para sus pacientes; ahora es la droga preferida en toda la industria del entretenimiento, y se suele distribuir en sus fiestas. En su libro *La civilización y sus descontentos*, Freud describe la prohibición contra el incesto como "quizás la herida más mutiladora infligida a lo largo de los siglos a la vida erótica del hombre". El incesto, por supuesto, es el tabú más antiguo entre los pueblos civilizados.

Por muy degradadas que sean estas enseñanzas, son básicas para el programa de los cananeos. Aún más peligrosa es la infiltración en las iglesias cristianas de grupos como los Fundamentalistas, los Dispensacionalistas y los Premilenaristas. Hemos señalado que pocos Fundamentalistas se dan cuenta de que descienden directamente de los Abolicionistas de Nueva Inglaterra y sus lazos con los Trascendentalistas y los Unitarios, quienes básicamente dependen de la Cábala y otras influencias ocultas para su ministerio. Esto será un shock para aquellos que han aceptado las enseñanzas de estos grupos, pero el registro histórico es claro. Desciende en una línea ininterrumpida desde la adoración demoníaca de Baal hasta nuestros días. Los premilenarios enseñan que Cristo regresará repentinamente, como enseñó Orígenes. Otro vástago, los pospremilenarios, enseñan que Cristo regresará y reinará por mil años. Durante este período, los judíos se convertirán.

Los Dispensacionalistas creen que se acerca el tiempo en que el hombre será probado por su obediencia a alguna revelación específica de la Voluntad de Dios. Hay siete dispensaciones: (1) la inocencia del Edén; (2) la conciencia, la expulsión para evitar el mal; (3) la culpabilidad humana, incluyendo la pena capital por el gobierno; (4) la promesa y bendición a la simiente de Abraham; (5) la ley-el sistema disciplinario; (6) la creencia de la iglesia en el Evangelio de Jesucristo; y (7) el Reino de Jesús, el Milenio, con la promesa de Dios a Israel cumplida; la rebelión final de Satanás cuando es arrojado en el fuego; Cristo entrega el Reino a Su Padre.

Las promesas de estos grupos, que inundan a millones de televidentes cada día a través de la radio y la televisión, los multimillonarios "ministerios de televisión" se basan en interpretaciones erróneas. Los dispensacionalistas afirman que su doctrina se basa en la parábola de Cristo de la higuera, que en realidad se refiere sólo a la naturaleza y a las estaciones físicas. No se aplica a Israel ni a ninguna otra nación. En primavera, cuando el fruto de la higuera palestina apareció antes de las hojas, fue una señal cierta de la llegada del verano. Jesús usó esta parábola en relación con Su Gran Profecía, que pronunció durante la Semana de la Pasión, en la que predijo la destrucción de Jerusalén y del Templo, el fin de los tiempos y el Juicio General. Los dispensacionalistas están pidiendo ahora en la televisión que veamos "la higuera frondosa" como una señal del Cielo de que debemos apoyar a los invasores cananeos de Israel.

Los propagandistas cananeos operan una industria de mil millones de dólares en los Estados Unidos que se disfrazan de "religión". Si fuera una verdadera religión, no obtendría automáticamente la exención de impuestos del IRS, como lo hace cada uno de estos grupos. El gobierno les concede una exención de impuestos porque están transmitiendo un mensaje que el gobierno quiere que el pueblo estadounidense reciba. ¿Qué es este mensaje? Es la falsa doctrina de que no es el pueblo de Sem a quien Dios hizo Su Promesa, sino al engendro de Canaán, aquellos que viven bajo la Maldición de Canaán. Típico de los propagandistas cananeos es Jim Bakker, jefe de PTL (Alabado sea el Señor). En 1980, Bakker publicó un libro, "Supervivencia para vivir", en el que se regocijaba por la ejecución de Amán y la masacre de las mujeres y los niños del pueblo de Sem por los cananeos enloquecidos por la sangre. Bakker denuncia a Amán como alguien que había tratado a los cananeos, como se dice en el Libro de Ester; Bakker llama a los cananeos "los ungidos de Dios"! Los propagandistas de la televisión afirman que estos 'ungidos', los cananeos, son el verdadero pueblo de Israel, y que Dios les prometió la Tierra de Israel. No sólo es esta flagrante falsedad, sino que también es altamente rentable. Bakker se unió a Christian Broadcast Network en 1965; habiendo aprendido la línea de propaganda, se expandió por su cuenta. Ahora tiene una industria de $129 millones al año y opera un parque temático llamado Heritage U.S.A. que tuvo seis millones de visitantes en 1986; hay dos hoteles de 500 habitaciones y 2.000 empleados.

Bakker y su esposa huyeron repentinamente a su mansión de Palm Springs, California, cuando se reveló que había estado pagando 115.000 dólares de chantaje a un antiguo amante, mientras que su esposa Tammy admitió una"dependencia" de diecisiete años de diversos medicamentos y drogas, por lo que ahora estaba recibiendo tratamiento. Tienen medio millón de suscriptores que pagan por lo menos $15 al mes a PTL, así como a una gran cantidad de otras empresas. Bakker entonces renunció, llamando a Jerry Falwell para que se hiciera cargo de PTL, e insinuando oscuramente de un "evangelista rival" que estaba tratando de diseñar una "toma de poder hostil". Sí, es un gran negocio, sujeto a todas las intrigas de cualquier operación multimillonaria rentable. Tammy había levantado algunas cejas cuando hizo una patética petición nacional de oración para que su caniche muerto volviera a la vida! Ella y su esposo se habían embarcado en un torbellino de gastos para cosas tales como grifos de oro para el baño, anillos enormes y otros estigmas del verdadero martirio.

Bakker y sus compañeros operadores no hacen preguntas sobre cómo les llega toda esta recompensa. Predican contra el"humanismo secular" y el comunismo sin tener la menor idea de que su movimiento evangélico se remonta directamente a las mismas fuerzas que denuncian. De 1830 a 1870, el socialismo utilitario de Jeremy Bentham dominó la legislación inglesa, mientras que un programa simultáneo, el evangélico, estaba siendo promovido por las mismas fuerzas para tomar el control del cristianismo. El Dr. Dale es citado por A. V. Dicey en *Law and Opinion in England* Macmillan, 1924, "The Evangelicals must encourage what is called an undenominational church-it regarded with indifference all forms of Church polity-itness -it demanded common religious teaching and common beliefs; it cared nothing for the Church as an august society of saints. En resumen, el evangelismo, precursor de nuestra actual cosecha de propagandistas cananeos, fue, en primer lugar, ecuménico; en segundo lugar, dejó de lado la herencia espiritual de la Iglesia en favor de una sólida dedicación a la recaudación de fondos y a la propaganda política para fines que rara vez se revelan abiertamente. La Alianza Evangélica se formó en Londres en 1846. Pronto se formó una rama en los Estados Unidos que primero se conoció como el Consejo Federal de la Iglesia de Cristo, y ahora se conoce como el Consejo Nacional de Iglesias de Cristo, un grupo de propaganda de izquierda. Sin embargo, comparte el mismo origen que el de los evangelistas de la televisión, que afirman ser "anticomunistas"."

¿Cuál es este origen?

El movimiento evangélico fue patrocinado por el mismo líder de la Inteligencia Británica, Lord Shelburne, quien había dirigido la Revolución Francesa. Shelburne importó a un radical francés a Inglaterra, Etienne-Louis Demont de París, que era el discípulo del Conde San Simón, el fundador de "las ciencias sociales. El principal discípulo inglés de Dumont era Jeremy Bentham, ahora conocido como el "padre del utilitarismo". Shelburne se había convertido en el poder detrás de la escena política británica al prestar a William Pitt, el Primer Ministro, grandes sumas de dinero. Tras la muerte de Pitt, el Tesoro británico se vio obligado a pagar estas deudas, que ascendían a cuarenta mil libras. Debido a sus intrigas internacionales, Shelburne era el hombre más temido y odiado de Inglaterra. Edmund Burke lo llamaba "un Borgia en moral"; era conocido públicamente por un apodo despectivo, "Malagrida"; la prensa lo caricaturizó como un Guy Fawkes que se preparaba para volar a sus propios camaradas. Henry Fox llamó a Shelburne "un pérfido e infame mentiroso". El rey Jorge III lo llamó "el jesuita de Berkeley Square". Este maestro de espionaje utilizó su poder para entronizar a tres hombres como dictadores intelectuales de la vida inglesa: Jeremy Bentham, John Stuart Mill y David Ricardo. Mill fue nombrado en honor a Sir John Stuart, un asociado cercano de Shelburne, quien obtuvo para Mill y su padre James Mill puestos de alto sueldo en la famosa Compañía de las Indias Orientales. Bentham era el hijo de un rico abogado londinense, y vivía de su gran herencia. Ricardo era un traficante de "consolas" con su amigo Nathan Meyer Rothschild. Los tres estaban fuertemente influenciados por las enseñanzas de Dumont y de San Simón. Trabajaron para crear en el siglo XIX el clima en el que el colectivismo iba a florecer en el siglo XX. Dicey señala que "el principio fundamental del colectivismo es la fe en la intervención del Estado en todos los asuntos, que debe extenderse indefinidamente. También señaló que el colectivismo significaba el fin de la libertad de contrato. Dicey señaló en su conferencia IX, "La deuda del colectivismo con Bentham-la maquinaria fue así provista para la extensión práctica de la actividad del Estado." Señaló que la política de Bentham afectaba a la transferencia de poder de la aristocracia terrateniente a la nueva clase media de comerciantes y banqueros. Bentham enseñó un sistema de "cálculo hedónico" en el que los juicios morales se determinaban sólo por el dolor físico y el placer; también promovió un "hedonismo psicológico" basado en el principio del placer, que negaba la ley natural. Bentham escribió: "Cada persona es el mejor juez de su propia felicidad," presumiblemente indicando individualismo, pero su sistema de control del Estado significa que un burócrata decide la "felicidad" de todos. Mill escribió en su obra: *Sobre la libertad*, "Cada hombre cuenta para uno y ningún hombre cuenta para más de uno". Esta feliz situación se alcanzaría otorgando todo el poder a un estado utilitario. Este grupo también promovió el movimiento contra la esclavitud en los Estados Unidos que culminó en la Guerra Civil. Inmediatamente después de la muerte de Bentham, se aprobó la Ley de Reforma, en 1832. Dicey dice que esto instaló el colectivismo en Europa. El cuerpo de Bentham fue embalsamado, y ahora está en exhibición, vestido con su ropa habitual, rematado con una cabeza de cera, en el University College de Londres.

El lector puede dudar de que se haya argumentado aquí que las mismas fuerzas de la Inteligencia Británica, el Banco de Inglaterra y la Compañía de las Indias Orientales, que imponían al mundo el utilitarismo totalitario, también conocido como comunismo, también crearon a nuestros modernos evangélicos de la televisión. Sin embargo, la línea de descenso está claramente trazada, desde los adoradores de demonios de Baal hasta su aparición en una mien más intelectual como Pitagóricos, Platonistas, Neoplatónicos, la Ilustración, y las Revoluciones Francesa, Bolchevique y Española. En todas partes, la línea está demarcada por las enseñanzas de Cábala, la negación de la ley natural, la negación del desarrollo espiritual de la humanidad y la meta de entronizar a los cananeos masónicos como amos indiscutibles del mundo.

El mensaje real de Cristo no es entendido por estos grupos de propaganda. La Biblia nos dice precisamente lo que Dios quiso y lo que Jesucristo proveería. Primero, la Resurrección: Dios dijo: "Los rescataré del poder del sepulcro; los redimiré de la muerte" (Oseas 13: 1'1).

Luego está la Visión de Isaías 26:19: "Tus muertos vivirán, y junto con mi cuerpo muerto resucitarán". Despierta y canta, morador del polvo; porque tu rocío es el rocío de la luz, y la tierra echará fuera a los muertos. Jesús prometió: "De cierto, de cierto os digo, que si alguno guarda mi palabra, no verá jamás la muerte" (Juan 8:1).

Segundo, la Promesa. Los propagandistas de la televisión ocultan deliberadamente la identidad de aquellos a quienes Dios hizo su promesa. Jeremías 31:31: "He aquí vienen días, dice el Señor, en que haré un nuevo pacto con la casa de Israel y con la casa de Judá... Pondré mi ley dentro de ellos, y la escribiré en sus corazones."

Esta promesa no fue hecha a los cananeos, a quienes Dios despreciaba, y a quienes incluso Jesús negó Su Compasión mientras estaba en esta tierra. Encontramos a los verdaderos herederos de la Promesa positivamente identificados en Gálatas 3:14, "para que en Cristo Jesús la bendición de Abraham venga sobre los gentiles, para que recibamos la promesa del Espíritu por medio de la fe: Para dar un ejemplo humano, hermanos, nadie anula la voluntad de un hombre, o la añade, una vez que ha sido ratificada. Ahora las promesas fueron hechas a Abraham y a su descendencia. No dice "a los descendientes", refiriéndose a muchos, sino a uno, "Y a tu descendencia", que es Cristo... Porque si la herencia es por la ley, ya no es por promesa, sino que Dios se la dio a Abraham por promesa... Y si sois de Cristo, hijos de Abraham sois, herederos según la promesa."

La "Promesa", entonces, es muy clara, "Si sois de Cristo". Obviamente esto excluye a los cananeos que han invadido y tomado ilegalmente a Israel. Hasta ahora, he escrito mucho sobre el mal, que plaga la existencia del hombre. Ahora podemos escribir sobre el bien, es decir, la promesa de Dios al pueblo de Sem, el pueblo que ha llevado Su Palabra por todo el mundo. En cada nación, el pueblo de Sem ha sido perseguido y masacrado por los cananeatos, los verdaderos antisemitas. A menudo la gente de Sem ha estado indefensa antes de estos ataques porque no sabían cómo identificar a sus enemigos, los verdaderos enemigos de Dios. Con la ayuda de Satanás, los cananeos atacaron y tomaron la tierra de Israel. La Biblia dice: "Si vosotros sois de Cristo", entonces sois los verdaderos herederos de Israel. Los invasores cananeos que ahora ocupan Israel no son "de Cristo"; son los maldicientes y burladores de Cristo. Así que la ira de Dios no es sólo contra los cananeos, sino también contra el pueblo de Dios, el pueblo de Sem, que ha permitido esta blasfemia de Dios. Cientos de jóvenes estadounidenses fueron asesinados recientemente en el Líbano porque habían sido enviados allí por los cananeos de Washington, no para cumplir la promesa de Dios al pueblo de Sem, sino para ayudar a los cananeos en sus atrocidades satánicas. Ahora Dios espera que el pueblo de Sem se una a su misión; para lanzar una nueva cruzada para recuperar la Tierra Santa de los cananeos masónicos. Los sórdidos conspiradores y sus multimillonarios propagandistas deben ser desafiados. ¿A quién hizo Dios la promesa? A la simiente de Abraham, las de Cristo. Ninguno de los publicistas del millón de dólares para los cananeos mencionará esto en sus ministerios de televisión altamente pagados. Deben ser expuestos como burladores de Cristo. Deben ser desafiados con la verdad.

Hemos sido perseguidos porque hemos caído en la trampa del mundo, el dualismo que nos ofrece la opción de seguir la voluntad de Dios, o de unirnos pasivamente a los cananeos para aceptar a Satanás como líder, lo que significa participar en el derramamiento de sangre y en los obscenos rituales del sacrificio humano. Hoy en día, Estados Unidos está obedeciendo a la Voluntad de Canaán, enfrentándose a la lujuria, el robo y la conspiración masónica internacional. América, a quien Dios pretendía guiar al mundo por el camino de la justicia, ahora se le llama 'el Gran Satán Blanco' porque el pueblo de piel clara de Sem ha sido engañado para llevar a cabo la obra de Satanás en esta tierra. La elección es una que debe ser determinada y tomada, y la decisión no está lejos; ¿aceptará el pueblo de Sem la Promesa de Dios a Abraham, o continuaremos dejándonos engañar por la Orden Masónica Satánica de los Cananeos? No hay nada en el medio, y si persistimos en hacer la obra satánica de los cananeos, América se convertirá en NADA.

OTROS TÍTULOS

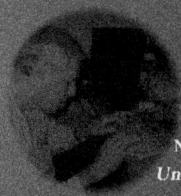

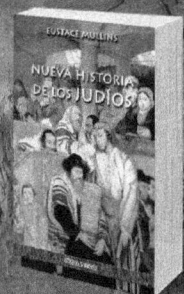

www.ingramcontent.com/pod-product-compliance
Lightning Source LLC
Chambersburg PA
CBHW061721270326
41928CB00011B/2067